सन् 1974 आज़ाद भारत के लोकतान्त्रिक इतिहास का महत्त्वपूर्ण वर्ष है। इस साल अभावों से ग्रस्त, भ्रष्टाचार से त्रस्त, हिंसक मार्ग पर बढ़ते और लगातार केन्द्रीकृत होते लोकतन्त्र को सम्पन्नता, समता, अहिंसा और विकेन्द्रीकरण की ओर ले जाने के लिए देश का युवा मचल उठा था। नवनिर्माण की ऊर्जा से बेचैन युवाओं ने गुजरात से बिहार तक एक नयी क्रान्तिकारी लोकतान्त्रिक चेतना जगा दी थी। उस चेतना को गढ़ने और राह दिखाने का काम किया प्रसिद्ध स्वतन्त्रता सेनानी, समाजवादी और सर्वोदयी पुरोधा जयप्रकाश नारायण ने। इकहत्तर साल के जेपी ने इस युवा आन्दोलन को 'सम्पूर्ण क्रान्ति' जैसा सैद्धान्तिक आदर्श प्रदान किया। यह आन्दोलन जब सड़कों पर उतरा तो प्रदेश से लेकर केन्द्र तक की कांग्रेस सरकारों से जा टकराया। इसकी परिणति देश में आपातकाल तक गयी। इक्कीस महीने बाद लोकतन्त्र की बहाली हुई, नयी सरकार बनी लेकिन लोकतन्त्र को विस्तार देने और व्यवस्था में क्रान्तिकारी परिवर्तन लाने का जेपी और छात्र युवाओं का सपना धरा रह गया।

आज पचास साल बाद उस आन्दोलन, उससे निकले संगठन और उसके कामों का सिंहावलोकन आवश्यक हो गया है, क्योंकि लोकतन्त्र भारत समेत पूरी दुनिया में संकट में है। उदारीकरण और धर्म का मुखौटा लगाकर पूँजीवाद कट्टर हो चुका है। उसे अब लोकतन्त्र की ज़रूरत नहीं है। चुनाव के माध्यम से अधिनायकवादी नेतृत्व उभर रहे हैं, लोकतान्त्रिक संस्थाएँ अब कॉरपोरेट संचालित पार्टियों के द्वारा, पार्टियों के लिए और पार्टियों की संस्थाएँ होकर रह गयी हैं। कल्याणकारी राज्य झूठ का आख्यान रचने वाला एक हिंसक उपकरण बनकर रह गया है। कॉरपोरेट बहुसंख्यकवाद धर्म का चोला पहनकर लोकतन्त्र से ख़तरनाक खेल खेल रहा है। लेकिन यह बिगाड़ सरकारों के स्तर तक ही नहीं है। समाज से स्वतन्त्रता, समता और बन्धुत्व के लोकतान्त्रिक मूल्य ही ओझल हो गये हैं।

1974

व्यवस्था परिवर्तन का आन्दोलन और जेपी का सपना

सम्पादक

अंबरीश कुमार

अरुण कुमार त्रिपाठी

वाणी प्रकाशन

प्रकाशन के उत्कृष्टतम 62 वर्ष

पेपरबैक पहला संस्करण : 2025

vaniprakashan.com

वाणी प्रकाशन

4695, 21-ए, दरियागंज, नयी दिल्ली-110 002

फ़ोन : + 91 11 23273167, 23275710

शाखाएँ

अशोक राजपथ, पटना-800 004, बिहार

कॉफ़ी हाउस कैम्पस, महात्मा गांधी मार्ग, प्रयागराज-211 001, उत्तर प्रदेश

महात्मा गांधी अन्तरराष्ट्रीय हिन्दी विश्वविद्यालय, वर्धा-442 001, महाराष्ट्र

sales@vaniprakashan.in

vaniprakashan@gmail.com

1974 : Vyavastha Parivartan Ka Andolan Aur JP Ka Sapna

Edited by Ambrish Kumar, Arun Kumar Tripathi

ISBN : 978-93-6944-091-7

History/Politics

मूल्य : ₹ 395

सिटी प्रेस, दिल्ली-110 095 में मुद्रित

वाणी प्रकाशन का लोगो मक़बूल फ़िदा हुसैन की कूची से

अनुक्रम

भाग-1

भूमिका, चौहत्तर आन्दोलन और जेपी

भाग-2
आन्दोलन से निकले संगठन और अन्य आन्दोलन

भाग-3
संघर्ष के विविध आयाम

भाग-1

भूमिका, चौहत्तर आन्दोलन और जेपी

'बूढ़े होते लोकतन्त्र' में युवा आन्दोलन की याद!

अंबरीश कुमार/अरुण कुमार त्रिपाठी

चौहत्तर आन्दोलन और उसका नेतृत्व करने वाले जयप्रकाश नारायण के महास्वप्न के दो रूप हैं। एक सगुण रूप है और दूसरा निर्गुण रूप है। सगुण रूप की बहुत चर्चाएँ होती हैं लेकिन निर्गुण रूप अक्सर दृष्टि से ओझल हो जाता है। उसकी दो व्याख्याएँ भी हैं। एक व्याख्या उसे लोकतन्त्र के लिए पोषक तत्त्व यानी खाद पानी के तौर पर देखती है तो दूसरी व्याख्या उसे फ़ासीवाद के पोषक तत्त्व के तौर पर। चर्चा का एक पहलू उसकी विफलताओं पर केन्द्रित होता है तो दूसरा उसकी सफलताओं पर। इन तमाम पहलुओं के साथ भावना और तर्क, विचार और रणनीति के माध्यम से हम पचास साल बाद उस बड़ी ऐतिहारिक घटना को देखने की कोशिश कर रहे हैं जिससे सबक लेने और प्रेरणा लेने का प्रयास भारतीय मानस में घुमड़ रहा है।

लेकिन उस समय भ्रष्टाचार, राजनीतिक पतन व सामाजिक-आर्थिक असमानता मिटाने और आज़ादी के अधूरे सपनों को पूरा करने के लिए शुरू हुए चौहत्तर आन्दोलन, बिहार का छात्र आन्दोलन, सम्पूर्ण क्रान्ति आन्दोलन या जेपी आन्दोलन या जिस किसी भी नाम से पुकारें उसके परिणामस्वरूप देश में आपातकाल लागू हुआ था और बाद में उसकी क़ैद से नये और ज़्यादा ताक़तवर लोकतन्त्र का जन्म हुआ। जबकि आज देश में चल रहे अघोषित आपातकाल के दौरान लोकतन्त्र निरन्तर बीमार और अपंग बनाया जा रहा है पर वैसा कोई आन्दोलन खड़ा नहीं हो पा रहा है। बल्कि आन्दोलन का नाम लेते ही लोग कहने लगते हैं कि आन्दोलन में तो फ़ासीवादी ताक़तें घुस जाती रही हैं। इसलिए पहले इतिहास के विश्लेषण से उनको मुक्त करो तब आन्दोलन करो। यानी किसी भी आन्दोलन से पहले वैसे व्यक्तियों से लड़ने की ज़रूरत है जिन्होंने आज़ादी के बाद कभी किसी आन्दोलन

का नेतृत्व किया हो ऐसा सत्तावादी लोगों का विश्वास है। आज देश में आपातकाल नहीं है लेकिन वह है भी। क्योंकि सरकार उन लोगों की है जो आपातकाल से लड़ने का दावा करते हैं और अपने को लोकतन्त्र का त्राता बताते हैं। आज देश में समय पर चुनाव हो रहे हैं। बल्कि अगर यह कहें कि शासक दल के अनुकूल समय पर हो रहे हैं तो अतिश्योक्ति नहीं होगी। उनके परिणाम भी आ रहे हैं, बल्कि यह कहें कि शासक दल के अनुकूल परिणाम आ रहे हैं तो कोई ग़लतबयानी नहीं होगी। चुनाव आयोग और जनमत के बीच एक मशीन है जो जनादेश को अपने ढंग से डिकोड करती है। जनता सोचती है कि मशीन कह रही है तो ठीक ही कह रही होगी। आयोग सोचता है जनता को क्या मालूम किसे चुनना है वह तो मशीन और शासक वर्ग ही तय करेगा कि किसे चुना जाना चाहिए। आज क़ानून का राज है लेकिन विडम्बना यह है कि उनका प्रयोग नागरिकों के अनुकूल होने के बजाय शासकों और उनके दल के अनुरूप हो रहा है। संविधान के हिसाब से देश के बाक़ी क़ानून नहीं बनते और चलते बल्कि दण्डात्मक और नज़रबन्दी क़ानूनों के लिहाज़ से संविधान चल रहा है। वैसे तो क़ानून की नज़र में सभी समान हैं लेकिन कुछ लोग ज़्यादा समान हैं। क्योंकि उनके वीआईपी पाप की गठरी बड़ी है इसलिए उन्हें महाकुम्भ में ज़्यादा खुलकर और ज़्यादा देर तक नहाने का अवसर दिया जाता है। जो लोकतन्त्र जनता के लिए, जनता के द्वारा और जनता का होना चाहिए था उसे थोड़ा बदलकर एक दल के लिए एक दल के द्वारा और एक दल का बना दिया गया है। अब तो दल का दायरा भी सिकुड़ता जा रहा है और वह भी एक व्यक्ति के लिए, एक व्यक्ति के द्वारा और एक व्यक्ति का होकर रह गया है। भ्रष्टाचार के ख़िलाफ़ लड़ाई जारी है, ज़ीरो टालरेंस है लेकिन वह लड़ाई उसके लिए है जो उनसे असहमत हैं, विपक्ष में है या जिसका शासक के साथ कोई आर्थिक-राजनीतिक हित नहीं जुड़ता। जैसे ही किसी राजनीतिज्ञ, किसी अधिकारी या किसी पूँजीपति का आर्थिक हित शासक के साथ जुड़ जाता है वैसे वह भ्रष्टाचार न रहकर राष्ट्रहित में होने वाला महायज्ञ बन जाता है। मीडिया सत्य की राह पर चल रहा है लेकिन उसकी मुश्किल है कि वह सच को देख नहीं पाता क्योंकि सच का सूर्य लम्बे समय से सत्ता के स्टांगरूम में क़ैद है और मीडिया या तो झूठ की टार्च से काम चला रहा है या फिर जुगुनुओं को बाँधकर रोशनी कर रहा है। न्याय है और न्यायिक संस्थाएँ भी हैं, वहाँ विद्वान न्यायाधीश संविधान सम्मत न्याय की शपथ भी ले रहे हैं, आदर्शवादी भाषण भी दे रहे हैं और रिटायर भी हो रहे हैं लेकिन न्याय नहीं हो पा रहा है और न्यायाधीशों का बाद का जीवन सफ़ाई देते रहने या अन्याय के एवज़ में मिले पुरस्कार की मौज उड़ाने में

बीत रहा है। वे संस्थाएँ निरन्तर अन्याय को नये फ़ैशन के कपड़े पहनाने में लगी हैं और कभी-कभी तो पूरी तरह से भगवा वस्त्र ही पहना देती हैं। न्याय और निष्पक्षता चादर तानकर लम्बे समय के लिए सो गयी है और उसने अपने साथ ही स्वतन्त्रता, समता और बन्धुत्व के संवैधानिक मूल्यों को भी सुला दिया है। उनकी जगह पर असमानता और नफ़रत पर आधारित एक आज्ञापालक समाज खड़ा कर दिया है।

लेकिन यह स्थिति भारत की ही नहीं है। यह कमोबेश पूरी दुनिया की बनती जा रही है। माना जा रहा है कि लोकतन्त्र अब बुढ़ापे की तमाम बीमारियों से ग्रसित है। पूँजीवाद को लोकतन्त्र का जितना दोहन करना था उसने कर लिया। अब उसे इससे ज़्यादा लोकतन्त्र चाहिए नहीं। इसीलिए जिस उदारीकरण को लोकतन्त्र के महाद्वार खोलने और तमाम साम्यवादी देशों में लोकतन्त्र लाने वाला युग बताया जा रहा था उसने अब अपनी सफलता के लिए एक उदार तानाशाही का सिद्धान्त तैयार कर लिया है। दूसरी ओर राष्ट्रवाद के नाम पर भी लोकतन्त्र का दमन जारी है। भारत से इटली, फ्रांस, हंगरी और जर्मनी जैसे यूरोपीय देशों तक ऐसी ताक़तों का पुनर्जन्म हो रहा है। दुनिया के सबसे पुराने लोकतन्त्र ने आपराधिक चरित्र के एक व्यक्ति को अपना रहनुमा चुन लिया है। उसके पदचापों से दुनिया काँप रही है। जो इतिहासकार और सिद्धान्तकार 1991 के बाद दावा करने लगे थे कि अब दुनिया लोकतन्त्र के रंग में इतनी रंग गयी है उस पर दूसरा रंग नहीं चढ़ने वाला है वे लोकतन्त्र का मृत्युकालीन बयान दर्ज कर रहे हैं। उन्हें नहीं मालूम कि वे इसे किस अदालत में पेश करेंगे। पूँजी, राज्य और प्रौद्योगिकी आज जिस दिशा में जा रहे हैं वह मार्ग अधिनायकवाद और तानाशाही के अलावा कहीं जाता ही नहीं है। मनुष्य की स्वतन्त्र इच्छा समाप्त हो रही है। वह किसी एआई के अलगोरदम से संचालित हो रही है और उसी से संचालित हो रही है राज्य व्यवस्था। मानव अपने इतिहास के ऐसे मोड़ पर खड़ा है जहाँ से उसकी प्रजाति के विलुप्त होने या नयी प्रजाति के उत्पन्न होने को मोड़ आने को है।

ऐसे समय में जयप्रकाश नारायण और चौहत्तर के आन्दोलन का स्मरण जितना प्रासंगिक हो जाता है उतना आज़ादी के बाद का शायद ही कोई आन्दोलन हो। उस आन्दोलन का सगुण पक्ष यह था कि उस समय देश विशेषकर उत्तर भारत के युवा ग़रीबी, बेरोज़गारी, भ्रष्टाचार और असमानता के विरुद्ध आन्दोलित थे। जेपी ने उनका नेतृत्व सँभालकर उनके सिर पर 'सम्पूर्ण क्रान्ति' की पगड़ी बाँध दी। लेकिन उस आन्दोलन का तात्कालिक लक्ष्य सत्ताधारी कांग्रेसियों को अपदस्थ करना था। राजनीतिक दलों ने आन्दोलन का यही लक्ष्य समझा और 'सम्पूर्ण क्रान्ति' की पगड़ी

बाँधे छात्रों का इस्तेमाल करके सत्ता ले उड़े। और फिर यह आन्दोलन कुछ लोगों के लिए कांग्रेस और इन्दिरा विरोधी तो कुछ लोगों के लिए मुस्लिम विरोधी और फ़ासीवादी ताक़तों के प्रोत्साहन का आन्दोलन बन गया। आज भी देश के तमाम सेक्यूलर और वामपन्थी विचार के बुद्धिजीवी यही मानते हैं कि देश की आज की स्थिति के लिए जेपी ज़िम्मेदार हैं क्योंकि अगर उस समय उन्होंने आरएसएस को बढ़ावा न दिया होता तो आज भाजपा सत्ता में न होती। उन्होंने बिहार के मुख्यमन्त्री अब्दुल गफ़ूर के विरुद्ध आन्दोलन इसलिए किया क्योंकि वे बिहार के पहले मुस्लिम मुख्यमन्त्री थे।

ऐसे लोग आन्दोलन और जेपी के 'सम्पूर्ण क्रान्ति' के विचार के उस निर्गुण रूप को भूल जाते हैं। यह सही है कि जेपी ने 1974 में 'सम्पूर्ण क्रान्ति' के जिस प्रत्यय का इस्तेमाल किया उसका प्रयोग 1847 में कार्ल मार्क्स 'पावर्टी ऑफ़ फिलासफ़ी' में कर चुके थे। बाद में विनोबा ने भी कहा था कि सर्वोदय ही सम्पूर्ण क्रान्ति है। अगर देखा जाये तो डॉ. राम मनोहर लोहिया की सप्तक्रान्ति की तरह ही सम्पूर्ण क्रान्ति में भी सात चरण हैं। उसमें आध्यात्मिक क्रान्ति, सामाजिक क्रान्ति, राजनीतिक क्रान्ति, आर्थिक क्रान्ति, सांस्कृतिक क्रान्ति, वैचारिक क्रान्ति और शैक्षणिक क्रान्ति की कल्पना है। यह जेपी का महास्वप्न है जिसे वे अपने जीवन में साकार तो नहीं कर सके लेकिन उनकी विरासत के दावेदारों के लिए उसे निरन्तर देखते रहना आवश्यक है। बिना इस बात की परवाह किये हुए कि जेपी का यह महास्वप्न सत्ता परिवर्तन की बलि चढ़ गया और बाद में उन्हें लांछित करने वालों के अभियान में एकदम भुला दिया गया। जेपी को संघ से जोड़कर देखने वाले यह बात भुला देते हैं कि उन्होंने संघ में बदलाव के लिए कितनी कोशिशें कीं और कितना दबाव बनाया। उनके प्रयासों के प्रमाण एजी नूरानी ने अपनी 'आरएसएस' वाली किताब में विस्तार से दिये हैं। बस जेपी की चूक यही थी कि वे मनुष्य और उसके समुदाय की परिवर्तनशीलता और हृदय परिवर्तन के सोच में विश्वास रखते थे। उनके आन्दोलन में मार्क्सवादी थे, समाजवादी थे, सर्वोदयी थे और संघी भी थे। निर्दलीयता भी थी और सर्वदलीयता भी थी। शायद उनकी क्रान्ति का मानचित्र विभिन्न शक्तियों को लेकर ही निर्मित होता था क्योंकि उनकी क्रान्ति किसी साज़िशी तख्तापलट पर नहीं आधारित थी बल्कि वह सत्याग्रह और अहिंसा के माध्यम से खुले रूप से समाज परिवर्तन के आन्दोलन के सिद्धान्त पर खड़ी थी और अगर यह

चूक है तो मनुष्य और विशेषकर किसी क्रान्तिकारी को यह ग़लती बार-बार करनी चाहिए। तभी ऐसा समाज निकलेगा जिस पर किसी पार्टी के माध्यम से चन्द लोगों का प्रभुत्व नहीं होगा।

अगर जेपी की क्रान्ति अधूरी रही तो क्या हुआ? इतिहासकार लाल बहादुर वर्मा 'अधूरी क्रान्तियों का इतिहासबोध' में लिखते हैं कि क्रान्तियाँ अधूरी रह जायें तो भी उनका प्रभाव पड़े बिना नहीं रहेगा। जेपी जो कि 1942 की अगस्त क्रान्ति के नायक थे वे 1974 में उसके अधूरे हिस्से को पूरा करना चाहते थे। लेकिन जेपी उससे भी आगे की सोच रहे थे। जेपी क्या सोच रहे थे यह बातें वे पहले 'सर्वोदय से समाजवाद की ओर' फिर 'रिकांस्ट्रक्शन ऑफ़ इंडियन पालिटी' और बाद में 'स्वराज फार पीपुल' में व्यक्त कर रहे थे। उनका सोच आख़िरकार राज्य की शक्ति को कमज़ोर करते हुए जनता की शक्ति को बढ़ाने पर केन्द्रित था। वे इस लक्ष्य को कठिन और कई बार मुश्किल मानते थे लेकिन वे मानने लगे थे जब तक राज्य शक्तिशाली रहेगा तब तक हिंसा और अन्याय होता रहेगा। कोई भी वर्ग राज्य पर क़ब्ज़ा करके पूरी तरह से न्याय और अहिंसा के मूल्यों का पालन नहीं कर सकता। इसीलिए उन्होंने कहा था कि समाजवाद के तीन रूप हैं एक है तामसी जो कि हिंसक सत्ता परिवर्तन से हासिल किया जाता है। दूसरा है राजसी जो कि चुनाव में जीतकर प्राप्त किया जाता है। तीसरा है सात्विक जो कि अहिंसा के माध्यम से राज्य की सत्ता को जनता में बाँटकर हासिल किया जाता है। इसी के लिए उन्होंने निर्दलीयता का सिद्धान्त प्रतिपादित किया जिसे तमाम लोग उनका दिवास्वप्न मानते हैं। पर हम उनका क्या करें तो टैगोर के शब्दों में कहें तो राष्ट्र-राज्य की राक्षसी मशीन के हिस्से बन कर रहने में ही मोक्ष देखते हैं। वास्तव में जेपी निरन्तर क्रान्ति का शोध करने वाले और स्वप्न देखने वाले क्रान्तिकारी थे। वास्तव में स्वप्न देखना युवाओं का स्वभाव है और जो स्वप्न देखते हैं वे कभी बूढ़े नहीं होते। इसीलिए जेपी बहत्तर साल की उम्र में भी बूढ़े नहीं हुए थे। उनका शरीर भले बूढ़ा हो गया हो।

इसलिए जो लोग जेपी को महज़ एक कालखण्ड में फिक्स या जड़ कर देते हैं वे उनके साथ अन्याय करते हैं। मार्क्सवाद से विनोबा तक और फिर विनोबा से गांधी तक होने वाली जेपी की विचार यात्रा न तो किसी समुदाय के प्रति नफ़रत पर आधारित थी और न ही किसी व्यक्ति या पार्टी की सत्ता को हटाकर दूसरी किसी पार्टी को सत्ता दिलाने पर। वे वास्तव में देश में महापरिवर्तन के लिए युवाओं को महास्वप्न दिखा रहे थे। क्योंकि वे जानते थे कि बदलाव तो युवा शक्ति से ही हो सकता है। इसीलिए वह जाति, धर्म की संकीर्णता से मुक्त निर्दलीयता के आधार

पर युवाओं का संगठन तैयार कर रहे थे और उसी संगठन का नाम है छात्र-युवा संघर्ष वाहिनी।

चौहत्तर आन्दोलन के पचास साल बाद आज देश और बड़ी चुनौती से गुज़र रहा है। आर्थिक मोर्चे पर ऐसी बदहाली पहले तो नहीं हुई थी। समाज का बड़ा हिस्सा बँट चुका है। राजनीतिक मोर्चे पर किस तरह आम आदमी पार्टी का एक बड़ा प्रयोग फेल हुआ है यह दिल्ली चुनाव के नतीजों से साफ़ हो गया है। वैसे अन्ना आन्दोलन से निकली यह जमात भगत सिंह का फ़ोटो लगाकर हनुमान चालीसा पढ़कर क्या राजनीति करना चाहती थी यह समझ से बाहर है। देश का विपक्ष बँटा हुआ है। चौहत्तर आन्दोलन में जो युवा थे वे सभी जयप्रकाश नारायण से ज़्यादा उम्र के हो चुके हैं पर कोई 'जेपी' हमें नहीं मिल पा रहा है। देश साम्प्रदायिक गोलबन्दी का शिकार हो चुका है और ऐसे में गांधी, लोहिया और जयप्रकाश तीनों निशाने पर हैं। साम्प्रदायिक ताक़तों के निशाने पर गांधी नेहरू हैं तो धर्मनिरपेक्ष ताक़तों का एक बड़ा हिस्सा लोहिया और जेपी पर निशाना साधे हुए है। दोनों वर्तमान से तो लड़ ही रहे हैं, इतिहास से भी लड़ रहे हैं। ऐसे माहौल में हम देश के युवाओं के सामने क्या आदर्श रखना चाहेंगे? कैसे जागरूक करेंगे? मुख्यधारा का मीडिया पूरी तरह कॉरपोरेट के क़ब्ज़े में आ चुका है। वह संकट के इस दौर में साम्प्रदायिकता के कुम्भ में डुबकी लगा रहा है। पर इस सबके बावजूद अभी भी देश के विभिन्न हिस्सों में प्रतिरोध की आवाज़ गूँज रही है। कई जगह नौजवान जल, जंगल और ज़मीन की लड़ाई के साथ कई मोर्चों पर डटे हुए हैं। दुर्भाग्य से उसकी भी जानकारी कम लोगों को है। इनकी संख्या कम है पर सपने बड़े हैं।

इनके पीछे वही लोग हैं वही विचार हैं जो कभी चौहत्तर आन्दोलन के पीछे थे। चौहत्तर आन्दोलन की कई धाराएँ रहीं। एक दलीय राजनीति से जुड़ी तो दूसरी निर्दलीय रही। छात्र-युवा संघर्ष वाहिनी भी इसी आन्दोलन की कोख से निकली सबसे बड़ी धारा थी। जेपी ने इसे बनाया और सामाजिक बदलाव का बड़ा सपना भी देखा। हमारे जैसे बहुत से कार्यकर्ता छात्र जीवन में एक दौर में इससे जुड़े और कुछ दूर तक साथ चले भी। कई आन्दोलन देश के विभिन्न हिस्सों में चले। बिहार का बोधगया आन्दोलन हो या गंगा मुक्ति आन्दोलन देश के युवाओं के लिए प्रेरणा का स्रोत रहा। पर सिर्फ़ बिहार ही क्यों ओडिसा, महाराष्ट्र, गुजरात, अविभाजित उत्तर प्रदेश, मध्य प्रदेश से लेकर गोवा और तमिलनाडु तक छात्र-युवा संघर्ष वाहिनी ने मोर्चा लगाया। महिला पुरुष समानता को लेकर वाहिनी ने जो बहस छेड़ी उसका असर समाज के एक हिस्से पर भी पड़ा। जेपी आन्दोलन की जुझारू साथी रही

नूतन और हेमन्त के सह जीवन की घोषणा पर दिल्ली में जनसत्ता जैसे अख़बार के प्रधान सम्पादक प्रभाष जोशी ने सम्पादकीय लिखा। सामाजिक बदलाव की दिशा में यह कोई मामूली बात नहीं थी। छात्र-युवा संघर्ष वाहिनी के संस्कार ही थे जो हज़ारों छात्रों ने अपने नाम के जाति सूचक प्रतीक छोड़ दिये और फिर कभी नहीं लगाये। पर ये सब कितने लोग जानते हैं? कौन छात्र-युवा संघर्ष वाहिनी, कैसा चौहत्तर आन्दोलन और कैसी इमरजेंसी? आज पूरे देश पर भारी पड़ने वाला राष्ट्रीय स्वंय सेवक संघ इमरजेंसी में इन्दिरा गांधी के आगे नतमस्तक था और माफ़ी माँग रहा था यह कितने लोग जानते हैं? यह इसलिए क्योंकि हम अपना इतिहास ठीक से नहीं जानते।

इसी वाहिनी के साथी राजीव हेम केशव ने उत्तर प्रदेश में हम जैसे लोगों को आन्दोलन से जोड़ा और बदलाव का बड़ा सपना देखा था। उनसे बातचीत होती थी कि हमें चौहत्तर आन्दोलन और उसके बाद की छात्र-युवा राजनीति का एक दस्तावेज़ बनाना चाहिए। वे अचानक चले गये। एक युवा समूह आज भी उनके साथ चल रहा था। बदलाव के सपने के साथ। हमें लगा अब चौहत्तर आन्दोलन और उसके बाद की राजनीति को समेटकर एक दस्तावेज़ तैयार किया जाये। छात्र-युवा संघर्ष वाहिनी के पचास साल पूरे होने के मौक़े पर इसे साझा किया जाये। समय कम था पर फिर भी चौहत्तर आन्दोलन में शामिल आन्दोलनकारियों ने जो कुछ अनुभव किया उसे हम एक दस्तावेज़ के रूप में सामने ला रहे हैं।

ये क्षण 1974 की छात्र-क्रान्ति की पुनर्स्थापना के हैं!

श्रवण गर्ग

फ़ासीवाद की डरावनी पदचापों के बीच कोई आधी शताब्दी पहले दिल्ली में अधिनायकवाद की तरफ़ क़दम बढ़ाती व्यवस्था के प्रतिरोध में बिहार की सड़कों पर जन्म लेने वाले उस अहिंसक आन्दोलन की कोख में वापस लौटने की कोशिश को किस तरह और किन शब्दों में व्यक्त किया जाना चाहिए जिसके परिणामस्वरूप स्वतन्त्रता-प्राप्ति के बाद पहली बार केन्द्र में किसी ग़ैर-कांग्रेसवादी हुकूमत ने जन्म लिया और वह प्रयोग, चाहे जिस भी रूप में वह हो, आज भी जारी है?

1974 के 'बिहार छात्र आन्दोलन' की परतों को पचास साल बाद 2024 में कुरेदने के सन्ताप कुछ-कुछ वैसे ही हैं जैसे कोई उस बच्चे की खोज में एक बार फिर घर से निकलना चाहे जो 5 जून '74 की शाम पटना के गांधी मैदान में उपस्थित हुआ था और जिसे आख़िरी बार 24 मार्च 1977 की सुबह हज़ारों की भीड़ के बीच व्हील चेयर पर बैठे एक अस्वस्थ बूढ़े के पैरों के नज़दीक दिल्ली स्थित गांधी समाधि पर देखा गया था। इस दिन बिहार की क्रान्ति से उपजी 'जनता पार्टी' के नव-निर्वाचित सांसदों ने बापू की समाधि को साक्षी मान कर शपथ ली थी। शपथ स्वतन्त्रता संग्राम के जिन दो बूढ़े योद्धाओं ने दिलवाई थी उनमें एक बिहार की क्रान्ति के नायक और उस व्हील चेयर पर बैठे जयप्रकाश नारायण थे और दूसरे थे आचार्य कृपलानी।

जेपी और आचार्य कृपलानी ने सांसदों को शपथ दिलवाई थी कि वे गांधी का कार्य करेंगे और अपने आप को राष्ट्र की सेवा के लिए समर्पित करेंगे। राजघाट की उस आशा भरी सुबह के कोई ढाई वर्ष बाद आठ अक्तूबर 1979 को जेपी ने देह त्याग कर दिया। वे तब शायद उतने ही निराश रहे होंगे जितने आज़ादी प्राप्ति के बाद गांधी जी थे। कांग्रेस बापू को और जनता पार्टी जेपी को जी

नहीं पायीं। जेपी का निधन होने तक जनता पार्टी का उनका प्रयोग उन्हें निराश कर चुका था।

साल 1982 के जून में कोई दस दिनों के लिए पेरिस में रहने का अवसर मिला था। 1974 के 'बिहार आन्दोलन' और उसके भी पहले 1973 में चले गुजरात के 'नव-निर्माण आन्दोलन' को नज़दीक से देख लेने के कारण पेरिस में मई 1968 में हुई फ्रांस की उस छात्र क्रान्ति के स्थलों को देखने की तीव्र उत्कंठा थी जिसने न सिर्फ़ चार्ल्स द'गाल की सत्ता को उलट दिया था बल्कि एक नये प्रजातान्त्रिक फ्रांस का उसके बाद उदय हुआ था। पेरिस की सड़कों पर घूमते हुए फ्रांसीसी मित्र उन स्थानों, उस कॉफ़ी हाउस को दिखाते थे जहाँ दार्शनिक, नाटककार और राजनीतिक नेतृत्वकर्ता ज्यां पाल सार्त्र विश्वविद्यालयीन छात्रों को व्यवस्था-परिवर्तन के आन्दोलन के लिए प्रेरित करते थे।

इसी कारण जब साल 2010-11 में किसी समय एक पुस्तक मेले से जुड़े कार्यक्रम में भाग लेने के लिए पटना जाने का अवसर सामने आया तो ख़ुद को रोक नहीं पाया। तब नीतीश कुमार मुख्यमन्त्री और सुशील मोदी उप मुख्यमन्त्री थे। सुशील मोदी का 1974 के सक्रिय आन्दोलनकारी नेताओं में उल्लेख किया जाता था। 1974 में लम्बे पटना प्रवास के बाद पहली बार वहाँ जाना हो रहा था इसलिए जिज्ञासा के कई कारण जुड़ गये थे। जिज्ञासा का सम्बन्ध उन चेहरों और जगहों से मुलाक़ात करना था जिनकी जड़ों में बिहार की क्रान्ति की परतें समाई हुई थीं।

पटना के उस 'गांधी मैदान' को फिर देखना था जो जयप्रकाश नारायण की उपस्थिति में 5 जून 1974 को हुई उस ऐतिहासिक सभा का साक्षी था जिसमें प्रसिद्ध साहित्यकार फणीश्वरनाथ रेणु ने जेपी पर लिखी गयी रामधारी सिंह 'दिनकर' की प्रसिद्ध कविता का वाचन किया था। वह कविता जिसे दिनकर जी ने 1946 में जेपी की जेल से रिहाई के बाद स्वयं अपने मुँह से जेपी की उपस्थिति में गांधी मैदान में ही सुनाया था। ('लौटे तुम रूपक बन स्वदेश की,आग भरी क़ुरबानी का/अब जयप्रकाश है नाम देश की आतुर, हठी जवानी का')

इसी सभा में जेपी ने आह्वान किया था :

'यह संघर्ष केवल सीमित उद्देश्यों के लिए नहीं हो रहा है। इसके उद्देश्य बहुत दूरगामी हैं : भारतीय लोकतन्त्र को 'रीयल' यानी वास्तविक तथा सुदृढ़ बनाना, जनता का सच्चा राज क़ायम करना, समाज से अन्याय, शोषण आदि का अन्त करना, नया बिहार बनाना और अन्ततोगत्वा नया भारत बनाना है। यह 'सम्पूर्ण क्रान्ति' है।'

मैं अपनी पटना यात्रा में उसी 'सम्पूर्ण क्रान्ति' और जेपी के सपनों के बिहार की हक़ीक़त से रूबरू होना चाहता था। क़दम कुआं स्थित जेपी के उस स्थान पर जाना चाहता था जो 'लोकनायक' निवास था और जहाँ उनकी उपस्थिति में क्रान्ति के सेनानियों की बैठकें हुआ करती थीं, प्रधानमन्त्री इन्दिरा गांधी और मुख्यमन्त्री अब्दुल गफ़ूर की सरकारों को सत्ता से हटाने के लिए फ़ैसले लिए जाते थे। उस होटल को देखना था जहाँ ओमप्रकाश दीपक और जुगनू शारदेय के साथ घण्टों बातचीत हुआ करती थी। पटना की उन सड़कों की गन्ध महसूस करना था जिनसे होकर जेपी की अगुवाई वाली वे रैलियाँ गुज़रती थीं जिनमें नागार्जुन और रेणुजी साथ-साथ चल रहे होते थे।

क़दम कुआं स्थित जेपी का ठिकाना और तब बिहार की क्रान्ति का मुख्यालय लगभग सुनसान सा था। वह कमरा जिसमें जेपी के सहयोगी अब्राहम और सच्चिदा बाबू बैठते थे, वे जगहें जहाँ सुबह से शाम भीड़ बनी रहती थी, सब जैसे अपनी जगहों पर नहीं थे। कुछ क्षणों के लिए उन सीढ़ियों के पास खड़े होने की इच्छा हुई जहाँ जेपी से हुई संक्षिप्त बातचीत ने सब कुछ बदल दिया था। डॉ. चन्द्रशेखर, डॉ. सुब्रह्मण्यम स्वामी, जार्ज फ़र्नांडिस और न जाने कौन-कौन इन्हीं सीढ़ियों को चढ़कर ही तो जेपी से मिलने ऊपरी तल पर जाते थे और कई मर्तबा मैं दूर बैठा बातचीत सुनता रहता था।

जेपी विश्राम के लिए ऊपरी मंज़िल स्थित अपने निजी कक्ष में जाने के लिए सीढ़ियाँ चढ़ ही रहे थे कि मैंने कहा था, 'बाबूजी, मैं दिल्ली वापस जाना चाहता हूँ।' उन्होंने रुकते हुए मेरी तरफ़ देखा था पर कुछ बोले नहीं। मैंने आगे जोड़ा, 'कार्यालय के लोग काम में सहयोग नहीं कर रहे हैं।' उन्होंने एक क्षण के लिए फिर देखा और सब कुछ समझ गये।

'तुम सब लोग ही वापस चले जाओगे तो यह आन्दोलन क्या हम बूढ़े चलाएँगे?' जेपी ने सिर्फ़ इतना भर कहा था और फिर सीढ़ियाँ चढ़ गये थे। आन्दोलन की समाप्ति तक जेपी का सान्निध्य छोड़ने का विचार फिर कभी मन में नहीं आया।

अपनी संक्षिप्त पटना यात्रा के दौरान क़दम कुआं ही नहीं, पूरे शहर में घूमना हुआ, कई लोगों से मुलाक़ातें हुईं पर जो पटना 1974 में छूटा था वह नहीं मिला। वे लोग नहीं दिखे जो ऊँची आवाज़ों में सड़कों पर नारे लगाया करते थे। वे पत्रकार और अख़बारों के दफ़्तर नहीं मिले जो जेपी के वक्तव्यों और क्रान्ति के कार्यक्रमों की प्रतीक्षा किया करते थे। तो क्या बिहार की छात्र क्रान्ति भी जनता पार्टी सरकार के पतन (जुलाई 1979) के साथ समाप्त हो गयी थी?

बिहार आन्दोलन के इतिहास की बहुत सारी परतें इसलिए नहीं खुल पायीं कि जिन राजनीतिक दलों और उनसे सम्बद्ध संगठनों ने आन्दोलन के सूत्रों पर क़ब्ज़ा कर लिया था वे आपातकाल की जेलों से आज़ाद होते ही सत्ता के बँटवारे में जुट गये। 'जनता पार्टी' की सरकार बनी और टूट कर बिखर भी गयी। जो लोग बिहार में लड़ाई साथ मिलकर लड़ रहे थे और जेपी की मौजूदगी में 'दोहरी सदस्यता' का हौवा नहीं खड़ा कर पाये थे उन्होंने जेपी के जीवित रहते हुए ही अपनी सरकार को बस इस एक मुद्दे पर गिरवा दिया। जिस इन्दिरा गांधी को सत्ता से हटाने का इतना बड़ा आन्दोलन हुआ उसी आन्दोलन के कुछ कर्णधारों ने इन्दिरा गांधी की सत्ता में वापसी (1980) को बिना किसी पश्चात्ताप के सुनिश्चित कर दिया। 'बिहार आन्दोलन' में दी गयी क़ुर्बानियों के लिए यह सबसे बड़ा धक्का था।

मार्च 1974 में प्रारम्भ हुए बिहार आन्दोलन की दिसम्बर में समाप्ति और जून 1975 में लगे आपातकाल के बीच तैयार की गयी पुस्तक 'बिहार आन्दोलन : एक सिंहावलोकन' की भूमिका में मैंने जयप्रकाश जी के इस कथन को उद्धृत किया था कि बिहार का आन्दोलन एक क्लीन स्लेट पर लिखा जा रहा है। पुस्तक का शीर्षक इसीलिए 'बिहार आन्दोलन का इतिहास' नहीं दिया गया कि आन्दोलन का इतिहास तब बन रहा था। 'सम्पूर्ण क्रान्ति' की हज़ारों घटनाओं के सही विवरण प्राप्त होना बाक़ी थे। कितने जेल गये, कितनों ने लाठियाँ झेलीं, कितने शहीद हुए उसका सही अन्दाज़ा भी तब तक नहीं हुआ था। किन-किन परिस्थितियों में लाखों-लाख जनता ने दुख और तकलीफ़ें सहकर आन्दोलन की मशाल को जलाये रखा उसकी कहानियों की परतें खुलना तब तक बाक़ी था।

'बिहार आन्दोलन' की सफलता यही है कि 'छात्र-युवा संघर्ष वाहिनी', 'शान्ति सेना' और 'यूथ फार डेमोक्रेसी' आदि संगठनों के ज़रिये हज़ारों नौजवानों की जो फ़ौज उस समय जेपी की प्रेरणा से देश भर में खड़ी हुई थी, जिसकी आँखों में 'लोकनायक' ने 'सम्पूर्ण क्रान्ति' का काजल रोपा था, आज भी उसी तरह से आन्दोलित है, सत्ता की राजनीति ने उसे भ्रष्ट नहीं किया है। अपनी बढ़ी हुई उम्र के बावजूद उस फ़ौज को अपनी उसी भूमिका की प्रतीक्षा है जो पहले गुजरात के 'नव-निर्माण आन्दोलन' और बाद में बिहार आन्दोलन ने प्रदान की थी।

चुनौती केवल यह है कि अतीत के इन आन्दोलनों के हज़ारों नायकों, सह-नायकों और मौन पात्रों की तलाश इतने विशाल देश के किन हिस्सों में कैसे की जाये और उन्हें जमा करके परिवर्तन के उस नये आन्दोलन के लिए कैसे तैयार किया जाये जिसकी कि 'लोकनायक' ने कल्पना की थी। इस काम के प्रारम्भ होते

ही बिहार के 'सम्पूर्ण क्रान्ति' के आन्दोलन की दबी हुई परतें उजागर होने लगेंगी और उसकी सारी अनकही कहानियाँ भी बाहर आने लग जायेंगी। 1974 की अद्‌भुत क्रान्ति की पुनर्स्थापना के लिए इससे बेहतर क्षण और कोई नहीं हो सकता जो इस समय उपस्थित है। इस क्षण को हाथों से फिसलने नहीं देना चाहिए।

चौहत्तर आन्दोलन की कुछ स्मृतियाँ

आनन्द कुमार

आज़ादी के बाद की स्वराज-यात्रा और लोकतान्त्रिक राष्ट्रनिर्माण के दौर में 1974 एक ऐतिहासिक मोड़ रहा है। इसने परिवर्तन के सपने को सच बनाया और परिवर्तन के सच में निहित अन्तर्विरोधों को भी बेपर्दा किया। सत्ता की असलियत का पता चला और सत्ता-परिवर्तन की सीमाओं से साक्षात्कार हुआ। 1974 में उत्पन्न जनजागरण और जन-आन्दोलन ने एक तरफ़ जनसाधारण में 'आत्मविश्वास' को गहराई दी और दूसरी तरफ़ आन्दोलनकारियों की 'आत्ममुग्धता' को कम किया। स्वतन्त्रता और जनतन्त्र के प्रति नयी आस्था का संचार हुआ।

लेकिन आन्दोलन के बाद के दौर में जाने-अनजाने धनबल, बाहुबल और मीडिया-बल के त्रिदोष का भी प्रकोप बढ़ा। इसलिए जनतन्त्र में भरोसा मज़बूत हुआ लेकिन जनतान्त्रिक राजनीति और चुनाव की प्रक्रिया के प्रति मोहभंग हुआ। जहाँ क़स्बों, ज़िलों और प्रदेशों में वैकल्पिक व्यवस्था की दिशा में नये आन्दोलनों, संगठनों और मंचों का सर्जन सम्भव हुआ वहीं बहुदलीय संसदीय जनतन्त्र की रचना से जुड़े कई पुराने आन्दोलनों, दलों और संगठनों का विसर्जन हो गया। फिर तात्कालिक तौर पर धीरे-धीरे छात्र-युवा आन्दोलन की खाद से संसदवादी दलों की नयी फ़सल लहलहाने लगी। विद्यार्थी युवा शक्ति के लिए गठित छात्र-युवा संघर्ष समितियों और लोकशक्ति के लिए शुरू लोकसमितियों के 'परिवारवाद' और 'पूँजीवाद' के गठजोड़ पर आधारित नवोदित चुनाववादी क्षेत्रीय और राष्ट्रीय दलों में विलय होने लगा। लोकनायक जयप्रकाश के आवाहन पर सत्तर के दशक के उत्तरार्ध में सम्पूर्ण क्रान्ति के लिए सामने आये हज़ारों समर्पित आन्दोलनकारियों के अभूतपूर्व समागम का अस्सी के दशक के समापन होते-होते 'मण्डल, कमण्डल और भूमण्डलीकरण' की तीन नयी धाराओं में विघटन हो गया।

कवि नागार्जुन के शब्दों में :

'कुछ कुंठित औ' कुछ लक्ष्य अष्ट हुए;

रण की समाप्ति के पहले ही जो वीर रिक्त तूणीर हुए...'

विनायक की रचना का संकल्प था और वानरों की जमात का जनम हुआ। 'भीलन लूटी गोपियाँ, वही अर्जुन वही बाण..!'

शुभ और अशुभ की शक्तियों के सनातन संघर्ष में जेपी के देहान्त के बाद अशुभ की शक्तियों की बाढ़ आ गयी। इस बाढ़ में शुभ के लिए संकल्पबद्ध सेनानियों को कालचक्र ने हाशिये पर धकेल दिया। लखनऊ से छात्र-युवा संघर्ष वाहिनी में जुड़े और आजीवन सहभागी लोकतन्त्र के लिए लोकपहल की रचना में जुटे राजीव जी हाशिये पर सक्रिय नायक थे। उनके सार्वजनिक जीवन में प्रवेश का मुहूर्त 74 के घटनाक्रम ने बनाया था। उनकी दशकों की निष्काम सक्रियता की साख ने उन्हें पुनः-पुनः प्रासंगिकता दी। वह भारत को 'दरिद्रता मुक्त' बनाने के लिए बेचैन थे। युवा भारत को लील रही बेरोज़गारी से बहुत व्यथित थे। हमने उनको एक आदर्शवादी युवक के रूप में अस्सी के दशक में श्री चन्द्रदत्त तिवारी के सौजन्य से जाना था। वह सादगी, सरोकार, साहस, विनम्रता और सहजता की प्रतिमूर्ति थे। इन्हीं गुणों ने उनकी जीवन यात्रा को सार्थक बनाया। इससे उनमें पैगम्बरी और रहबरी दोनों की झलक दीखती थी। इस शताब्दी के शुरू में हमारी निकटता बढ़ी। 'जन लोकपाल आन्दोलन' के प्रति हम दोनों आशावान थे। 2022 से लोकतान्त्रिक राष्ट्रनिर्माण अभियान ने हमें फिर से सहयात्री बना दिया था। उनका आकस्मिक महाप्रस्थान बहुत शोकजनक है। उनकी स्मृति को समर्पित यह आलेख एक बड़े सपनों वाले नायक के प्रति कर्तव्यबोध से प्रेरित है।

असल में '74 आन्दोलन के तीन और नाम हैं बिहार आन्दोलन, जेपी आन्दोलन और सम्पूर्ण क्रान्ति आन्दोलन। बिहार के सरोकारी लोगों को 'बिहार आन्दोलन' सही लगता है। इससे बिहार का सम्मान बढ़ता है और आन्दोलन की भौगोलिक आधारभूमि का स्मरण होता है। बिहार सरकार ने बिहार आन्दोलन नाम से समाजशास्त्री महेन्द्र नारायण कर्ण के सम्पादन में 10 खण्डों का एक प्रकाशन भी प्रस्तुत किया है।

सर्वोदयी बिरादरी और कम्युनिस्टों में 'जेपी आन्दोलन' ज़्यादा प्रचलित है। यह जयप्रकाश नारायण की क्रान्तिकारिता, लोकनिष्ठा, नेतृत्व क्षमता और गांधी मार्ग के प्रति समर्पण को रेखांकित करता है (देखें; एम. जी. देव्सहयम जेपी मूवमेंट, इमरजेंसी एंड द सेकंड फ्रीडम मूवमेंट, वितिस्ता, नयी दिल्ली, 2017),

जेपी आन्दोलन और भारतीय लोकतन्त्र सम्पादक शिवदयाल (प्रलेक प्रकाशन, मुम्बई, 2024)। इसमें एक सत्याग्रही की चमक और एक लोकसेवक के करिश्मे की आभा है।

'74 के आन्दोलन को जेपी से जोड़ने में आन्दोलन विरोधी शक्तियों का भी योगदान था। प्रधानमन्त्री इन्दिरा गांधी और कम्युनिस्ट पार्टी के नेताओं से लेकर उनके समर्थक बुद्धिजीवियों-पत्रकारों ने भरसक इसे विद्यार्थी-विद्रोह से प्रेरित जन-आन्दोलन की बजाय जेपी का कारनामा बनाकर पेश किया। इन्दिरा सरकार के समर्थकों के प्रदर्शन में मुख्यत: जेपी की आलोचना की जाती थी। जेपी के ख़िलाफ़ नारे लगाये जाते थे। जैसे 'जयप्रकाश मुर्दाबाद', 'जयप्रकाश पर हमला बोल, हमला बोल, हमला बोल', 'अमरीका को दे दो तार, जयप्रकाश की हो गयी हार।' आदि। (देखें; राजेश्वर राव आदि (1975), इमरजेंसी एंड कम्युनिस्ट पार्टी ऑफ़ इण्डिया (नयी दिल्ली, कम्युनिस्ट पार्टी), बिपन चन्द्र इन द नेम ऑफ़ डेमोक्रेसी (नयी दिल्ली, पेंगुइन, 2003)।

अनेक व्यक्तियों में इसकी 'सम्पूर्ण क्रान्ति आन्दोलन' के रूप में आशावादी स्मृतियाँ हैं। यह नाम भारतीय समाज में गहराते आत्मविश्वास और असन्तोष दोनों को पहचान देता है। यह समाज के बहुमुखी 'क्रान्तिकरण' का आवाहन करता है। इसमें भविष्य के प्रति ज़िम्मेदारी की भी प्रतिध्वनि है। जेपी के निकट सहयोगी ब्रह्मानन्द ने 'टुवर्ड्स टोटल रेवोल्यूशन' नाम से चार खण्डों में एक किताब भी 1978 में प्रकाशित की थी। राजीव जी चारों पहचानों के प्रति अनुराग रखते थे। हमें भी यही सही लगता है। बिना 1974 के हालात के बिहार में विद्यार्थी आन्दोलन की निरन्तरता असम्भव थी। फिर बिहार के जन-असन्तोष की बुनियाद कैसे बनती? 'बिहार आन्दोलन' का ध्वजवाहक कौन बनता? बिना बिहार में जन-असन्तोष और विद्यार्थी विद्रोह के जेपी का नेतृत्व कौन स्वीकारता? विनोबा के मौन और सर्वोदय के एक पक्ष में आन्दोलन-आग्रह के बीच विखण्डन की ओर बढ़ रहे सर्वोदय परिवार में उत्पन्न गतिरोध की दशा में 'जेपी आन्दोलन' के विशेषण को और कौन स्वीकारता? गुजरात में भ्रष्टाचार और महँगाई के ख़िलाफ़ सड़कों पर उतरी विद्यार्थी जमातों और गृहिणियों के 'नवनिर्माण आन्दोलन' के लिए रविशंकर महाराज और मोरारजी देसाई के बीच किसी और नायक की कोई भूमिका सम्भव नहीं थी। 'सम्पूर्ण क्रान्ति आन्दोलन' का आवाहन जयप्रकाश नारायण की जीवन भर की साधना का सारांश था। उन्होंने तो दिसम्बर '73 तक 'जनतन्त्र बचाओ' की ही पुकार की थी। लेकिन बिहार में 18 मार्च (पटना में गोलीबारी और कर्फ़्यू) और 12 अप्रैल (गया में

पुलिस की गोली से 8 लोगों की मौत) के बीच हुए सत्ता-ताण्डव ने उन्हें आत्ममन्थन की प्रेरणा दी। जन-असन्तोष की व्यापकता, विद्यार्थी नेतृत्व के बार-बार मार्ग दर्शन निवेदन और सर्वोदय के लोगों के सहयोग ने उनको आत्मबल दिया। इस सबके सम्मिलित प्रभाव से उन्होंने 'सत्ता के रस्मी परिवर्तन' की बजाय 'व्यवस्था में आमूल परिवर्तन' की अनिवार्यता को मूलमन्त्र बताते हुए 5 जून को पटना के गांधी मैदान में हुई अभूतपूर्व महारैली में 'सम्पूर्ण क्रान्ति आन्दोलन' का आवाहन किया था। यह नामकरण हमें देश (बिहार), काल (74 आन्दोलन), और व्यक्ति (जेपी) से परे और आगे ले जाता है। लेकिन बिना '74, बिहार और जेपी को जोड़े इसमें निर्गुणता का दोष आ जायेगा। इसलिए इस बहुआयामी सच को कई नामों वाली पहचान देने में कोई दोष नहीं है।

'74 के माहौल में क्या ख़ास बात थी?

सत्ता-व्यवस्था की दृष्टि से यह इन्दिरा गांधी की दिग्विजय का 'उत्तर काण्ड' था। कांग्रेस पार्टी 1969 में दो टुकड़ों में टूट गयी थी लेकिन इन्दिरा गांधी ने 1971 के मध्यावधि लोकसभा चुनाव में संसद में प्रबल बहुमत से अपने प्रधानमन्त्रित्व को सुरक्षित करने में सफलता हासिल की थी। उनका सत्ताधारी कांग्रेस पर भी पूर्ण नियन्त्रण हो चुका था। घरेलू मोर्चे पर समस्त संसदीय प्रतिपक्ष पराजित और हतप्रभ था। संसदीय दायरे के बाहर मार्क्सवादियों का क्रान्तिकारी हिस्सा ('माओवादी') जेलों में बन्दी था। रेल मज़दूर हड़ताल विफल हो चुकी थी। किसान आन्दोलन के शिविर में सन्नाटा था।

सोवियत संघ के साथ मैत्री सन्धि करके पाकिस्तान के गृहयुद्ध में पूर्वी पाकिस्तान के जन-आन्दोलन को सहारा देने और बांग्लादेश के जन्म के साथ पकिस्तान के दो टुकड़े होने से पड़ोसियों की एक बड़ी समस्या का समाधान किया जा चुका था। इससे देश की हिन्दूवादी शक्तियों का समर्थन सहज हो गया। 1969-71 के बीच बैंकों के राष्ट्रीयकरण, राजाओं के 'प्रिवी-पर्स' की समाप्ति, भारत-सोवियत सन्धि, ग्रामीण मज़दूरों को आवासीय भूमि आवंटन जैसे फ़ैसलों से कम्युनिस्ट और समाजवादी इन्दिरा गांधी के साथ समर्थन में खड़े थे।

प्रशासन और न्यायपालिका में 'प्रतिबद्धता' के दबाव को प्रगतिशील प्रचारित किया जा रहा था। लेकिन चुनाव में धनशक्ति के बढ़ते असर, सोवियत खेमे से निकटता और सर्वोच्च न्यायालय में पदोन्नति में हस्तक्षेप को लेकर जागरूक व्यक्तियों में चिन्ता भी थी। एक तरफ़ देश में लोकतान्त्रिक प्रक्रिया से प्रधानमन्त्री का महत्त्व बढ़ रहा था तो दूसरी तरफ़ सत्ता के केन्द्रीयकरण, महँगाई, भ्रष्टाचार और

युवा असन्तोष की अनदेखी को बढ़ावा मिल रहा था। स्वतन्त्रता सेनानी, समाजवादी आन्दोलन के शिखरपुरुष और सर्वोदय नायक जयप्रकाश नारायण ने इस परिस्थिति की समस्याओं को सामने रखने का प्रयास किया, लेकिन सत्ता-प्रतिष्ठान ने उनकी चेतावनी की अनदेखी की। जबकि जेपी की आलोचना में निर्दलीयता का आग्रह था। कुछ बुनियादी सुधारों का अनुरोध था।

कवि दुष्यन्त कुमार ने एक कविता में सन '74 के माहौल का बेमिसाल वर्णन प्रस्तुत किया था जिसकी कुछ पंक्तियाँ बहुत काम की हैं :

एक गुड़िया की कई कठपुतलियों में जान है
आज शायर यह तमाशा देखकर हैरान है

एक बूढ़ा आदमी है मुल्क में या यों कहो–
इस अँधेरी कोठरी में एक रोशनदान है

मस्लहत-आमेज़ होते हैं सियासत के क़दम
तू न समझेगा सियासत, तू अभी नादान है

कल नुमाइश में मिला हमें चीथड़े पहने हुए
मैंने पूछा नाम तो बोला कि हिन्दुस्तान है

इस सन्दर्भ में हिन्दी के यशस्वी साहित्यकार धर्मवीर भारती की कालजयी कविता 'मुनादी' में लिखी गयी बात का एक हिस्सा उद्धृत करना भी प्रासंगिक होगा :

"हर ख़ासो आम को आगाह किया जाता है
खलक ख़ुदा का मुलुक बाश्शा का हुकुम शहर कोतवाल का
कि ख़बरदार रहें और अपने-अपने किवाड़ों को
अन्दर से कुंडी चढ़ाकर बन्द कर लें
गिरा लें खिड़कियों के परदे और बच्चों को बाहर न भेजें
क्योंकि एक बहत्तर बरस का बूढ़ा आदमी
अपनी कमज़ोर काँपती आवाज़ में
सड़कों पर सच बोलता हुआ निकल पड़ा है'..."

इसी भाव को सम्पूर्ण आन्दोलन के आवाहन गीत के रूप में जानकी बहन, अरुण और कारो जैसे तरुण शान्ति सैनिक छोटी बड़ी जनसभाओं में लय ताल के साथ गाने के लिए आगे आ गये थे :

जयप्रकाश का बिगुल बजा है जाग उठी तरुणायी है,
तिलक लगाने तुम्हें जवानों क्रान्ति द्वार पर आयी है...

समाजवादी चिन्तक और '74 आन्दोलन/बिहार आन्दोलन/जेपी आन्दोलन/सम्पूर्ण क्रान्ति आन्दोलन में जेपी और छात्रों-युवाओं के सहयात्री किशन पटनायक ने भी उस दौर का विवरण देते हुए तीन बिन्दुओं को रेखांकित किया है

1. हमें 1974-77 के घटनाक्रम को उससे पहले के तीन दशकों के घटनाक्रम की परिणति के रूप में समझना चाहिए (1974 के आन्दोलन की पृष्ठभूमि के तीन दशकों का सजीव चित्रण क्रमशः फणीश्वरनाथ रेणु के 'मैला आँचल' और 'परती परिकथा', श्रीलाल शुक्ल के 'राग दरबारी' और 'दारुलसफा', शिवप्रसाद सिंह के 'गली आगे मुड़ती है', और काशीनाथ सिंह के 'अपना मोर्चा' देखें।)।

2. निश्चय ही जेपी 1974 के राष्ट्रीय हालात के प्रति संवेदनशील होकर एक उग्र राजनीतिक हस्तक्षेप के लिए विद्यार्थी आन्दोलन के प्रति आकर्षित हुए। सर्वोदय वाला 'वनवास' ख़तम हुआ। इसलिए संघर्ष के लिए सामने आते ही उनका क़द बहुत ऊँचा हो गया। उग्र हस्तक्षेप के लिए देश तैयार था, जेपी तैयार थे। इसलिए देश हिल भी गया।

3. आन्दोलन में जेपी ने सिर्फ़ निर्दलीय युवाओं को अपना समझा था और उनको प्रशिक्षित करने की उनमें आशा थी। वह उस समय के राजनीतिक दलों के चरित्र से भी परिचित थे। इसीलिए उन्होंने आन्दोलन में शामिल होने के आठ महीनों में ही छात्र-युवा संघर्ष वाहिनी की स्थापना की। युवा वाहिनी से जुड़े उनकी बुनियादी मूल्यों के प्रति प्रतिबद्धता आजीवन बनी रही और वे सत्ता-पदों की होड़ में कभी नहीं पड़े। (मैं श्री राजीव की यशस्वी जीवन-यात्रा को इसका एक उल्लेखनीय उदाहरण मानता हूँ।)

'74 की सबसे महत्त्वपूर्ण बात के रूप में यह तथ्य अविस्मरणीय है कि स्वाधीनोत्तर भारत में जयप्रकाश नारायण पहले नेता थे जिनको लाखों लोगों का, विशेषकर बिहार में, व्यापक समर्थन मिला। केवल दर्शन के लिए कड़ी धूप या बरसात में हज़ारों छात्रों और नागरिकों का जमा हो जाना और घण्टों इन्तज़ार करना। मात्र दो शब्द सुनने के लिए देर रात में रेलवे स्टेशनों पर एकत्र होकर नारे लगाना। लाखों की भीड़ का सभा में एकत्र हो जाना और चुपचाप भाषण सुनना एक अद्भुत और अभूतपूर्व वास्तविकता थी। इनमें ज़्यादातर निर्दलीय लोग थे। हज़ारों की संख्या में छात्रों में छिपी शक्ति जैसे एकदम सामने आ गयी। इनमें सैकड़ों छात्र-छात्राएँ ऐसे थे जो जेपी के आवाहन पर एक साल के लिए अपनी पढ़ाई छोड़कर आन्दोलन

में लग गये थे (देखें; श्रवण कुमार गर्ग–बिहार आन्दोलन : एक सिंहावलोकन ('सर्वसेवा संघ, वाराणसी; 1974)। छात्राओं और गृहिणियों की सतत भागीदारी इस आन्दोलन का अत्यन्त महत्त्वपूर्ण पक्ष था। महिला शक्ति के उदय ने राजनीति के क्षेत्र में पुरुषों के लैंगिक वर्चस्व को तोड़ दिया। कवियों और रचनाकारों का आन्दोलन का अभिन्न अंग बनना भी अपूर्व पहलू था। इन कविताओं को शैलेन्द्र नाथ श्रीवास्तव के सम्पादन में 'आन्दोलन की कविताएँ' नामक संग्रह में संकलित किया गया है। एक अन्य मूल्यांकन में यह भी याद कराया गया है कि सहभागिता के हिसाब से जातीय, वर्गीय और क्षेत्रीय दृष्टि से '74 का आन्दोलन स्वतन्त्र भारत का सबसे बड़ा, समावेशी, सर्वस्पर्शी आन्दोलन था। समस्त उत्तर भारत, पश्चिम भारत, पूर्वी भारत से लेकर दक्षिण में कर्नाटक तक आन्दोलन का प्रभाव था (शिवदयाल जेपी आन्दोलन और भारतीय लोकतन्त्र प्रलेक प्रकाशन, मुम्बई, 2024; पृष्ठ 23) इसलिए '74 के बिहार आन्दोलन को जेपी आन्दोलन कहना एकदम सटीक है।

संघ को सांस्कृतिक संगठन मानना मुश्किल–जेपी

किशन पटनायक

जेपी यानी लोकनायक जयप्रकाश नारायण ने 1974 के आन्दोलन में सभी कांग्रेस विरोधी दलों को सम्पूर्ण क्रान्ति के लिए अपने-अपने झण्डे और विचार अलग रखकर आने का आह्वान किया था। अन्य दलों के साथ इसमें जनसंघ और संघ के लोग भी जुड़े। इस कारण जेपी पर संघ को वैधता देने का आरोप लगता है। यह आरोप अधिकतर सीपीआई और प्रलेस के लोग लगाते हैं। आख़िर क्या थे जेपी के विचार?

राष्ट्रीय स्वयंसेवक संघ के बारे में सम्पूर्ण क्रान्ति के जनक जयप्रकाश नारायण (जेपी) क्या सोचते थे, इस बारे में बहुत भ्रान्तियाँ फैलाई जाती रही हैं। उनकी जयन्ती (11 अक्तूबर) के मौक़े पर एक दस्तावेज़ पर नज़र डालना मुनासिब होगा : समाजवादी विचारक और सामयिक वार्ता के संस्थापक सम्पादक किशन पटनायक ने सितम्बर 1977 के पहले हफ़्ते में एक प्रश्नावली भेजी थी। सवालों के (लिखित) जवाब जो जेपी ने दिये, 'सामयिक वार्ता' के 16 सितम्बर 1977 के अंक में जेपी के रहते प्रकाशित हुए वही प्रश्नोत्तर यहाँ प्रस्तुत हैं।

प्रश्न : आपके राष्ट्रीय आन्दोलन में अखिल भारतीय विद्यार्थी परिषद और भारतीय मज़दूर संघ ने राष्ट्रीय स्वयंसेवक संघ और जनसंघ के साथ भाग लिया। जनता पार्टी में राष्ट्रीय स्वयं सेवक संघ का राजनीतिक अंग अर्थात जनसंघ तो शामिल हो गया है लेकिन वह खुद तथा अ.भा. विद्यार्थी परिषद और भारतीय मज़दूर संघ अपनी अलग हैसियत बनाये हुए हैं। ये जनता पार्टी के युवा, छात्र और मज़दूर आदि संगठनों में मिलने से इनकार कर रहे हैं क्या आपको यह नहीं लगता है कि इससे पार्टी की एकता की भावना कमज़ोर होती है? आपके आन्दोलन में शामिल होने वाले लोगों को जिन्होंने इमरजेंसी के वक़्त बहुत कष्ट सहे, एकता को सबसे ज़्यादा महत्त्व नहीं देना चाहिए?

जेपी : इससे निश्चय ही (एकता) कमज़ोर होगी। मैं आशा करता हूँ कि राष्ट्रीय स्वयंसेवक संघ, विद्यार्थी परिषद और भारतीय मज़दूर संघ जैसे संगठन, जनता पार्टी के जो विभिन्न संगठन बन रहे हैं, उनमें शामिल होंगे। अगर वे शामिल नहीं हुए तो आगे फूट और झगड़े की बहुत ज़्यादा आशंका रहेगी।

प्रश्न : क्या आप राष्ट्रीय स्वयंसेवक संघ को विशुद्ध रूप से एक सांस्कृतिक संगठन के रूप में देखते हैं? यह सवाल हम इसलिए कर रहे हैं कि आपने उसके बारे में एक समय इससे भिन्न मत प्रकट किया था।

जेपी : राष्ट्रीय स्वयंसेवक संघ को विशुद्ध सांस्कृतिक संगठन मानना मुश्किल है।

प्रश्न : आपने बम्बई में 21-22 मार्च 1976 को एक अकेली संयुक्त पार्टी बनाने के उद्देश्य से संगठन कांग्रेस, जनसंघ, भारतीय लोक दल, सोशलिस्ट पार्टी के प्रतिनिधियों को तथा कुछ व्यक्तियों की बैठक बुलाई थी। इस बैठक में आपने जनसंघ के प्रतिनिधि को काफ़ी कड़ाई से पूछा था कि वे जेल में क्या अलग शाखाएँ चलाते हैं? क्या आपकी अभी भी यही राय है?

जेपी : मेरी अभी भी यही राय है।

प्रश्न : बिहारवासियों के नाम चिट्ठी में आपने लिखा है "मैंने (जयप्रकाश ने) राष्ट्रीय स्वयंसेवक संघ के आन्दोलन को सर्वधर्म समभाव वाली धारा में लाकर साम्प्रदायिकता से मुक्त करने की कोशिश की है।" आपने यह दावा भी किया है कि राष्ट्रीय स्वयंसेवक संघ के लोग कुछ हद तक बदले भी हैं। क्या आप यह मानते हैं कि राष्ट्रीय स्वयंसेवक संघ ने हिन्दू-राष्ट्र के विचार को त्याग दिया है? आपकी और गांधीजी की भारतीय राष्ट्रीयता की अवधारणा राष्ट्रीय स्वयंसेवक संघ की हिन्दू-राष्ट्र की अवधारणा से बुनियादी रूप से भिन्न है। अगर यह बात ठीक है तो यह भिन्नता कैसी है? अगर राष्ट्रीय स्वंयसेवक संघ और उनके अन्य संगठन हिन्दू-राष्ट्र के अपने विचार पर अटल रहते हैं, तो क्या इससे भारतीय राष्ट्र और देश सामाजिक और आर्थिक चुनौतियों का मुक़ाबला करने के लिए एक हो पायेगा?

जेपी : राष्ट्रीय स्वयंसेवक संघ के नेताओं और कार्यकर्ताओं से अपने सम्पर्क के दौरान मुझे निश्चय ही उनके दृष्टिकोण में परिवर्तन नज़र आया। उनमें अब अन्य समुदायों के प्रति शत्रुता की भावना नहीं है। लेकिन अपने मन में वे अभी भी हिन्दू राष्ट्र की अवधारणा में विश्वास करते हैं। वे यह कल्पना करते हैं कि मुसलमान और ईसाई (जैसे अन्य समुदाय) तो पहले से ही संगठित हैं, जबकि हिन्दू बिखरे हुए और असंगठित और इसलिए वे हिन्दुओं को संगठित करना और अपना मुख्य काम

मानते हैं। राष्ट्रीय स्वयंसेवक संघ के नेताओं के इस दृष्टिकोण में परिवर्तन होना ही चाहिए। मैं यही आशा करता हूँ कि वे हिन्दू-राष्ट्र के विचार को त्याग देंगे और उसकी जगह भारतीय राष्ट्र के विचार को अपनाएँगे।

भारतीय राष्ट्र का विचार सर्वधर्म समभाव वाली अवधारणा है और वह भारत में रहने वाले सभी समुदायों को अंगीकार करता है। अगर राष्ट्रीय स्वयंसेवक संघ अपने को भंग नहीं करता और जनता पार्टी द्वारा गठित युवा या सांस्कृतिक संगठनों में शामिल नहीं होता तो उसे कम से कम सभी समुदायों के लोगों, मुसलमानों और ईसाइयों को अपने में शामिल करना चाहिए। उसे अपने संचालन और काम करने के तरीक़ों का लोकतन्त्रीकरण करना चाहिए और सभी जातियों और समुदायों के लोगों, हरिजन, मुसलमान और ईसाई को अपने सर्वोच्च पदों पर नियुक्त करने की पूरी कोशिश करनी चाहिए।

(साभार : सामयिक वार्ता, 16 सितम्बर 1977)

आरएसएस बदला पर पूरी तौर पर नहीं–जयप्रकाश नारायण

उर्दू रोज़नामा 'संगम'

सितम्बर 1974 तक बिहार की तहरीक (आन्दोलन) ने अवामी तहरीक की शक्ल अख़्तियार कर ली थी। बहुत-सी बातें अभी लोग समझ नहीं पा रहे थे। ख़ासकर मुसलमानों के दरम्यान तरह-तरह की ग़लतफ़हमियाँ पैदा की जा रही थीं। एक संवाददाता ने जेपी से एक लम्बा इंटरव्यू लिया और इनके सामने दस सवाल रखे। नौ सितम्बर 1974 के पटना के उर्दू रोज़नामा संगम में पूरा इंटरव्यू छपा। प्रस्तुत हैं उसके कुछ अंश:–

सवाल : सरसरी तौर पर हालात का जायज़ा लेने के बाद यह नतीजा निकालना पड़ता है कि वह तहरीक जो छात्रों ने मार्च 1974 में शुरू की वह आपके रहनुमा की हैसियत से आ जाने के बाद एक अवामी तहरीक की शक्ल अख़्तियार कर गयी है। इसका दायरा बढ़ता जा रहा है। क्या आप यह बताने का कष्ट करेंगे कि इस तहरीक की मंज़िल क्या है और आप क्या चाहते हैं?

जवाब : यह सवाल आपने बहुत अच्छा किया है। यह तहरीक जो छात्रों ने शुरू की वह अवामी तहरीक बनती जा रही है। अब आप पूछते हैं कि मैं क्या चाहता हूँ, इस तहरीक से क्या नतीजा निकलेगा तो जैसे-जैसे यह तहरीक आगे बढ़ती जाती है और समाज के छोटे-बड़े अंग इसके दायरे में खिंच कर आते जाते हैं वैसे-वैसे इस तहरीक के शुरू में जो उद्देश्य थे इनमें इज़ाफ़ा होता जाता है। सच पूछिए तो सवाल यह नहीं है कि मैं क्या चाहता हूँ। असल सवाल यह है कि लोग क्या चाहते हैं। अगर मुझसे पूछिए तो मैं जैसा पिछले कई महीनों से कहता आ रहा हूँ, पहली बार पाँच जून को पहली तकरीर में मैंने कहा कि मैं इस तहरीक को 'सम्पूर्ण क्रान्ति' की शक्ल में देखता हूँ। इसका मतलब यह है कि समाज का जड़ से परिवर्तन हो। सामाजिक,

आर्थिक, राजनीतिक और सांस्कृतिक, तहज़ीबी, कल्चरल, एजूकेशनल, तालिमी आप जो भी कहें सारा एक नया समाज इससे निकलेगा। जो समाज आज के समाज से बिल्कुल अलग हो इसकी बुराइयाँ कम से कम इसमें हों।

सभी पार्टियाँ कहती आयी हैं और स्वराज की लड़ाई के ज़माने से ही यह बात कही जा रही है कि हम ऐसा स्वराज चाहते हैं जिसमें सब लोग सुखी हों और अमीर और ग़रीब का जो आसमान-ज़मीन का फ़र्क़ है वह न रहे। और जो ग़ैरबराबरी है वह न रहे। या कम से कम हो जाये। समाज में जो बुराइयाँ हैं वह दूर हों, इन्साफ़ हो और जो आर्थिक परिवर्तन हो इसका एक नतीजा यह हो कि जो सबसे नीचे लोग हैं, जो सबसे ग़रीब लोग हैं चाहे वह खेत में काम करने वाले मज़दूर हों, भूमिहीन हों, इनमें ज़्यादा तादाद मुसलमानों में हैं। हरिजन लोग हैं, आदिवासी हैं जो सबसे नीचे हैं। पिछड़े हुए होते हैं। वैसे मुसलमान तो सबसे पिछड़े हुए नहीं कहे जा सकते और न सबसे नीचे कहे जा सकते हैं। हिन्दू समाज के ऊँच-नीच के भेदभाव के लिहाज़ से लेकिन ग़रीबी के लिहाज़ से तो हैं। इनको पहले उठाना चाहिए और जो कुछ 27 वर्षों में हुआ वह उल्टा हुआ। ग़रीबी बढ़ती गयी और अमीरी भी बढ़ती गयी और दोनों का फ़र्क़ भी बढ़ता गया। भूमि सुधार के क़ानून वग़ैरह पास हुए लेकिन ऐसा लगता है कि बेज़मीनी बढ़ती ही गयी। घटी नहीं।

जितने अनुपात में बिहार में बेज़मीन थे इससे आज ज़्यादा हैं। तो अगर यह इन्क़लाब कामयाब होता है तो मेरी नज़र से यह सब चीज़ें इससे हासिल होनी चाहिए। समाज की बुराइयाँ, छुआछूत, जात पाँत के झगड़े, फिरकादाराना झगड़े ख़त्म होने चाहिए। हम सब हिन्दुस्तानी हैं। हम सब इन्सान हैं। यह ख़याल फैलना चाहिए और सब के दिल में इसकी जगह होनी चाहिए। हमारे बर्ताव में हमारे अमल में हमारी ज़िन्दगी के मामूल से यह ज़ाहिर होना चाहिए कि सिर्फ़ ज़ुबान पर ही नहीं जैसा कि आज होता है।

और इसी तरह के छात्र इसमें हैं। मैंने अक्सर कहा है कि भई हिन्दू समाज में शायद मुस्लिम समाज में भी, किसी दूसरी शक्ल में हो यह तिलक दहेज की चलन है तो अगर आन्दोलन कामयाब हुआ, यह इन्क़लाब कामयाब हुआ और कामिल इन्क़लाब कामयाब हुआ तो यह चलन भी बन्द होगा। इस तरह मैं दूर तक देखता हूँ जो सर्वोदय की मंज़िल है। जो सोशलिज़्म की मंज़िल है या कम्युनिज़्म की है। सब एक ही तरह की बात कहते हैं। तरीक़े और रास्ते मुख़्तलिफ़ हैं और हो सकते हैं। मैं इस तहरीक को वहाँ ले जाना चाहता हूँ। कहाँ तक मैं कामयाब हूँगा मैं नहीं कह सकता।

सवाल : यह तहरीक शुरू हुई कमरतोड़ महँगाई, किल्लत, बदनमानी, बेकारी और नाकारा निज़ाम, तालीम के ख़िलाफ़ फिर इसमें बिहार असेम्बली के तोड़ने का सवाल भी जोड़ा गया। कुछ लोगों का कहना है कि फिलहाल बुनियादी सवाल पशेपश्त पड़ गये हैं। इस तहरीक का वाहिद मक़सद असेम्बली को तोड़ना और मौजूदा हुकूमत को ख़त्म करना रह गया है। क्या आप इस नज़रिये को सही दिशा में सोचना समझते हैं?

जवाब : बात तो आपने सही कही है। जब तहरीक शुरू हुई तो छात्रों की माँगें 12 थीं। आठ तालीम से ताल्लुक रखती थीं और चार वह थीं जो आपने गिनाये हैं। और बाद में एक के बाद एक माँगें जुड़ती गयीं। शुरू में मन्त्री का इस्तीफ़ा और बाद में विधानसभा का भंग करना जोड़ा गया। इसकी वजह यह रही है कि सरकार ने जिस तहरीक को कुचलने की कोशिश की और जो भी इनका रवैया रहा इससे छात्रों पर असर पड़ा। प्रदेश छात्र समिति ने यह फ़ैसला किया और मैं भी इस फ़ैसले के साथ था। असेम्बली को भंग करने के बारे में तो मैंने इनको सलाह भी दी थी कि जल्दी न करो और गुजरात की नक़ल न करो। अपनी ताक़त भी देखो। एक बार तो मान गये फिर बिहार में कुछ ऐसी घटनाएँ घटीं वह आये कहने कि असेम्बली भंग होनी चाहिए। मैंने इसको मंजूर किया। और मैं समझता हूँ कि जो हालत है बिहार की और जो विधानसभा के मेंबरान हैं और वह जो कुछ कर रहे हैं और जिस तरह की हुकूमत इनकी मदद से चल रही है यह सारा देखते हुए मुझे लगता है कि यह बहुत मुनासिब माँग है।

बिहार सियासत को भी साफ करना है। यहाँ और बुराइयाँ हैं तो यह ज़रूरी हो गया कि ऐसा किया जाये। जनता की ताक़त से ऐसा हो अच्छा होगा। क्योंकि इससे जनता के अन्दर नया ऐतमाद (विश्वास) पैदा होगा। नयी ताक़त आयेगी कि अगर सरकार के अन्दर, हुकूमत के अन्दर भी बुराइयाँ हों तो वह जनता दूर कर सकती है। क्योंकि लोकतन्त्र है, जम्हूरियत है, अब देखिए न बाढ़ आयी हुई है आज 'इंडियन नेशन' का सम्पादकीय पढ़ लीजिए। बदबू आ रही है यहाँ और सियासत को फुर्सत नहीं कि वे बाढ़ के लिए कुछ करते, दिल्ली पटना आना-जाना है, फिर वही दौर है और फिर वही आपस में कांग्रेस की लड़ाई और कोई इसको निकालना चाहता है और उसको (बनाये रखना चाहता है)। मैं समझता हूँ कि यह कांग्रेस के लिए भी नुक़सानदेह है कि विधानसभा बनी रहे, यह मिनिस्ट्री बनी रहे, इससे कांग्रेस बदनाम हो रही है। ख़ैर यह तो कांग्रेस वाले सोचें। दूसरी बात जो आपने कही वह भी ठीक है कि करप्शन के ख़िलाफ़ जो लड़ाई शुरू हुई थी वह कुछ पीछे पड़ गयी। और

सामने यही आ गया कि मिनिस्ट्री का इस्तीफ़ा हो और विधानसभा ख़त्म हो और मैं समझता हूँ कि यह सब विचारणीय है। आपने देखा होगा कि क़रीब-क़रीब हर बयान में, हर तकरीर में मैं जोड़ देता हूँ कि गुजरात का हाल यहाँ नहीं होना चाहिए।

गुजरात को दोहराना ठीक नहीं होगा। वरना सारी क़ुरबानी और सारी मेहनत बेकार जायेगी। मिनिस्ट्री का इस्तीफ़ा हो जाये, विधानसभा ख़त्म हो जाये, इसके बाद यह तहरीक तेज़ी से चले यह मेरी कोशिश होगी। इस कोशिश में मैं कितना कामयाब हूँगा, यह मैं नहीं कह सकता। मुझे ऐसा लगता है कि गुजरात से ज़रूर कुछ फ़र्क़ पड़ेगा। कितना फ़र्क़ पड़ेगा यह तो हालात ही बतायेंगे। मैं अपनी तरफ़ से आपको इंटरव्यू पढ़ने वालों को इत्मीनान दिलाना चाहता हूँ कि मेरी यह कोशिश रहेगी कि जो असली सवाल है और जो बीच के सवाल उठे और ठीक उठे और बाद में जो और सवाल जुड़ते गये और जो मैंने कामिले इन्क़लाब की बात कही इन सबको ध्यान में रखते हुए इस तहरीक को मैं आगे ले जाऊँगा। यह मेरी पूरी कोशिश होगी।

सवाल : कांग्रेस और भारतीय कम्युनिस्ट पार्टी के अलावा कुल सियासी पार्टियाँ इस तहरीक की हिमायत कर रही हैं। इनमें जनसंघ और आरएसएस की तंजीम भी जुटी है। आप अच्छी तरह से जानते हैं कि इन दोनों तंजीमों का नज़रिया महदूद क़ौमियत (संकीर्ण राष्ट्रवाद) और फ़िरकावारियत (साम्प्रदायिकता) की बुनियाद पर क़ायम है। वह हिन्दुस्तान की सबसे बड़ी अक्लियत यानी मुसलमानों को दूसरे दर्जा के शहरी से भी कमतर हैसियत देने के कायल हैं। इन वजहों से तहरीक के विरोधियों को मुसलमानों के दरम्यान बदजनी फैलाने का मौक़ा मिला है। यहाँ तक कि एक मुसलमान के पहले वज़ीरे आला (मुख्यमन्त्री) होने की दुहाई भी दी जा रही है। और मुसलमानों को गुमराह किया जा रहा है। ऐसी हालत में मुसलमानों के लिए आपका क्या मशविरा है?

जवाब : आपने तीन बातें इस सवाल में कही हैं। जो कुछ मुझे इल्म है इससे ऐसा लगता है कि आपने मुसलमानों के रुझान को सही ढंग से पेश किया है। तो यह ठीक है कि आरएसएस और जनसंघ दोनों ही इस तहरीक में हिस्सा ले रहे हैं। लेकिन इनके अलावा और लोग भी हैं। मुसलमानों से यह ज़रूर कहना चाहूँगा कि वह आरएसएस और जनसंघ के होने से ऐसा न समझें कि इनका जो नज़रिया होगा, चाहे जो भी हो, इससे तहरीक के ऊपर कुछ इसका असर पड़ेगा। ज़ोर पड़ेगा। आज तक तो मैंने नहीं देखा। पिछले पाँच-छह महीने से जनसंघ और आरएसएस ने कोई ऐसी हरकत नहीं की जिससे मुसलमानों को इस बात का अन्देशा पैदा हो कि आगे क्या होगा। यानी जब यह तहरीक कामयाब हो जायेगी तो कुछ गड़बड़ होगा। इस

तहरीक में ज़्यादातर छात्र जो आये हैं यह आम शहरी या देहाती वह किसी पार्टी से ताल्लुक नहीं रखते हैं। सर्वोदय वाले किसी पार्टी के नहीं हैं। मैं किसी पार्टी का नहीं हूँ। और इस तहरीक की असली ताक़त तो यही लोग हैं। जो किसी पार्टी से सम्बद्ध नहीं हैं। ग़ैर जमाती हैं। मैं उम्मीद करता हूँ कि बल्कि मुझे पूरा यक़ीन है कि कोई भी पार्टी इस तहरीक पर हावी होने या अपना रंग भरने में कामयाब नहीं हो सकती। जब तक मैं हूँ यह होने वाला नहीं। मैं न भी रहूँ तो भी नहीं होने वाला है। इसलिए जनसंघ और आरएसएस की मौजूदगी से मुसलमानों को इस तहरीक से कोई ख़तरा महसूस नहीं करना चाहिए। अब जनसंघ और आरएसएस के बारे में मेरा अपना तजुर्बा यह है कि इनकी अपनी एक इमेज बनी हुई है। इनसे काफ़ी मिलता-जुलता रहता हूँ। इस तहरीक के दरम्यान तो इनके बड़े आल इंडिया लीडर से भी काफ़ी बातचीत करने का मौक़ा मिला। जो बिहार के हैं इनसे तो मिला ही हूँ तो मुझे ऐसा लगता है कि इनके विचारों में कुछ फ़र्क़ पड़ा है। स्वराज की लड़ाई के ख़त्म होने के वक़्त जो आरएसएस के विचार थे वह भी अब बदले हैं।

वह कुछ हालात की वजह से और कुछ इसलिए कि जनसंघ एक सियासी पार्टी है और वह भी समझती है कि यूपी-बिहार में और देश के कुछ हिस्सों में ऐसे हलके हैं जहाँ मुसलमानों का वोट बिल्कुल इनके ख़िलाफ़ हो यह चलने वाले नहीं हैं। एक हिन्दू पार्टी के बजाय एक नेशनल पार्टी के रूप में वह आने की कोशिश कर रहे हैं। इन मामलात में अटल बिहारी वाजपेयी ज़्यादा व्यापक सोच वाले मालूम पड़ते हैं। जिस तरह बांग्लादेश के बनने के बाद मुसलमानों पर एक ख़ास असर पड़ा है इस तरह आरएसएस के सोचने के अन्दाज़ पर भी काफ़ी असर इसका पड़ा है। और इस बात को उन्होंने समझा है कि एक मुस्लिम मुल्क भी भारत का सच्चा दोस्त हो सकता है। वह इस बात को मानते हैं कि बांग्लादेश के साथ हिन्दुस्तान को मिलकर चलना है।

शायद पाकिस्तान के बारे में वह कुछ और सोचते हों पर इन हालात का असर पड़ा है। जैसे-जैसे देश की सियासत आगे बढ़ रही है इसका असर इन पर पड़ा है। मैं यह भी मानता हूँ कि इस तहरीक को, मेरे इसमें शामिल होने और दूसरी सियासी पार्टियों से ग़ैर मुतल्लिक लोगों को साथ लेकर चलने की ज़िम्मेदारी इनकी भी है। तो इस तहरीक की वजह से भी वह कुछ व्यापक सोच वाले हो रहे हैं। साथ-साथ मैं यह भी नहीं कहता कि वह सोलह आने बदल गये हैं। पर पुरानी बातें अभी कुछ मौजूद होंगी और कुछ दिक़्क़तें भी हैं। लेकिन वह फ़िरकावाराना क़िस्म की नहीं होंगी। वह होती है कमेटी पर हावी होने की। तो यह एक तरह से फ़ितरी बात है।

जहाँ तक वज़ीरे आला (मुख्यमन्त्री) की बात आपने कही तो मैं यह समझता हूँ कि मुसलमानों के लिए यह सोचने की बात है। यह बहुत तंगनज़री है। ठीक है पहला वज़ीरे आला बिहार में मुसलमान हुआ है, अच्छी बात है, लेकिन चूँकि मुसलमान है इसलिए इनके ख़िलाफ़ यह तहरीक है यह बेबुनियाद बात है। कोई दूसरे इनकी जगह पर होते तो वही बात होती।

मैं बिल्कुल इत्मीनान के साथ कह सकता हूँ कि जनसंघ के सोचने का अन्दाज़ भी ऐसा नहीं है। आज अगर कोई हिन्दू केदार पाण्डे वज़ीरे आला होते तो तहरीक तो चलती। इसलिए मुसलमान होने की वजह से इनके ख़िलाफ़ यह तहरीक है ऐसी बात हरगिज़ नहीं है। मिनिस्ट्री में तो हिन्दू ही अक्सरियत में हैं। विधानसभा में भारी अक्सरियत हिन्दुओं की है। इसलिए जो मुसलमानों को इस तरह गुमराह किया जाता है बहकाया जाता है वह इनके साथ इन्साफ़ नहीं किया जा रहा है। इस तरह वह देश या बिहार की सियासत को कुछ समझ पायेंगे वैसे लोगों के लिए मैंने जब भी कहा अच्छा ही कहा है। इधर पिछले दिनों मेरे बारे में कुछ ऊटपटाँग बातें उन्होंने की हैं। बहरहाल वह इनकी नादानी थी।

(अनुवाद : डॉ. मुस्तफ़ा अंसारी)

गुजरात से शुरू हुआ छात्र आन्दोलन

चंचल

जम्हूरी निजाम में राजनीति उठती बैठती रहती है, ज्वार-भाटा इसका स्थायी भाव है, मूलतः जनतन्त्र राजशक्ति और जन शक्ति के आपसी तनाव से खुराक लेता है और उसी पर जिन्दा रहता है। जनशक्ति मज़बूत होगी तो अराजकता आएगी और अगर राजशक्ति मज़बूत होगी तो तानाशाही का ख़तरा पैदा होगा। सत्तर का दशक भारतीय राजनीति के इन दोनों रूपों का, एक साथ प्रदर्शन करता है। जनशक्ति को छात्र आन्दोलन या जेपी आन्दोलन कहते हैं, इसके नेता हैं जय प्रकाश नारायण। इस आन्दोलन को कुचलने के लिए तत्कालीन शासन ने राजशक्ति के सहारे जो ताक़त दिखाई उसे इमरजेंसी या आपातकाल कहते हैं। इस राजशक्ति की प्रतीक बनी, तत्कालीन प्रधानमन्त्री श्रीमती इंदिरा गांधी। तुर्रा यह कि इन दोनों शक्तियों के तनाव का अन्त अपने-अपने प्रायश्चित और ग़लत होने की घोषणा से होता है और दोनों नेता अन्त में एक दूसरे के कंधे पर टिक कर आँसू बहाते हुए विदा लेते हैं। आइए उसकी कहानी उठाते हैं।

शुरुआत जनशक्ति के उफान से करते हैं। आज से ठीक 52 साल पहले 1973 में अहमदाबाद (गुजरात) साइंस कालेज के मेस में बिकनेवाले समोसे की क़ीमत बढ़ गयी। यहाँ से यह आन्दोलन शुरू हुआ जिसे छात्र आन्दोलन कहते हैं। यहाँ से दो युवा नेता उभरते हैं, उमाकान्त मांकड़ और मनीषी जानी। गुजरात से उठा यह आन्दोलन आहिस्ता-आहिस्ता बढने लगा। उस समय केन्द्र समेत समूचे भारत में कांग्रेस का शासन था। यह कांग्रेस के उफान का काल था। श्रीमती इंदिरा गांधी तब तक कांग्रेस के यथास्थितिवादियों को नकार कर कांग्रेस की एक मात्र ताक़तवर नेता बन चुकी थीं। 1969 नेकीराम नगर कांग्रेस के अधिवेशन में उन्होंने यथास्थितिवादियों की हठवादिता के सामने झुकने से इनकार कर दिया और अपने विद्रोही तेवर के

साथ कांग्रेस से बाहर आकर नए कांग्रेस की मज़बूत नींव डाल चुकी थीं। कांग्रेस दो टुकड़े होकर विभक्त हो चुकी थी। पुराने यथास्थितिवादी नेता एक तरफ़ थे, जिसका नाम पड़ा था कांग्रेस 'ओ'। इनमें तत्कालीन कांग्रेस अध्यक्ष निजलिंगप्पा , नीलम संजीव रेड्डी, मोरारजी भाई देसाई वग़ैरह रहे। इस ग्रुप ने श्रीमती इंदिरा गांधी को कांग्रेस की प्राथमिक सदस्यता से ही बाहर कर दिया। इंदिरा गांधी के साथ कांग्रेस के कुल पाँच लोग बाहर आए, इनमें चंद्रशेखर, मोहन धारिया, कृष्णकान्त, रामधन और अर्जुन अरोड़ा थे, जिन्हें यंग टर्क कहा गया। इस कांग्रेस का नाम पड़ा कांग्रेस "आई" '69 में कांग्रेस से बाहर हुई इंदिरा गांधी ने ठीक दो साल बाद '71 के आम चुनाव में जबरदस्त सफलता हासिल की और अपनी सरकार बनाई।

इसी कांग्रेस "आई" के ख़िलाफ़ '74 आते-आते, '73 के छोटे से छात्र आन्दोलन ने विशाल रूप धारण कर लिया, क्योंकि इस आन्दोलन का नेतृत्व करने के लिए 'लोगों ने' महान स्वतन्त्रता सेनानी समाजवादी नेता, जय प्रकाश नारायण को मना लिया। जेपी के साथ देश का युवा वर्ग खड़ा हो गया और तमाम विरोधी दल भी जेपी से जा जुड़े। जनशक्ति का यह उफान काल था। वहीं दूसरी तरफ़ राजशक्ति अपने अन्तर्विरोधों और और कई अन्य उत्प्रेरक कारकों के भंवर जाल में उलझ गयी। मसलन - कांग्रेस के ख़िलाफ़ जेपी का आन्दोलन, गुजरात चुनाव में कांग्रेस की भारी हार, इलाहाबाद हाई कोर्ट में चल रहा राजनारायण बनाम श्रीमती इंदिरा गांधी का वह फ़ैसला जिसमें अदालत ने श्रीमती इंदिरा गांधी को दोषी पाया और उन्हें छह साल के लिए चुनाव से बाहर कर दिया। जार्ज फ़र्नांडिस की रेल हड़ताल वग़ैरह। आन्तरिक कारणों से कांग्रेस के अन्दर उभरते विद्रोही स्वर। इस तरह जून 75 आते-आते श्रीमती इंदिरा गांधी पूरी तरह अपनी वाह्य व आन्तरिक परिस्थितियों में ऐसी उलझीं कि उनके सामने केवल दो रास्ते रह गए। एक - वे सत्ता से हट जाएं या दूसरा - समूची राजशक्ति को अपने हाथ में लेकर देश में इमरजेंसी लगा दें। श्रीमती गांधी ने दूसरा रास्ता अख़्तियार किया और 25 जून 1975 की रात, देश में आपातकाल काल की घोषणा कर दी। देश में सारे नागरिक अधिकार समाप्त हो गए, रातों-रात सारे नेता बन्दी बना लिए गए। सदन का कार्यकाल एक साल के लिए बढ़ा दिया गया। इस बढ़े कार्यकाल के ख़िलाफ़ मात्र दो सांसदों ने विरोध ज्ञापित किया, नरसिंह गढ़ जेल में बन्द मशहूर समाजवादी नेता मधु लिमये और शरद यादव।

भारत में इमरजेंसी एक बिन्दु है जहाँ जनशक्ति और राजशक्ति दोनों अपने-अपने कारणों से स्खलित होती, दर्ज होती हैं। इमरजेंसी के ख़िलाफ़ कोई बड़ा

जनआन्दोलन नहीं हो पाया जार्ज फ़र्नांडिस के मशहूर "डायनामाइट काण्ड" और अकाली दल के खुला सत्याग्रह को छोड़कर। बाक़ी सारी राजनीतिक गतिविधियाँ ख़ौफ़ के साये में चुप पड़ी थी, संघ ने तो बाकायदा माफ़ी माँग ली थी और जेल से अपने स्वयंसेवकों के छोड़े जाने के हवाले से श्रीमती गांधी के बीस सूत्रीय कार्यक्रम और संजय गांधी के चार सूत्रीय कार्यक्रम के क्रियान्वयन की ज़िम्मेदारी अपने ऊपर ले ली थी।

21 महीने तक चली इमरजेंसी के बाद जब चुनाव हुआ तो श्रीमती गांधी समेत उनकी पार्टी का सफ़ाया हो गया और देश में जनता पार्टी की सरकार बनी। यह जनता सरकार दो साल भी नहीं चली कि भसक गयी और श्रीमती इंदिरा गांधी दुबारा सत्ता में आ गयी।

राजशक्ति और जनशक्ति के तनाव का यह इतिहास कैसे एक दूसरे के सामने नत होता है, इसे श्रीमती गांधी जो कि राजशक्ति की प्रतीक रही, और जेपी जो जनशक्ति के नायक थे, इस बड़े युद्ध के बाद दोनों अपने-अपने हथियार फेंक कर एक-दूसरे के कन्धे पर सर रख कर रो रहे थे, को देखा और समझा जा सकता है।

जेल यात्रा तो परिमार्जन के कार्यक्रम थे

चंचल

– नाम?

– चंचल

– पूरा नाम बोलो

– पुलिस के बच्चे! इतना ही नाम है तो आगे क्या बोलूँ?

– क्या बोला, पुलिस का बच्चा? वह उठने ही वाला था कि पर्दे की आड़ में खड़ा कमरा सावधान हो गया और उसने सावधान के स्वर में बोला–दीवानजी!

– सर!

– पोलिटिकल मामला है, जल्दी से वारंट बनाकर रवानगी दिखा दीजिए, *डिपेरिस* भेज दीजिए।

– धारा?

– गांधी के पीछे है।

दीवान जी उठे, दीवार से गांधी जी को उठाया, पलट के बग़ल खड़े सिपाही को पकड़ा दिया। पढ़ते जाओ, मैं लिख रहा हूँ।

एक सौ चौबीस बी, एक सौ बीस...

– सर सब लगेगा? डी आइ आर भी?

– सब लगेगा जितना लिखा है सब लगेगा और दर्जन भर धाराओं के साथ एक रस्सी में बाँध दिया गया। पहले कमर, फिर दोनों हाथ और रस्सी का दूसरा सिरा सिपाही की कमर में बाँधा गया। इस तरह पाँच सिपाहियों के साथ हमारा जुलूस चला भेलूपुर से कचहरी तक पैदल।

– ये कहाँ तक पैदल ले चलोगे भाई?

– कचहरी तक!

– दस किलोमीटर पैदल?

– हवाई जहाज़ से चलोगे?

यार रिक्शा वग़ैरह कुछ कर लो।

– भाड़ा तुम दोगे कि तुम्हारा...

बाप ही बोलता, लेकिन तब तक पीछे से एक पुलिस की जीप आ गयी। एसीपी पी पी सिंह बैठे थे, पूर्व परिचित थे, लेकिन दिल्ली ने हवा का रुख़ बिगाड़ दिया था। आपातकाल ने पुलिस को शहंशाह बना दिया था, लेकिन आँख का पानी मरा नहीं था, गाढ़ा ज़रूर हो गया था, वरना हम बग़लगीर होते, लेकिन दिल्ली?

पूरे कायनात में ख़ौफ़ था, पुलिस भी ख़ौफ़ से बाहर नहीं थी–कोई शिकायत न हो जाये !–पीछे बैठाओ, तुम लोग भी बैठ जाओ। भेलूपुर में मट्टू पाण्डे का घर है, लबे सड़क दोनों तरफ़ सहमी आँखों का बिखरा मजमा हमें इस नज़र से देख रहा था जैसे हम भगत सिंह हैं और फाँसी के फन्दे पर लटकाने के लिए ले जाया जा रहा है। उन आँखों का प्रतिबिम्ब हमें उत्साह दे रहा था।

लेकिन सवारी ने सब बिगाड़ दिया।

यह 75 की गिरफ़्तारी थी। इसके पहले गिरफ़्तारी का इतिहास शुरू होता है 67 भाषा-आन्दोलन से। अपनी जेल ज़िन्दगी का रिकार्ड निकालूँ तो यक़ीनन महात्मा गांधी, पण्डित नेहरू, डॉक्टर लोहिया से ज़्यादा बार जेल गया होऊँगा। यह बात दीगर है कि कितने दिन जेल में रहा। हूँ इसका हिसाब निश्चित रूप से हमारे इन पुरखों से बहुत कम होगा। और जहाँ तक यातना की बात है, तो गिरफ़्तारी के बाद जो यातना हमारे हिस्से में आनी चाहिए उसे हमारे ये पूजनीय पुरखे भोग गये हैं। हमारे हिस्से में तो जेल यातना की जगह पिकनिक का सुख दिया है। कुछ एक छिटपुट घटनाओं को छोड़ दिया जाय तो आज़ादी के बाद कांग्रेसी निज़ाम ने हमें जितनी बार जेल में डाला उससे ज़्यादा बार ख़ुद मुक़दमा वापस लेकर बाहर निकाला है। आईपीसी की हर सम्भव धारा जो किसी वैचारिक विरोधी पर लगाई जा सकती है सब लगी है हम लोगों पर 144 से लेकर 124 तक सब। सबसे बड़ी जेल यात्रा रही आपातकाल की, तक़रीबन दो साल और सबसे छोटी सज़ा रहती थी अदालत उठने तक और अदालत उठने तक कहने के बाद अदालत ख़ुद उठ जाती थी, बुदबुदाते हुए कि जाओ भाई जान छोड़ो सुबह से एक चाय तक नहीं मिली है।

यह अदालत उठने तक की सज़ा या एक दिन की साधारण सज़ा अपराधियों की ओर से माँगी गयी सज़ा होती थी। इन अपराधियों में तमाम युवजन-सभाई मिलेंगे। श्याम कृष्ण पाण्डे, सतीश जायसवाल, विनोद दुबे, देवव्रत मजूमदार, प्रो.

राजकुमार जैन, रमा शंकर सिंह, मार्कण्डेय सिंह, राम वचन पाण्डे, गणेश दीक्षित, कल्पनाथ राय, जगदीश श्रीवास्तव, मोहन प्रकाश, राधेश्याम सिंह, विजय शंकर पाण्डे, यह पीढ़ी ज़िन्दा है, और इस नयी पीढ़ी से ज़्यादा ज़िन्दादिल है, आज भी इसका दिल जेल के लिए उछलता है।

ये सब के सब अपने ज़माने के 'राज-द्रोही हैं' पहली तस्वीर हमने रेखांकित की है। यह स्केच है हेनरी डेविड थ्योरो का अमरीकन दार्शनिक जिसने प्रकृति के नियम की वकालत करते हुए सिविल डिसओबिडियेंस का नामकरण किया। थ्योरो ख़ुद कहता है कि यह सिविल डिसओबिडियेंस तो पहले से ही प्रकृति में उपस्थित है, न्याय प्राकृतिक हो। इस एक शब्द ने दुनिया ही बदल दी अनेक लोग इस सिविल डिसओबिडियेंस से प्रभावित हुए। उसमें टॉलस्टॉय, जार्ज बर्नाड शा, मार्टिन लूथर किंग वग़ैरह के अलावा एक और बड़ा नाम है जिसने दुनिया को रोशनी दी उसका नाम है मोहनदास करमचन्द गांधी। सिविल नाफ़रमानी को एक ऐसा अहिंसक हथियार बनाकर, आख़िरी पायदान पर बैठे मजबूर और मज़लूम को सौंप दिया। यह अहिंसक हथियार क्रूर से क्रूर ज़ालिम को घुटने तक झुका देता है। न मारेंगे न मानेंगे।

छह साल का टैक्स न जमा करने की ज़िद पर थ्योरो अड़ गये। प्रशासन ने जेल भेज दिया। थ्योरो जेल चले गये लेकिन अपनी बात पर अड़े रहे। ये बात दीगर है कि दूसरे दिन थ्योरो के एक निकट रिश्तेदार ने टैक्स जमा कर दिया और थ्योरो जेल से बाहर आ गये। दोस्तों ने पूछा था–कैसी रही जेल यात्रा?

थ्योरो ने कहा–हमने उसे जेल माना ही नहीं।

अब वहाँ चलिए जब हमने लिखा कि कांग्रेस से समाजवादी कांग्रेस, अपना बड़ा हिस्सा वहीं छोड़ कर एक टुकड़ा बाहर आ गया था। डॉक्टर लोहिया इस समाजवादी ग्रुप को कुजात गांधीवादी बोलते थे। डॉक्टर लोहिया का मानना था कि गांधी की मृत्यु के बाद भारत का गांधीवाद तीन हिस्सों में बँटा–

1. सरकारी गांधीवादी जिसके नेता पण्डित नेहरू बने
2. मठी गांधीवादी इसके नेता बने विनोबा भावे और
3. कुजात गांधीवादी।

तीनों के हिस्से गांधी जी की सम्पत्ति का भी बँटवारा हो गया–पण्डित नेहरू को सत्ता, विनोबा को मठ और डॉक्टर लोहिया को राजनीति का परिमार्जन, यानी साफ़-सफ़ाई। चूँकि भारत की सत्ता ही नहीं, राजनीति भी कांग्रेस यानी पण्डित नेहरू के इर्द-गिर्द घूमती थी और पण्डित नेहरू और कांग्रेस राजनीति के केन्द्र-बिन्दु बन गये इसलिए डॉक्टर लोहिया कांग्रेस के परिमार्जन में लग गये। उस ज़माने तक

समाजवादी आन्दोलन था, पार्टी थी ही नहीं, और समाजवादी सिद्धान्त के वाहक रहे युवजन। जब-जब कांग्रेस एकाधिकारवाद की तरफ़ बढ़ी है या बढ़ने की कोशिश की है समाजवादी आन्दोलन ने नकेल खींची है। दिलचस्प बात है कि कांग्रेस और समाजवादी आन्दोलन का आपसी रिश्ता ग़ज़ब का विरोधाभास लिए हुए है। कई बार इस रिश्ते को पटरी से उतारने के लिए चर्चा चलायी गयी। अटकल लगे कि समाजवादी सत्ता में जाना चाहते हैं। अगर सत्ता-मोह होता तो पटेल की मृत्यु के बाद कांग्रेस का दरवाज़ा समाजवादियों के लिए सदा के लिए खोल दिया जाता। पण्डित नेहरू के ख़त जो उन्होंने अपने अज़ीज़ राममनोहर या जेपी को लिखे हैं बहुत भावुक और मार्मिक हैं। उन खतों को पढ़ कर रोना आता है जब पण्डित नेहरू लिखते हैं प्रिय राममनोहर! अब तुम देखने में कैसे लगते होंगे? वही लापरवाही, वही अक्खड़पन? बहुत दिन हुए तुम्हें देखे हुए। रात-रात भर दोनों बतियाते हैं। सुबह नहर रेट कम हो का आन्दोलन शुरू होता है डॉक्टर लोहिया जेल में।

युवजन सड़कों पर।
दम है कितना दमन में तेरे
देख लिया फिर देखेंगे।

बापू ज़िन्दा हैं न! सिविल नाफ़रमानी। उनके हत्यारे ख़ंजर की बाज़ार सजा रहे हैं। अकेला गांधी चलेगा...आकाश में केवल धुन गूँजेगी–जदी केऊ डाक शुने तोमार ना आशे, तबे एकला चलो रे!

ये युवजन अपने लिए जेल क्यों माँगता था?

और जेल मिली, 25 जून 1975 की रात, कुल इक्कीस महीने की।

सन्त ने गढ़ी थी सीकरी की सत्ता

श्रवण गर्ग

लोकनायक जयप्रकाश नारायण (जेपी) का ग्यारह अक्तूबर को जन्मदिन था। उसके पूर्व आठ अक्तूबर को उनकी पुण्य तिथि थी। सोचा जा सकता है कि जेपी आज अगर हमारे बीच होते तो क्या कर रहे होते? 1974 के 'बिहार आन्दोलन' में जो अपेक्षाकृत छोटे-छुटभैया नेता थे, आज बिहार और केन्द्र की सत्ताओं में बड़ी राजनीतिक हस्तियाँ हैं। कल्पना की जा सकती है कि जेपी अगर आज होते और 1974 जैसा ही कोई आह्वान करते ('सिंहासन ख़ाली करो कि जनता आती है') तो कितने नेता अपने वर्तमान शासकों को छोड़कर उनके साथ संघर्ष करने का साहस जुटा पाते! जेपी आन्दोलन से तब जुड़े रहे कई नेता, बुद्धिजीवी, आन्दोलनजीवी और पत्रकार-सम्पादक आज सत्ता के दरबार में झाड़ू-पोंछा कर रहे हैं।

चौबीस मार्च, 1977 को मैं उस समय दिल्ली के राजघाट पर उपस्थित था जब एक व्हील चेयर पर बैठे अस्वस्थ जेपी को गांधी समाधि पर जनता पार्टी के नव-निर्वाचित सांसदों को शपथ दिलवाने के लिए लाया गया था। मोदी सरकार में समय-समय पर शामिल रहीं और भाजपा के साथ आज भी गठबन्धन की शिकार कई हस्तियाँ तब वहाँ प्रथम बार निर्वाचित सांसदों के रूप में मौजूद थीं। जेपी के पैर पर पट्टा चढ़ा हुआ था। आग्रह किया जा रहा था कि उनके पैरों को न छुआ जाये। वह दृश्य आज भी याद आता है, जब भीड़ के बीच से निकलकर उनके समीप पहुँचने के बाद मैंने उन्हें प्रणाम किया तो वे हल्के से मुस्कुराये और मैं स्वयं को रोक नहीं पाया। उनके पैरों के पास पहुँचकर हल्के से स्पर्श कर ही लिया। उन्होंने मना भी नहीं किया।

जेपी ने (और दादा कृपलानी ने भी) राजघाट पर नव-निर्वाचित सांसदों को यही शपथ दिलवाई थी कि वे गांधी का कार्य करेंगे और अपने आप को राष्ट्र की

सेवा के लिए समर्पित करेंगे। राजघाट पर हज़ारों लोगों की उपस्थिति थी। अभिनेता देवानन्द भी वहाँ पहुँचे थे और प्रशंसकों ने उन्हें पैर ज़मीन पर रखने ही नहीं दिये। अपने कन्धों पर ही उन्हें बैठाकर पूरे समय घुमाते रहे। शत्रुघ्न सिन्हा भी शायद वहाँ थे। अदभुत दृश्य था।

राजघाट की शपथ के बाद के दिनों में दिल्ली के दीनदयाल उपाध्याय मार्ग स्थित गांधी शान्ति प्रतिष्ठान में जेपी की उपस्थिति में सत्ता के बँटवारे को लेकर बैठकों का जो दौर चला उसका अपना अलग ही इतिहास है। राजघाट की आशा भरी सुबह के कोई ढाई वर्ष बाद आठ अक्तूबर 1979 को जेपी ने देह त्याग कर दिया। वे तब शायद उतने ही निराश थे जितने कि आज़ादी प्राप्ति के बाद गांधी जी रहे होंगे। कांग्रेस, बापू को और जनता पार्टी जेपी को जी नहीं पायीं। जेपी का निधन होने तक जनता पार्टी का उनका प्रयोग उन्हें धोखा दे चुका था।

याद पड़ता है कि जेपी को सबसे पहले राजगीर (बिहार) में 1967 के सर्वोदय सम्मेलन में दूर से देखने का अवसर मिला था। तब तक उनके बारे में केवल सुन-पढ़ ही रखा था। जेपी की देखरेख में ही सम्मेलन की सारी तैयारियाँ हुई थीं। दलाई लामा भी उसमें आये थे। सन्त विनोबा भावे तो उपस्थित थे ही, पर जेपी के विराट स्वरूप को नज़दीक से देखने का मौक़ा पहले अप्रैल 1972 में मध्य प्रदेश में मुरैना के जौरा में हुए चम्बल घाटी के दस्युओं के आत्म-समर्पण और फिर उसके अगले महीने बुन्देलखण्ड के दस्युओं के छतरपुर के निकट मौली डाक बँगले पर हुए दूसरे आत्म-समर्पण में मिला था।

जेपी का जो स्नेह उस दौरान प्राप्त हुआ, वही बाद में मुझे 1974 में 'बिहार आन्दोलन' की रिपोर्टिंग के लिए पटना ले गया। तब मैं दिल्ली में प्रभाष जोशी जी और अनुपम मिश्र के साथ 'सर्वोदय साप्ताहिक' के लिए काम करता था। पटना गया था केवल कुछ ही दिनों के लिए पर जेपी ने अपने पास ही रोक लिया आन्दोलन के उनके कामों में मदद के लिए। जेपी के साथ कोई वहाँ साल के आख़िर तक रहा और उनके साथ कई यात्राएँ कीं।

जेपी के सुझाव पर ही बिहार के छात्र आन्दोलन पर किताब 'बिहार आन्दोलन एक सिंहावलोकन' लिखी जिसकी पाण्डुलिपि पढ़ लेने के बाद उन्होंने उसे पुस्तक के रूप में प्रकाशन हेतु सर्व सेवा संघ के पास वाराणसी भेज दिया। जेपी के पटना स्थित क़दम कुआं निवास स्थान पर तब केवल एक ही कमी खटकती थी और वह थी प्रभावती जी की अनुपस्थिति की। वे 15 अप्रैल 1973 को जेपी को अकेला छोड़कर चली गयी थीं।

जेपी के साथ तो कई यात्राएँ (विमान, ट्रेन और कार से) करने के अवसर मिले पर उनके और प्रभावती जी के साथ की गयी केवल दो यात्राओं की ही याद पड़ती है। पहली तो तब की थी जब मई 1972 में अविभाजित मध्य प्रदेश के मुख्यमन्त्री प्रकाश चन्द सेठी के विमान से जेपी और प्रभावती जी को लेने के लिए दिल्ली से पटना गया था (इस यात्रा की भी अलग से स्मृतियाँ हैं) और वहाँ से हम तीनों बुन्देलखण्ड के दस्युओं के आत्मसमर्पण के लिए खजुराहो विमानतल पर पहुँचे थे। दूसरी उसी वर्ष किसी समय जेपी और प्रभावती जी के साथ रेल मार्ग द्वारा दिल्ली से राजस्थान में चूरू जाने और वहाँ से दिल्ली वापसी की थी। चूरू में तब 'अणुव्रत' आन्दोलन के प्रणेता आचार्य तुलसी की पुस्तक 'अग्नि परीक्षा' को लेकर साम्प्रदायिक तनाव उत्पन्न हो गया था।

जेपी के मित्र प्रभुदयाल जी डाबरीवाला 'लोकनायक' को आग्रह करके चूरू ले गये थे जिससे कि वहाँ साम्प्रदायिक सौहार्द स्थापित हो सके। जेपी ने जब मुझे कहलवाया कि उनके साथ चूरू की यात्रा करनी है तो मैं तुरन्त तैयार हो गया। चूरू की वह शाम भूले नहीं भूलती जब जेपी ने पूछा था उनके साथ टहलने हेतु जाने के लिए...और मैं भाव-विभोर हो चूरू के एकान्त में उस महान दम्पति के साथ पैदल घूमने चल पड़ा था। तब दिल्ली में स्वतन्त्रता संग्राम सेनानियों को ताम्रपत्र बाँटे जा रहे थे।

जेपी और प्रभावती जी के साथ चूरू के एकान्त में टहलने के दौरान किये गये कई सवालों के बीच मैंने यह भी पूछ लिया था कि : 'क्या सरकार आपको स्वतन्त्रता सेनानी नहीं मानती?' जेपी शायद कुछ क्षण रुके थे फिर उन्होंने धीमे से सिर्फ़ इतना भर कहा था : 'हो सकता है, शायद ऐसा ही हो।' मुझे याद नहीं पड़ता कि मैंने तब जेपी से कितने सवाल किये होंगे और उन्होंने क्या जवाब दिये होंगे। मैं उस समय उनकी और प्रभावती जी की अपने इतने निकट आत्मीय उपस्थिति के आभामण्डल में ही खोया हुआ था। जिस तरह गांधी नोआखली में दंगों को शान्त करवाकर चुपचाप दिल्ली लौट आये थे, वैसे ही जेपी भी चूरू के साम्प्रदायिक तनाव को शान्त करवाकर दिल्ली वापस लौट आये।

मुझे वह दृश्य आज भी अच्छे से याद है कि जब हम पुरानी दिल्ली के रेलवे स्टेशन प्लेटफॉर्म पर चूरू जाने वाली ट्रेन की प्रतीक्षा में खड़े थे! जेपी थे, प्रभावती जी थीं, उनके सहायक गुलाब थे और मैं था। शायद प्रभुदयाल जी भी रहे हों। लम्बे प्लेटफॉर्म पर काफ़ी लोगों की उपस्थिति के बावजूद कोई भी जेपी को बहुत विश्वास के साथ पहचान नहीं पा रहा था। लोग उनकी तरफ़ देख ज़रूर रहे थे। हो सकता

है किसी को उनके वहाँ इस तरह से उपस्थित होने का अनुमान ही नहीं रहा हो क्योंकि किसी भी तरह का सुरक्षा इन्तज़ाम उनके लिए नहीं किया गया था। इन्दिरा सरकार की नज़रों में जेपी एक साधारण व्यक्ति थे! पर जेपी के चेहरे पर किसी भी तरह का कोई भाव नहीं था। वे निर्विकार थे। बेचैनी मुझे ही अधिक थी कि ऐसा कैसे हो रहा है? याद पड़ता है सर्वोदय दर्शन के सुप्रसिद्ध भाष्यकार दादा धर्माधिकारी ने एक बार जेपी को सन्त और विनोबा को राजनेता निरूपित किया था। ऐसा सच भी रहा हो! स्मृतियाँ तो कई और भी हैं पर फिर कभी। जेपी की स्मृति को प्रणाम। (मूसलाधार बरसात में भी अपना भाषण जारी रखते हुए जेपी की तस्वीर मैंने उनके साथ की गयी इलाहाबाद यात्रा के दौरान आयोजित सभा में ली थी।)

सम्पूर्ण क्रान्ति के प्रणेता जयप्रकाश नारायण

सुनीलम

स्वतन्त्रता संग्राम सेनानी, मार्क्सवादी चिन्तक, सर्वोदय आन्दोलन के संस्थापक, देश में लोकतन्त्र की बहाली कराने वाले लोकनायक जयप्रकाश नारायण का जन्म 11 अक्तूबर 1902 में हरसू दयाल श्रीवास्तव-फूलरानी देवी के यहाँ, सिताबदियारा, तब बंगाल प्रेसिडेंसी और अब बलिया में हुआ था। 1918 में पटना में अपनी पढाई पूरी की। अक्तूबर 1920 में स्वतन्त्रता संग्राम सेनानी बृजकिशोर प्रसाद की बेटी प्रभादेवी से विवाह सम्पन्न हुआ। 8 अक्तूबर 1922 को अमरीका पहुँचे, फ़ीस जुटाने के लिए उन्होंने फलों की पैकिंग करने तथा बर्तन साफ़ करने का कार्य किया। फ़ीस के अभाव में उन्हें कई बार विश्वविद्यालय बदलने पड़े। 1917 की रूसी क्रान्ति, कार्ल मार्क्स की किताब 'दास केपिटल' तथा एमएन राय की किताबों ने उन्हें मार्क्सवादी बना दिया। उन्होंने अमेरिका में केलिफोर्निया तथा ओहियो विश्वविद्यालय में उच्च शिक्षा प्राप्त की। राजनीति से वे 1921 से ही असहयोग आन्दोलन के दौरान जुड़ गये थे। विदेश से लौटने के बाद उन्होंने 1930 में कांग्रेस अधिवेशन में भाग लिया तथा नमक सत्याग्रह में हिस्सेदारी की। कांग्रेस द्वारा उन्हें श्रमिक विभाग में शोध कार्य की ज़िम्मेदारी सौंपी गयी, 1932 में वे कार्यकारी महामन्त्री बनाये गये।

1932 में असहयोग आन्दोलन के दौरान पहली बार गिरफ़्तारी हुई। नासिक जेल में डॉ. राममनोहर लोहिया, मीनू मसानी, अच्युत पटवर्धन, अशोक मेहता, युसूफ मेहेर अली आदि से मुलाक़ात हुई जहाँ कांग्रेस के भीतर कांग्रेस सोशलिस्ट पार्टी बनाने का विचार पहली बार उभरा। 1934 में कांग्रेस सोशलिस्ट पार्टी के गठन में अहम भूमिका का निर्वाह किया। 1934 से 1950 तक वे पहले कांग्रेस सोशलिस्ट पार्टी बाद में सोशलिस्ट पार्टी के महामन्त्री रहे। जेपी कांग्रेस कार्यसमिति के 1936 में सदस्य चुने गये। उन्होंने 1939 में विश्वयुद्ध में अंग्रेज़ों की ओर से भारत की

भागीदारी का विरोध किया। जिसके चलते उन्हें गिरफ़्तार किया गया। 1940 में वे फिर से गिरफ़्तार किये गये। 1942 में उन्होंने भारत छोड़ो आन्दोलन को सफल बनाने के लिए हज़ारी बाग जेल से भाग कर योगेन्द्र शुक्ला, सूरज नारायण सिंह, गुलाब चन्द गुप्ता, रामानन्द मिश्र के साथ मिलकर भूमिगत आन्दोलन शुरू किया। जेल से भागने की घटना ने पूरे देश का मन जीत लिया। 1943 में वे पकड़े गये, अंग्रेज़ों द्वारा उन्हें क्रूरतम तरीक़ों से प्रताड़ित किया गया।

1952 के आम चुनाव में सोशलिस्टों की हार के बाद उन्होंने सक्रिय राजनीति से अलग होने का फ़ैसला किया। वे विनोबा भावे के साथ भू-दान तथा सर्वोदय आन्दोलन के संस्थापक बने तथा उन्होंने देश भर में भूमिहीनों को भूदान के माध्यम से भूमि उपलब्ध कराने का आन्दोलन शुरू किया। 1961 में वे सर्वोदय सम्मेलन के अध्यक्ष चुने गये। 1965 में उन्हें मेगासेसे अवार्ड से सम्मानित किया गया। 1973 में उन्होंने चम्बल की घाटी में बाग़ियों का समर्पण कराया।

छात्रों की अपील पर 1974 में महँगाई, बेरोज़गारी तथा आवश्यक वस्तुओं की कमी को लेकर गुजरात में शुरू किये गये नवनिर्माण आन्दोलन का नेतृत्व सँभाला। 8 अप्रैल 1974 को विशाल मौन जुलूस पटना में निकाला गया, जिस पर लाठी चार्ज किया गया। 5 जून 1974 को गांधी मैदान में आन्दोलन को केवल विधानसभा भंग करने तक सीमित रखने की बजाय सम्पूर्ण क्रान्ति का आव्हान किया, जो बाद में बिहार आन्दोलन कहलाया। 1974 में उन्होंने जस्टिस वी.एम. तारकुण्डे के साथ मिलकर सिटीजन्स फार डेमोक्रेसी (सीएफडी) तथा 1976 में पीपुल्स यूनियन ऑफ़ सिविल लिबर्टीज़ (पीयूसीएल) का गठन किया। जब तत्कालीन प्रधानमन्त्री इन्दिरा गांधी को इलाहाबाद उच्च न्यायालय ने चुनाव में भ्रष्ट आचरण का दोषी पाया तब जेपी ने इस्तीफ़े की माँग की। रामलीला मैदान में एक लाख से अधिक लोगों की रैली की जिसमें राष्ट्रकवि रामधारी सिंह दिनकर ने नारा दिया 'सिंहासन खाली करो, कि जनता आती है।'

इन्दिरा गांधी ने 25 जून 1975 की रात को देश में आपातकाल लागू कर लाखों विपक्ष के नेताओं को जेल में डाल दिया। जेपी को चंडीगढ़ जेल में क़ैद रखा। नोबल पुरस्कार विजेता नोईल-बेकर ने उनकी रिहाई के लिए 'फ्री जेपी' आन्दोलन चलाया। बिहार में बाढ़ आने पर उन्होंने राहत कार्य के लिए एक महीने की पेरोल ली। 24 अक्तूबर से उनका स्वास्थ्य अचानक बिगड़ गया। कहा जाता है कि चंडीगढ़ जेल में उन्हें धीमा ज़हर दवाइयों में मिलाकर दिया गया था। 12 नवम्बर 1975 को

जेपी को रिहा किया गया। गुर्दे के ख़राब हो जाने पर जसलोक अस्पताल में जीवन पर्यन्त डॉयलिसिस पर रहे।

18 जनवरी 1977 में इन्दिरा गांधी ने जब आम चुनाव की घोषणा की तब जेपी ने विपक्ष की सभी पार्टियों को मिलाकर जनता पार्टी का गठन किया। 8 अक्तूबर 1979 में 76 वर्ष की आयु में पटना में जेपी का देहान्त हुआ। मरणोपरान्त उन्हें 1999 में भारत रत्न से नवाज़ा गया। प्रकाश झा द्वारा जेपी पर 112 मिनिट की लोकनायक नाम से फ़िल्म तैयार की गयी है। अब तक जेपी पर सैकड़ों किताबें लिखी गयी हैं।

जेपी को देश ने लोकनायक के तौर पर वैसे ही स्वीकार किया जैसे कि महात्मा गांधी को राष्ट्रपिता के तौर पर। जेपी मूल तौर पर मार्क्सवादी थे। उनके सभी प्रमुख लेख मार्क्सवादी विचार के आधार पर लिखे गये। आज़ादी के आन्दोलन के दौरान अन्य समाजवादी नेताओं की तरह वे भी गांधी जी के विचारों तथा आभामण्डल से विशेष तौर पर प्रभावित थे। जेपी की पत्नी श्रीमती प्रभादेवी का काफ़ी लम्बा समय गांधी जी के आश्रम में बा और बापू के साथ बीतता था। प्रभादेवी जी गांधी जी तथा जेपी के बीच की संवाद का मुख्य सेतु थीं। जेपी ने पूर्वोत्तर तथा कश्मीर के मुद्दे पर बहुत काम किया। जेपी की पूर्वोत्तर तथा कश्मीर को लेकर गहरी समझ थी तथा इन इलाक़ों के नेताओं के साथ जेपी का गहरा सम्बन्ध था।

जेपी ने बांग्लादेश के गठन में भी महत्त्वपूर्ण योगदान किया। पृथक् बांग्लादेश के गठन को लेकर उन्होंने कई देशों का दौरा कर अन्तराष्ट्रीय समुदाय को मान्यता देने के लिए प्रेरित किया।

कांग्रेस सोशलिस्ट पार्टी से लेकर राजनीति से पृथक् होने तक डॉ. लोहिया के साथ उनका प्रगाढ़ रिश्ता बना रहा। बीच में अलग-अलग सोशलिस्ट पार्टियों में रहने के बावजूद दोनों में एक-दूसरे का तहेदिल से आजीवन सम्मान करते रहे। डॉ. लोहिया बार-बार कहा करते थे कि देश को हिलाने की ताक़त जेपी में ही है। बनिस्बत कि वे ख़ुद न हिलें। हम देखते हैं कि इतिहास क्रम में ऐसा ही हुआ। जब उन्होंने इन्दिरा गांधी की तानाशाही को चुनौती देने का मन बनाया तब उन्होंने कांग्रेस पार्टी का (उत्तर भारत से) सफाया करने में सफलता हासिल की। डॉ. राममनोहर लोहिया ने ग़ैर कांग्रेसवाद का जो नारा दिया था, उसे मूर्त रूप देने का काम जेपी ने किया। डॉ. लोहिया जीवन काल में केवल 7 राज्यों में संविद सरकारों का गठन कराने में कामयाब हो पाये थे। लेकिन जेपी ने देश में पहली बार ग़ैर-कांग्रेसी सत्ता दिल्ली में स्थापित करने में सफलता हासिल की। डॉ. लोहिया ने जब ग़ैर-

कांग्रेसवाद का नारा दिया था तब वे ग़ैर कांग्रेसी पार्टियों को विलय के लिए तैयार करने में सफल नहीं हो सके थे। लेकिन जेपी ने सोशलिस्ट पार्टी, भारतीय क्रान्ति दल, जनसंघ तथा कांग्रेस 'ओ' का विलय कराकर जनता पार्टी का गठन कराने में सफलता हासिल की।

दोनों नेताओं की वैचारिक समझ भी एक जैसी थी। डॉ. लोहिया ने देश में बदलाव के लिए 'सप्तक्रान्ति' का नारा दिया था। जेपी ने 'सम्पूर्ण क्रान्ति' का नारा दिया। लेकिन जब जेपी से पूछा गया कि सम्पूर्ण क्रान्ति का क्या अर्थ है तब उन्होंने सम्पूर्ण क्रान्ति को सप्तक्रान्ति का पर्याय बताया। उन्होंने कहा कि सम्पूर्ण क्रान्ति के चार पहलू हैं, संघर्षात्मक, रचनात्मक, विचारात्मक और संगठनात्मक। जाति भेद, सम्प्रदायवाद, अस्पृश्यता, तिलक दहेज की प्रथा आदि बुराइयों के विरुद्ध जन मानस और युवा मानस तैयार करना कार्यक्रमों का मुख्य अंग होना चाहिए।

जेपी आन्दोलन का मूल आधार युवा था। वे यह कहते थे कि हमें समाज के मूल्यों में मूलभूत परिवर्तन करना है। ऐसे महान काम का वाहक बनने की ज़िम्मेदारी मुख्य तौर पर युवा पीढ़ी को उठानी होगी। आने वाले ज़माने की ज़िम्मेदारी युवकों की होगी। वे कहते थे कि जिस अभिनव क्रान्ति की ओर मैंने इंगित किया है, उसके सैनिक और सेनापति तरुण ही हो सकते हैं। इस सांस्कृतिक क्रान्ति के बिना भारत और भारतीयता का बचना दुष्कर प्रतीत होता है। यह मानवीय क्रान्ति होगी, आन्तरिक क्रान्ति होगी।

वे मनुष्य को बदलने में विश्वास करते थे। जेपी के शब्दों में मेरी क्रान्ति दोहरी क्रान्ति होगी, जो मनुष्य के भीतर होगी तथा अन्त में समाज के बाहरी ढाँचे में परिवर्तन लायेगी। वे कहते थे कि मानव कल्याण का जो ध्येय हमें सिद्ध करना है, जैसा मानवीय समाज बनाना है वह आज की संकीर्ण राजनीति के द्वारा सम्भव ही नहीं है। हमें ऐसी राजनीति की ज़रूरत है जिसमें मानवता का मूल्य सर्वोच्च हो। उन्होंने कहा था भ्रष्टाचार, महँगाई, बेरोज़गारी, शिक्षा आदि की समस्याओं को हल करने के लिए देश की राजनीति बदलनी होगी। अर्थनीति और शिक्षानीति बदलनी होगी। बदलाव की दिशा होगी, महात्मा गांधी की दिशा। राजनीतिक एवं आर्थिक सत्ता के विकेन्द्रीकरण की दिशा।

वे मानते थे कि क्रान्ति एक सतत प्रक्रिया होती है जिसमें कोई ठहराव नहीं होता, विराम नहीं होता। पूर्ण विराम तो हरगिज़ नहीं होता।

जेपी के लिए देश-राष्ट्र सर्वोच्च स्थान रखता था। वे कहते थे मुझे जेल में डाल दो, फाँसी पर लटका दो, पर देश को बर्बाद मत करो।

चौहत्तर आन्दोलन की स्वर्ण जयन्ती के अवसर पर सभी समाजवादियों को जेपी की वैचारिक कसौटी पर ख़ुद को कस कर देखने की ज़रूरत है, जेपी ने कहा था जब चारों ओर अन्धकार हो तथा कोई रास्ता ना सूझे तब जनता के बीच में जाओ, तुम्हें रास्ता ख़ुद ब ख़ुद मिल जायेगा। क्या समाजवादी एक बार फिर जेपी के सपनों को साकार करने के लिए जनता के बीच जाने का मन बनायेंगे?

भाग-2

आन्दोलन से निकले संगठन और अन्य आन्दोलन

‘छात्र-युवा संघर्ष वाहिनी’

एक क्रान्तिकारी अवसर के गँवाने का दर्द!

कुमार कलानन्द मणि

मार्च 1974 में शुरू हुआ आन्दोलन, जिसे सन् 74 का आन्दोलन, बिहार आन्दोलन, जेपी आन्दोलन, सम्पूर्ण क्रान्ति आन्दोलन, जिस भी नाम से पुकारें, स्वतन्त्र भारत के इतिहास का मील का पत्थर साबित हुआ है। महँगाई, भ्रष्टाचार तथा छात्रों की सुविधा के प्रश्न पर 18 मार्च 1974 का प्रदर्शन, बाद में हिंसा और दमन में तब्दील हुआ। आगे कुछ दिन बाद गांधीवादी नेता जयप्रकाश नारायण के नेतृत्व के कारण यह शान्तिपूर्ण नव-निर्माण के पथ पर अग्रसर हुआ। इस आन्दोलन के प्रारम्भ होने की तारीख़ को लेकर असहमति हो सकती है। अधिकांश 18 मार्च 1974 मानते हैं तो कुछ 30 जनवरी 1974 को गांधी शहादत दिवस के दिन सुदूर राघोपुर में जेपी की जनसभा तथा ठीक उसके बाद मुजफ़्फ़रनगर में महँगाई, जमाख़ोरी के विरुद्ध तरुण शान्ति सेना का अभियान तथा इसके सदस्यों की गिरफ़्तारी।

5 जून 1974 को पटना की ऐतिहासिक सभा में इस आन्दोलन ने ‘सम्पूर्ण क्रान्ति’ का जयघोष किया। 3,4,5 अक्तूबर 1974 को सरकारी अत्याचार के विरुद्ध शान्तिपूर्ण बिहार बन्द ने जनशक्ति द्वारा अहिंसक रूप प्रकट किया। जिसका नारा ही था ‘हमला चाहे जैसा हो, हाथ हमारा नहीं उठेगा’। इसलिए इस बन्द के दौरान कुछ लाख छात्र, युवा और नागरिकों ने अपनी स्वख़शी गिरफ़्तारी दी थी। अगला महाक़दम था बिहार विधानसभा को भंग किये जाने की माँग को लेकर 4 नवम्बर 1974 का जनप्रदर्शन। लोकनायक जयप्रकाश नारायण के नेतृत्व में निकले इस प्रदर्शन को दबाने के लिए सरकारी हिंसा का ताण्डव हुआ, फिर भी प्रदर्शन 100 प्रतिशत शान्तिपूर्ण था। इस प्रदर्शन के दौरान जेपी पर अर्द्धबल सैनिकों द्वारा नाकाम क़ातिलाना हमला भी हुआ तथा कुछ समय के लिए उन्हें गिरफ़्तार भी किया गया।

सरकारी हिंसा के जवाब में एक सप्ताह बाद 11 नवम्बर 1974 को पटना में विशाल जन-सभा का आयोजन हुआ। बिहार के इतिहास में यह सबसे बड़ी स्वयंस्फूर्त जनसभा थी। अपने भाषण में लोकनायक ने दमनकारी सरकार के साथ सम्पूर्ण असहयोग तथा समानान्तर सरकार बनाने की घोषणा की। यहाँ से यह जनान्दोलन गाँवों और क़स्बों की ओर मुड़ा और सरकार के साथ पूर्ण असहयोग तथा समानान्तर जनता सरकार के गठन का कार्यक्रम शुरू हुआ। तब सरकार समर्थित संचार माध्यम ने यह प्रचार करना शुरू कर दिया कि अब आन्दोलन क्षीण पड़ चुका है।

इस आन्दोलन की मुख्य शक्ति इसमें शामिल लाखों छात्र और युवा थे जो हर दृष्टि से इसके अगुआ थे। वे लोकनायक जयप्रकाश नारायण के सपनों की सम्पूर्ण क्रान्ति को बिहार की धरती पर उतारने के लिए जुनूनी ताक़त के प्रतीक थे। वे घर की सुखद छाया, भूख और तमाम भौतिकता को त्याग 'सम्पूर्ण क्रान्ति अब नारा है—भावी इतिहास हमारा है' के उद्घोष को अपना जीवन-पथ बना चुके थे।

जयप्रकाश जी तथा उनके अत्यन्त आत्मीय सहयोगी बहुत बड़ी तादाद में युवक-युवतियों की जुनूनी भागीदारी से बेहद प्रभावित थे। उनमें इन हज़ारों युवक-युवतियों के क्रान्तिकारी सामर्थ्य के प्रति विश्वास और लगाव था। वे इन युवक-युवतियों से दिल से प्यार करते थे। लेकिन वे इस कर्तव्यगार समूह के प्रति चिन्तित भी थे। इन युवक-युवतियों में सबसे बड़ी संख्या उनकी थी जो निर्दलीय थे, जिनका किसी दल से दूर का भी ताल्लुक़ नहीं था, लेकिन बिहार का नवनिर्माण चाहते थे। जेपी तथा उनके दायें-बायें रहने वाले सहयोगियों की चिन्ता थी कि इस निर्दलीय स्वयंस्फूर्त क्रान्तिकारी ऊर्जावान छात्र-युवा शक्ति को कैसे बरकरार रखा जाये, इनका संगठनात्मक मंच क्या और कैसा हो तथा इनके वैचारिक व शैक्षणिक जीवन-तत्त्व को कैसे मज़बूत किया जाये। क्योंकि तब तक यह स्पष्ट हो गया था कि भ्रष्टाचार, महँगाई, कुशासन जैसे मुद्दे पर 18 मार्च 1974 को शुरू हुआ यह आन्दोलन इन 8-9 महीनों में व्यवस्था परिवर्तन तथा नव समाज रचना का व्यापक जनान्दोलन बन चुका था जिसका राष्ट्रीय प्रभाव निरन्तर बढ़ता गया और इस प्रभाव के कारण राष्ट्रीय सहभागिता भी। इस रूप से यह 1947 के बाद दूसरे राष्ट्रीय जनान्दोलन का रूप ले चुका था। ऐसे में इस जनांदोलन का वाहक बने युवक-युवतियों के प्रति लोकनायक जयप्रकाश जी की चिन्ता बड़ी नैसर्गिक थी।

लोकनायक जयप्रकाश तथा उनके अन्तरंग वैचारिक सहयोगियों के मन-मन्थन से तीन संगठन का उदय हुआ। छात्र-छात्राओं व युवा-युवतियों के लिए 'छात्र-युवा संघर्ष वाहिनी', वयस्क नागरिकों के लिए 'लोक समिति' तथा अपनी पढ़ाई को

अधूरा छोड़ आन्दोलन की धारा में ख़ुद को सम्पूर्ण समाहित करने वाले छात्र-युवकों के लिए एक विश्वविद्यालय की स्थापना।

उन दिनों छात्र तथा युवकों (जो छात्र नहीं थे) के लिए संगठन की कमी नहीं थी। ख़ुद जयप्रकाश द्वारा स्थापित तथा पिछले 7-8 सालों से परखे हुए गांधी विचार के आलोक में विविध रचनात्मक कार्यों में समर्पित संगठन था 'तरुण शान्ति सेना'। इस संगठन के तब प्रान्तीय संयोजक कुमार शुभमूर्ति थे और मैं प्रान्तीय कार्यालय का प्रभारी। तब प्रान्तीय कार्यालय मेरे थैले में हुआ करता था और इसका निर्वहन साहित्यों की बिक्री के द्वारा हुआ करता था। श्री शुभमूर्ति एक समर्पित, मिलनसार, त्यागी युवा के रूप में स्वीकृत हो रहे थे। बिहार आन्दोलन के बीजारोपण में तरुण शान्ति सेना की विशेष भूमिका थी, जिसे पलटते कैलेंडर तथा 'मैं मैं' की भीड़ में भुला दिया गया। 30 जनवरी 1974 को भीषण शीतलहरी के बीच तरुण शान्ति सेना ने बड़ी मेहनत कर राघोपुर (सहरसा-बिहार) में जयप्रकाश के लिए जनसभा का आयोजन किया था। उन दिनों सहरसा ज़िला भूदान-ग्राम स्वराज्य आन्दोलन का राष्ट्रीय सघन प्रयोग क्षेत्र था। तब तक विनोबा जी का क्षेत्र संन्यास हो चुका था। इसलिए सर्वोदय आन्दोलन का मार्गदर्शन करने की वृहत जवाबदारी जयप्रकाश जी अपनी बीमारी के बावजूद निभा रहे थे। तरुण शान्ति सेना इस राष्ट्रीय सघन आन्दोलन में सर्वोदय कार्यकर्ताओं के साथ हल का दूसरा बैल थी। तब लखन दीन, किशोर शाह, जानकी, कुमार शुभमूर्ति, रमेशचन्द्र शर्मा, सन्तोष भारतीय, सुहाष सरोदे, वन्दना, कुमार प्रशान्त, रामकलेवर आदि की जीवन्त व अग्रणी भूमिका थी। उन दिनों मैं भी इस समूह से एक नये कार्यकर्ता के रूप में जुड़ा था और जल्द ही सबका विश्वास भी सम्पादन कर पाया था। 30 जनवरी 1974 की सभा को ऐतिहासिक बनाने के लिए हम सब तरुण शान्ति सैनिकों ने दिन-रात एक कर दिया था। दशकों बाद जयप्रकाश की सभा के लिए राघोपुर का सबसे बड़ा मैदान छोटा पड़ गया था। जयप्रकाश बीमार चल रहे थे। उन्हें यात्रा करने तथा सभा-बैठकों में बोलने पर पाबन्दी थी। लेकिन उस पाबन्दी को क्रियान्वित करने वाली एकमेव शक्ति उनकी सहचरिणी प्रभावती का कोई डेढ़-दो साल पहले देहावसान हो चुका था। जयप्रकाश 30 जनवरी की सभा में जनसैलाब देखकर तरुण की भूमिका में आ गये थे। तरुण शान्ति सेना की उस सभा में अत्यन्त कड़ाके की ठण्ड तथा ख़राब स्वास्थ्य के बावजूद जयप्रकाश क़रीबन एक घण्टे तक दहाड़ते रहे, क्रान्ति की सम्भावनाएँ समझाते रहे। उसी सभा में उन्होंने कहा था 'आज मुझे क्षितिज पर 1942 की क्रान्ति दिखाई दे रही है। हमें एक बड़े बदलाव की ओर बढ़ना है'।

जयप्रकाश दूसरे दिन पटना विश्वविद्यालय के छात्र संगठनों की सभा का मार्गदर्शन करने वाले थे। फ़रवरी 1974 में मुज़फ़्फ़रनगर में महँगाई तथा जमाख़ोरी के विरोध में तरुण शान्ति सेना ने व्यापक अभियान छेड़ दिया था जिसमें रमण कुमार, कुमार प्रशान्त, किशोर शाह, कुमार शुभमूर्ति आदि की अग्रणी भूमिका थी। उन सबकी तब गिरफ़्तारी भी हुई थी। 30 जनवरी 1974 को राघोपुर की जनसभा, फ़रवरी में मुज़फ़्फ़रनगर में चला अभियान तथा 18 मार्च 1974 को पटना में हुआ छात्रों का प्रदर्शन, यह तीन घटनाएँ बिहार आन्दोलन की बुनियाद का पत्थर बनीं। सात साल पहले स्थापित संगठन तरुण शान्ति सेना जैसे गांधीवादी मूल्यों पर आधारित बने तरुण संगठन के बावजूद जयप्रकाश नारायण एक नया संगठन आन्दोलनकारी छात्रों तथा युवाओं के लिए बनाने को व्यग्र थे। इसका बड़ा कारण यह था कि वे आन्दोलन के गर्भ से इस नये संगठन का निर्माण करना चाहते थे, जो सम्पूर्ण रूप से निर्दलीय रहेगा, सीधे अपने सेनापति यानी जेपी के निर्देश पर काम करेगा तथा पूरी तरह से सम्पूर्ण क्रान्ति के प्रति समर्पित होगा। तरुण शान्ति सेना व सर्वोदय मण्डल के रहते जयप्रकाश ने इन दो संगठनों का निर्माण इस 9 महीने पुराने जनान्दोलन के गर्भ से किया। वे नहीं चाहते थे कि उन पर तरुण शान्ति सेना को तरजीह देने का आरोप लगे और वे बिल्कुल चाहते थे कि यह इस आन्दोलन को अपना सर्वस्व न्योछावर करने वाले सम्पूर्ण क्रान्ति का वाहक छात्र और युवा का संगठन हो। 1 जनवरी 1975 को जयप्रकाश ने इसकी औपचारिक घोषणा की। उन्होंने तरुण शान्ति सेना को ख़ुद का संगठनात्मक अस्तित्व मिटा कर छात्र-युवा संघर्ष वाहिनी में शामिल होने का सुझाव दिया। ऐसा उन्होंने दिसम्बर 1974 में तरुण शान्ति सेना के राष्ट्रीय सम्मेलन में भी कहा। उसी सम्मेलन में तरुण शान्ति सेना के बिहार प्रान्त के संयोजक कुमार शुभमूर्ति राष्ट्रीय संयोजक चुने गये। कोई डेढ़ माह बाद फ़रवरी 1975 में टाटानगर में तरुण शान्ति सेना की प्रान्तीय इकाई का विधिवत विसर्जन कर नवजात छात्र-युवा संघर्ष वाहिनी में स्वतन्त्र रूप से जुड़ने का मार्ग प्रशस्त हुआ था। मैं तरुण शान्ति सेना के विसर्जन के विरोध में था और मेरा आग्रह था कि इसे एक या दो साल के लिए फ्रीज़ कर देना चाहिए। अधिकांश की प्रबल राय थी कि ईमानदारी और समर्पण का यही तक़ाज़ा है कि संगठन की बिहार इकाई को विसर्जित कर वाहिनी से जुड़ना वाहिनी के लिए श्रेयस्कर होगा। सम्मेलन के समापन सत्र का मार्गदर्शन ख़ुद जेपी ने किया था। उसी दिन शाम वहाँ आयोजित जनसभा में जेपी ने तरुण शान्ति सेना को भंग किये जाने के प्रति अपना आभार भी प्रकट किया था। इस सब परिवर्तन के बावजूद यहाँ यह उल्लेखित करना प्रासंगिक होगा कि तरुण

शान्ति सेना एकमेव संगठन था जिसने वाहिनी के लिए अपना अस्तित्व मिटा डाला। बिहार इकाई को विसर्जित करने का कृत्य जल्द ही इस राष्ट्रीय संगठन के लिए कैंसर साबित हुआ। जो लोग फ़रवरी 1975 में तरुण शान्ति सेना को दफ़नाने में अग्रणी थे, वे लोग ही कुछ सालों बाद लगभग विलुप्त हो गयी तरुण शान्ति सेना को विभिन्न नामों से पुनर्जीवित करते दिखे जिनसे मैं कभी नहीं जुड़ा।

छात्र-युवा संघर्ष वाहिनी का गठन एक शान्तिमय निर्दलीय छात्र-युवा संगठन के रूप में किया गया जिसके नायक या सेनापति ख़ुद जयप्रकाश नारायण थे। इसलिए इससे जुड़े सभी सदस्यों को सीधे अपने नायक यानी जेपी के प्रति उत्तरदायी रहना था। शान्ति सेना के राष्ट्रीय संयोजक नारायण देसाई को उप-नायक की ज़िम्मेदारी दी गयी। पटना विश्वविद्यालय के छात्र गोविन्द को इसके प्रान्तीय कार्यालय का प्रभारी बनाया गया। अमरनाथ भाई पर प्रशिक्षण का दायित्व था।

जनवरी 1975 में बिहार में वाहिनी की घोषणा होने के बाद विभिन्न ज़िलों में इसके गठन की प्रकिया शुरू हुई। 18 वर्ष से 30 वर्ष के छात्र-छात्रा, युवा-युवती इसके निम्न शर्तों से सहमत होते हुए सालाना एक रुपया देकर सदस्य बन सकते थे :

–मैं सम्पूर्ण क्रान्ति के प्रति अपने उद्‌देश्य की पूर्ति के लिए शान्तिपूर्ण एवं सुन्दर साधन ही अपनाऊँगा/अपनाऊँगी।

–मैं अपने आचरण में जाति सम्प्रदाय का भेदभाव नहीं आने दूँगा/दूँगी तथा जातिभेद एवं उच्च-नीच के भावों को प्रकट करने वाले चिह्नों को धारण नहीं करूँगा /करूँगी।

–मैं किसी राजनैतिक दल या उसके छात्र-युवा संगठन अथवा अन्य किसी भी छात्र और युवा संगठन का सदस्य न आज हूँ और ना ही संघर्ष वाहिनी का सदस्य लगाते हुए आप कभी बनूँगा/बनूँगी।

–मैं अपने कामों के तथा इन शर्तों के पालन के बारे में वाहिनी नायक के प्रति उत्तरदायी रहूँगा/रहूँगी।

–मैं नियमित रूप से अपना कुछ समय संघर्ष वाहिनी के कार्यक्रमों के लिए दूँगा/दूँगी।

–मैं सदस्यता शुल्क एक रुपया अदा करता/करती हूँ।

इसकी संगठनात्मक प्रक्रिया शुरू होते-होते डेढ़-दो महीने का विलम्ब हुआ। विधिवत राज्य इकाई के गठन के लिए ज़िला स्तर की समितियों का गठन अपेक्षित था। तब तक तदर्थ व्यवस्था जारी रही जिसकी निगरानी की भूमिका नारायण देसाई तथा अमरनाथ भाई की थी।

जब तक संगठनात्मक प्रक्रिया जड़ें जमाती, देश के राजनीतिक घटनाक्रम में अनपेक्षित परिवर्तन होने लगा। जून मध्य में तत्कालीन प्रधानमन्त्री की संसदीय चुनाव को इलाहाबाद उच्च न्यायालय ने ख़ारिज कर दिया था। इसके कारण आन्दोलन का मंच पटना से निकलकर दिल्ली बना और फिर देश पर आपातकाल थोप दिया गया। वाहिनी नायक समेत हज़ारों दलीय, ग़ैर दलीय तथा नवजात वाहिनी के सदस्यों-समर्थकों को जेल में डाल दिया गया। इससे बिहार में हर स्तर पर वाहिनी के गठन की प्रक्रिया थम सी गयी।

जनवरी 1977 के तीसरे सप्ताह में लोकसभा का लम्बित चुनाव कराने की घोषणा हुई जिससे एक बार फिर बिहार तथा समूचे देश का राजनीतिक परिदृश्य बहुत तेज़ी से बदलने लगा। तब लोकतन्त्र को बहाल करने के लिए सत्तारूढ़ दल को पराजित करना प्रमुख लक्ष्य था। इसके लिए ग़ैर कांग्रेसी तथा ग़ैर साम्यवादी दलों का जनता दल में विलय हुआ और जनता पार्टी नाम से एक नये राजनीतिक दल का उदय हुआ। इसमें साम्यवादी दल विधिवत शामिल नहीं हुए। साम्यवादियों का एक घटक पूर्व से सत्तारूढ़ दल का तथा आपातकाल का भी समर्थन करता था। उक्त चुनाव में सत्तारूढ़ कांग्रेस पार्टी की करारी हार हुई और देश में पहली बार ग़ैर कांग्रेसी दलों की सरकार सत्ता में आयी। इसका श्रेय जयप्रकाश नारायण को दिया गया। महात्मा गांधी के बाद जयप्रकाश नारायण दूसरी शख़्सियत थे जिन्होंने राजनीतिक परिवर्तन के सिरमौर होने के बावजूद सत्ता में न जाकर अपनी नागरी भूपिका को जारी रखा। और इसका प्रभाव वाहिनी पर भी पड़ा।

आपातकाल का विरोध तथा जनता पार्टी की विजय व लोकतन्त्र की बहाली, इन सबमें वाहिनी की बड़ी जीवन्त भूमिका थी। इसलिए दिल्ली में जनता पार्टी की सरकार स्थापित होने के चन्द दिनों बाद जेपी ने राष्ट्रीय स्तर पर वाहिनी का विस्तार करने की घोषणा की। इसके लिए जेपी ने निम्न राष्ट्रीय समिति (तदर्थ) को नियुक्त किया जिसे अगले एक साल में देश के हर प्रान्त में वाहिनी का विधिवत गठन कर उसके आधार पर राष्ट्रीय समिति का गठन करना था;

कुमार शुभमूर्ति–संयोजक
उर्मिला मराठे–कर्नाटक
सन्तोष भारतीय–उत्तर प्रदेश
भवानीशंकर कुसुम–राजस्थान
सुधाकर जाधव–महाराष्ट्र

राजेन्द्र दवे–गुजरात

तुलसीदास सोमैया–मुम्बई (कोषाध्यक्ष)

इसका राष्ट्रीय कार्यालय पटना में रखा तथा मुझे यानी कुमार कलानन्द मणि को इसका प्रभारी नियुक्त किया गया। वाहिनी की राष्ट्रीय स्तर पर घोषणा तथा जेपी द्वारा तदर्थ राष्ट्रीय समिति की नियुक्ति में कुमार प्रशान्त की अहम भूमिका थी। इस कारण वे तथा अपनी पूर्व की भूमिका के कारण अमरनाथ भाई राष्ट्रीय समिति की बैठकों में आमन्त्रित होते रहे।

इस राष्ट्रीय समिति की पहली बैठक मुम्बई में हुई थी। इसमें समिति के संयोजक, सदस्य, प्रभारी-राष्ट्रीय कार्यालय के अतिरिक्त अन्य प्रान्तों से चुने गये प्रतिनिधि भी आमन्त्रित थे। कोई 7 दिनों तक मुम्बई में चली इस अत्यन्त महत्त्वपूर्ण बैठक के आयोजन में तुलसीदास सोमैया (कोषाध्यक्ष) तथा निखिल वागले (संयोजक) (तदर्थ, मुम्बई वाहिनी) की प्रमुख भूमिका थी। यह बैठक मरीन लाइंस के क़रीब पिंजरापोल में हुई थी। इस बैठक की विशेषता यह थी कि आपस में क़रीबन 18-20 घण्टे घनघोर चर्चा करने के बाद मंगलवार, वृहस्पतिवार तथा शनिवार की सुबह पूरी समिति एक्सप्रेस टावर में स्वास्थ्य लाभ कर रहे जेपी के साथ चर्चा करती थी। हर सोमवार, बुधवार तथा शुक्रवार को जेपी का दिनभर डायलिसिस होता था, इसके बावजूद ठीक दूसरी सुबह वे पूरी तन्मयता के साथ राष्ट्रीय समिति के साथ बैठते थे।

राष्ट्रीय स्तर पर वाहिनी की घोषणा तथा उपरोक्त मुम्बई बैठक के बाद देश के हर प्रान्त में वाहिनी की प्रान्तीय इकाई के गठन की प्रक्रिया तेज हुई। मार्च 1977 में जेपी के नेतृत्व में हुए राजनीतिक परिवर्तन के कारण देश भर से छात्र एवं युवा में वाहिनी के प्रति आकर्षण बढ़ा था। इसलिए निम्न प्रान्तों में तदर्थ समिति का गठन दो-तीन महीने में सम्भव हो सका था :

बिहार : संयोजक–अरुण दास

उत्तर प्रदेश : संयोजक–कुँवर प्रसून

दिल्ली : संयोजक–नीरू

राजस्थान : संयोजक–अनिल श्रीवास्तव

पंजाब : संयोजक–रमण श्रृंगारी

हिमाचल प्रदेश : संयोजक–कुलदीप कुमार

गुजरात : संयोजक–राजेन्द्र दवे

महाराष्ट्र : संयोजक–चन्द्रकान्त वानखड़े
मध्य प्रदेश : संयोजक–किशोरी गुप्ता
कर्नाटक : संयोजक–डॉ. नायक
आन्ध्र प्रदेश : संयोजक–प्रसाद वेमाली
केरल : संयोजक–राय बीचेरी
उड़ीसा : संयोजक–विनोद मोहन्ती
प बंगाल : संयोजक–देवव्रत रायचौधरी
त्रिपुरा : संयोजक–ममता

सर्वोदय विचारक आचार्य राममूर्ति का केन्द्र, खादीग्राम वाहिनी के प्रशिक्षण का भी प्रमुख केन्द्र बना। आचार्य तथा सर्वोदय के प्रति वाहिनी के कुछ साथियों की नकारात्मक टिप्पणी के जवाब में जेपी ने कहा था, 'मेरी बातों को मुझसे भी बेहतर ढंग से आचार्य प्रस्तुत करते हैं तथा मैं सम्पूर्ण क्रान्ति को सर्वोदय से भिन्न नहीं मानता हूँ।'

मैं जून 1978 तक वाहिनी का राष्ट्रीय कार्यालय सँभालता रहा। तब के राष्ट्रीय कार्यालय की भूमिका, सक्षमता उस समय जुड़े साथियों के सद्विवेक पर छोड़ना श्रेयस्कर होगा।

राष्ट्रीय संयोजक की अक्षमता तथा वाहिनी के प्रति उनकी निम्न प्राथमिकता के कारण आपसी संघर्ष को टालने के इरादे से मैंने पदमुक्त होना बेहतर समझा। प्रभारी, राष्ट्रीय कार्यालय की प्रबल भूमिका संयोजक व समिति के लिए पुरकत्व की होती है, इसलिए दोनों के बीच बेहतर तालमेल व विश्वास आवश्यक है। मैंने इस तालमेल में जब क्षरण पाया, तब राष्ट्रीय कार्यालय से मुक्त हो जाना मुझे उचित लगा। मुझे अपना नया कार्यक्षेत्र चुनना था, लेकिन यह चुनाव करते समय बिहार के प्रति आकर्षण नहीं बचा था। 1974 के आन्दोलन के दिनों, ख़ासकर अक्तूबर 1974 से पटना आने के बाद अनगिनत तिकड़मों, परस्पर स्पर्धाओं के दर्शन के कारण बिहार के प्रति निराशा बढ़ती गयी थी। 1977 में जनता पार्टी की विजय के बाद वाहिनी के कई साथियों में विजय का नूर टपकता था मानो बस सम्पूर्ण क्रान्ति तो दहलीज़ पर खड़ी है। इन सब कारणों से मैं यहाँ के कार्यकर्ता समाज से प्रभावित नहीं हो पा रहा था। 1972 में भूदान-ग्रामस्वराज आन्दोलन से जुड़ाव तथा अक्तूबर 1974 में तरुण शान्ति सेना के प्रान्तीय कार्यालय की ज़िम्मेदारी सँभालने के कारण मेरा देश भर के सर्वोदयी तथा ग़ैर सर्वोदयी कार्यकर्ताओं, चिन्तकों, वरिष्ठ जनों के

साथ जुड़ाव बढ़ता गया था। संगठनात्मक कार्य से देश के कई राज्यों में जाने का अवसर मिला था। इसके कारण दक्षिण भारत के प्रति मेरा आकर्षण बढ़ता गया। बिहार वाहिनी के अन्दर तिकड़मबाज़ी तथा राष्ट्रीय संयोजक की अक्षमता से मैं अन्दर ही अन्दर व्यथित था। ऐसा भाव रखने वाला मैं अकेला नहीं था। इसलिए राष्ट्रीय कार्यालय से ख़ुद को मुक्त करने के बाद का निर्णय मेरे लिए आसान था। अतएव मैंने राष्ट्रीय कार्यालय के साथ-साथ बिहार भी छोड़ने का निर्णय लिया और वाया कानपुर बंगलोर पहुँचा। लेकिन तब भी मैंने वाहिनी के साथ औपचारिक रिश्ता बरकरार रखा और आज भी मानसिक, भावनात्मक रूप से 'वाहिनी वाला तथा सर्वोदय वाला' होने की अन्तरंगता पूर्ववत है। बंगलोर में मैं उर्मिला मालवीय, सदस्य, राष्ट्रीय समिति के साथ जुड़ा। लेकिन मैं लम्बे समय तक कर्नाटक में नहीं रह सका। राष्ट्रीय संयोजक ने मुझे गोवा जाकर वाहिनी के द्वितीय राष्ट्रीय प्रशिक्षण शिविर का आयोजन करने को कहा। इस कारण कर्नाटक में ज़्यादा समय नहीं रह सका लेकिन जितना समय रहा वह कार्यकर्तापन को समृद्ध करने वाला था।

वाहिनी के 50 साल का निम्न मूल्यांकन या उपर्युक्त बातें इसी अन्तरंगता के आधार पर हैं। मुझे इस बात का पूरा एहसास है कि कई साथी मेरी कुछ बातों को पसन्द या स्वीकार नहीं करेंगे। मुझे यह कभी नहीं लगा कि मैं सम्पूर्ण सही हूँ, लेकिन सुसंवाद, स्नेहपूर्ण, सहिष्णुतापूर्ण, ईमानदार सुसंवाद व सुधार का अभाव है (जिसका दुःखद उदाहरण वाहिनी का प्रथम तथा दूसरा राष्ट्रीय शिविर था) 50 साल बाद भी एक अत्यन्त मज़बूत सम्भावना प्रबल नहीं हो सकने का दुःख यदाकदा सालता है।

वाहिनी की महत्त्वपूर्ण भूमिका

बिहार आन्दोलन में तथा इसके प्रभाव से देश के विभिन्न राज्यों में हज़ारों युवक-युवती अपने भौतिक व पारिवारिक जीवन की परवाह किये बग़ैर बिहार तथा देश के नवनिर्माण के लिए पूरे जुनून से निकल पड़े थे। उनके अन्दर लोकनायक जयप्रकाश नारायण के प्रति आकर्षण होने के कारण छात्र-युवा संघर्ष वाहिनी उनका नैसर्गिक मंच बना। उन छात्र-छात्राओं, युवक-युवतियों की चिन्ता ख़ुद की ज़िन्दगी की नहीं, राष्ट्र-नवनिर्माण की थी, जो गांधी की हत्या के बाद निरन्तर सत्ताभिमुख तथा राजनीति केन्द्रित हो चला था। महात्मा गांधी का अधूरा कार्य जेपी के प्रभाव में आये हज़ारों युवकों ने अपने कन्धों पर लेना शुरू किया था। इसी ऐतिहासिक सम्भावना को समझते हुए जेपी ने इस निर्दलीय छात्र-युवा संगठन को जन्म दिया। वाहिनी उस

अनुरूप खड़ी होती, कुछ प्रारम्भिक झलक, झाँकी आशान्वित करती लगने लगी थी। वाहिनी की शक्ति इसके समर्पित, ओजस्वी, त्यागी, निस्पृह कार्यकर्ताओं की फ़ौज थी।

वाहिनी में शामिल होने वाले स्वप्रेरणा से जुड़ रहे थे। उनमें अन्ध-भक्ति की जगह विचार-शोध का तथा समता तथा न्याय पर आधारित धर्मनिरपेक्ष व जातिविहीन समाज बनाने का जज़्बा कूट-कूट कर भरा था। वे दुनिया के तमाम श्रेष्ठ विचारों को समझने तथा व्यक्त करने की असीम क्षमता अर्जित कर रहे थे।

स्वतन्त्र भारत में बिहार आन्दोलन जैसी महिलाओं की बढ़-चढ़ कर भूमिका कभी नहीं दिखी जो सिर्फ़ संख्यात्मक नहीं थी बल्कि वैचारिक मूल्यों से ओतप्रोत परिवर्तनशील थी। वाहिनी लैंगिक समानता, आर्थिक व सामाजिक समानता की ओर शुद्धता के साथ अग्रसर थी। स्त्री और पुरुष के बीच के सम्बन्ध में यौनाचार के बदले विचारों का ताना-बाना बुनने का जुनून बढ़ रहा था। महिला मित्र बड़ी दृढ़ता से आगे बढ़ चली थीं। उन्होंने इस परिवर्तन में अपने पारम्परिक परिवार का भी विश्वास व साथ प्राप्त किया था। मुझे तुरन्त यदि उदाहरण स्वरूप एक सर्वश्रुत नाम लेना हो तो वह नूतन का है। एक सवर्ण ज़मींदार परिवार में पली-बढ़ी नूतन परम्परा की सारी जड़ता को तोड़ने में अपने पारम्परिक सामन्ती परिवार को भी साथ लाने में उतना ही कामयाब थी जितना अपनी निर्भीक, तेजस्विता और मिलनसार व्यक्तित्व से अनगिनत युवा-युवतियों को प्रेरित, प्रभावित करने में। इसलिए सामाजिक व सांस्कृतिक परिवर्तन की धारा वाहिनी के सदस्यों तक सीमित रहने के बजाय उनके द्वारा परिवार तक बह चली थी। पारम्परिक शादी के प्रचलन को तोड़ने में वाहिनी के साथी अग्रणी रहे। शादी के बजाय अधिकतर ने सहजीवन का मार्ग चुना तथा इसे पूरी पारदर्शिता व सफलता के साथ जिया। इस प्रकार जेपी की अपेक्षा के अनुरूप वाहिनी सामाजिक-आर्थिक-सांस्कृतिक-शैक्षणिक क्रान्ति का दर्पण बनने लगी थी।

हज़ारों वर्षों से चली आ रही भूमि आधारित असमानता के विरुद्ध वाहिनी के सदस्यों ने शुतुरमुर्ग की तरह अपना सर गड़ाना प्रारम्भ कर दिया था। बोधगया, पचमनिया तथा देश के अन्य हिस्सों में वाहिनी के सदस्य भू-न्याय का संघर्ष शुरू कर चुके थे। आगे चलकर बोधगया महन्त के विरुद्ध भूमि संघर्ष देश के समक्ष एक प्रेरक इतिहास बना।

महँगाई तथा भ्रष्टाचार के विरोध में आग की तरह फैला बिहार आन्दोलन आगे चल कर जाति आधारित सामाजिक विषमता को समाप्त करने का भी आन्दोलन बना।

जयप्रकाश की जनसभाओं में हज़ारों-लाखों लोग जाति के प्रतीकों को त्यागने की होड़ में थे। इस होड़ में वाहिनी आगे दौड़ती दिखाई देने लगी थी। वाहिनी अपने स्थापना दिन से बतौर संगठन तथा इससे जुड़े तमाम सदस्यों ने अपने सार्वजनिक जीवन में कभी जातिसूचक या प्रतीक का इस्तेमाल नहीं किया, बल्कि इससे कई क़दम आगे जाकर अन्तर्जातीयता तथा जातिविहीनता इनकी नव-जीवन संस्कृति बनी। इसमें जातिविहीनता तथा पैतृक-प्रधानता की समाप्ति की ओर साथ-साथ क़दम उठे। इसमें एक नाम सबसे पहले सुनाई पड़ा जिसने अपने जीवन में किये परिवर्तन से अनन्त को प्रेरित किया। मोहन टण्डन ने ख़ुद को बदलकर मोहन हीराबाई हीरालाल किया। दूसरी पीढ़ी में ऐसे उदाहरण अनगिनत मिलते हैं जो जातिविहीनता की ओर हो रही प्रगति का परिचायक हैं।

वाहिनी में धर्मान्धता का त्याग करते हुए धर्मनिरपेक्षता के मार्ग पर चलकर किसी धर्म-विशेष को अंगीकार करने के बजाय धर्मों से परे जीवनमान स्वीकृत हुआ। सम्पूर्ण क्रान्ति इसका परिवर्तनकारी धर्म (कर्तव्य) बना। आमूलचूल परिवर्तन इसकी एकमेव आस्तिकता बनी।

वाहिनी का कमज़ोर पक्ष

जब किसी भी संगठन या स्थापना का विश्लेषण करते हैं तब प्रारम्भ में एक-दूसरे के बीच विरोधाभास भी दिखाई देता है। मसलन 50 साल बाद भी जिस संगठन की उपर्युक्त शानदार, प्रेरक गुणों, शक्ति का उल्लेख किया है, भला उसमें कोई कमज़ोरी कैसे हो सकती है। अलबत्ता कमज़ोरी उस संगठन के लिए तब अभिशाप बन जाती है, जब वह अपने गुणों का डंका तो पीटता है लेकिन अपनी कमियों के प्रति हमेशा नकारात्मक भाव रखता है। महात्मा गांधी ने नास्तिक प्रो. गोरा द्वारा यह अनुरोध करने पर कि बापू, आपका मार्गदर्शन चाहिए, अन्यथा ग़लती हो सकती है कहा था कि 'ग़लती तब ग़लती है जब इससे हम सीखते नहीं हैं'। एक दार्शनिक ने कहा था कि 'ख़तरा इसमें नहीं था कि हमारे बड़े लक्ष्य नहीं थे, ख़तरा यह था कि हमारे छोटे लक्ष्य थे, जो हमने पा लिए'। मैं उस कमज़ोर पक्ष की ओर ध्यान आकृष्ट कर रहा हूँ जिसे समय रहते सुलझाया नहीं गया और यह वाहिनी के विलुप्त होने का मार्ग प्रशस्त करता रहा।

वाहिनी अपने नेतृत्व के छुटपन के कई गुणों के कारण क्रान्ति का विकिरण फैलाने के बजाय आपस में ही टकरा-टकरा कर खण्ड-विखण्ड होती रही। इसमें धृतराष्ट्र और दुर्योधन का प्राबल्य बढ़ता गया।

वाहिनी नायक ने स्वास्थ्य की दृष्टि से अत्यन्त चुनौतीपूर्ण आख़िरी वर्ष में एक ऐसा संगठन बनाया जिसे वे अपने प्रति उत्तरदायी रखना चाहते थे। अपने जीवन के अत्यन्त व्यस्ततम लेकिन शरीर से बेहद नाज़ुक काल में वाहिनी नायक के प्रति उत्तरदायी संगठन बनाते समय उनके और संगठन के बीच की व्यवस्था निहायत कमज़ोर, अक्षम और अवसरवादी थी।

वाहिनी अपने अन्दर गुटबाज़ी से घोर पीड़ित रही।

इसका राष्ट्रीय संयोजक बेहद ढीला-ढाला, अक्षम व्यक्ति था जो समय रहते सही निर्णय नहीं कर पाता था। महाराष्ट्र एकमेव प्रान्त था जो गुटबाज़ी से लगभग मुक्त था, उसमें विविधता थी और एकता भी। इसका बड़ा कारण राष्ट्रीय समिति में महाराष्ट्र के प्रतिनिधि का व्यक्तित्व था जो सबमें स्वीकृत था और सबको एक संगठन में पिरो कर रखने के गुण वाला था। प्रथम राष्ट्रीय संयोजक के रूप में उसकी भूमिका महाराष्ट्र की तरह शेष प्रान्तों के साथ-साथ राष्ट्रीय समिति को गुटबाज़ी से मुक्त करने वाली हो सकती थी। महाराष्ट्र और कर्नाटक को छोड़कर राष्ट्रीय समिति के सदस्य गुटबाज़ी से कभी उबर नहीं सके। बिहार, उत्तर प्रदेश, दिल्ली, राजस्थान जैसे सशक्त प्रान्त गुटबाज़ी से कभी उबर नहीं सके। दरअसल जिस राष्ट्रीय समिति को बिहार आन्दोलन तथा देश में हुए राजनीतिक बदलाव के आलोक में वाहिनी की जड़ें मज़बूत करनी थीं, उसके अधिकतर सदस्य अपनी-अपनी जड़ें मज़बूत करने में भिड़े रहे। इसका दुष्परिणाम उनके प्रान्तों में दिखता था।

वाहिनी में अधिकतम उम्र-मर्यादा जो 30 साल की थी, भी समस्या बनी। वाहिनी का प्रथम राष्ट्रीय प्रशिक्षण शिविर जो खादीग्राम में हुआ था, में उम्र-मर्यादा 30 वर्ष से बढ़ाकर 35 वर्ष करने की प्रबल राय थी, जिसको वाहिनी-नायक ने झटके से ख़ारिज कर दिया। इसकी एक वजह राष्ट्रीय संयोजक की लचर प्रस्तुतिकरण भी थी। इससे वाहिनी के प्रथम पंक्ति के साथी शीघ्र निवृत्त हुए और आगे के विकास में उनका योगदान न के बराबर रहा।

यह माना गया था कि 30 वर्ष तक की आयु के लिए वाहिनी होगी तथा यहाँ से निवृत्त होने वाले राष्ट्रीय लोक समिति से जुड़ेंगे। वाहिनी की तुलना में राष्ट्रीय लोक समिति पर सर्वोदय कार्यकर्ता, नेताओं का वर्चस्व रहा। वाहिनी में भी, प्रारम्भ में विसर्जित या मृतप्राय तरुण शान्ति सेना, जो वैचारिक तौर पर सर्वोदय के क़रीब थी, का ही प्राबल्य रहा। यह ग़ैर तरुण शान्ति सेना पार्श्वभूमि वाले सदस्यों के लिए नागवार था। वाहिनी को अपने सम्पूर्ण नियन्त्रण में रखने की विफलता से सर्वोदय के साथी जल्दी सँभले और उन्होंने लोक समिति को अपनी चादर से ढक कर रखा।

इस कारण उम्र-मर्यादा पार करने के बाद भी इन वाहिनी से निवृत्त की स्थिति 'न घर का और न घाट का' जैसी हुई। ऐसे में अधिकतर या तो नौकरीपेशा में जुड़ते देखे गये या फिर अपनी-अपनी संस्था बनाकर अपना सामाजिक अस्तित्व बनाये रखने की कोशिश में जुड़ते देखे गये।

वाहिनी में, ख़ासकर हिन्दीभाषी प्रदेशों में 'वैचारिक हुड़दंग' का प्राबल्य रहा और यह अन्दरूनी गुटबाज़ी का आधार बना।

वाहिनी 'शान्तिमयता बनाम निर्दलीयता' तथा इस अनुरूप संविधान बनाने की ललक को मिली असफलता से वाहिनी कभी सँभल नहीं पायी।

वैचारिक हुड़दंगबाज़ी में 'मैं' कूट-कूटकर भरा था इसलिए ऐसे लोग अपनी बेहतर प्रतिभा और क्षमता के बावजूद अपने आप में द्वीप बनते चले गये।

आर्थिक अराजकता को वाहिनी में एक मूल्य के रूप में देखा गया। आर्थिक व संगठनात्मक व्यवस्थापन को कइयों ने बुर्जूआवादी माना। यह आन्तरिक कलह और अभाव का कारण बना।

अवसर

आज भले छात्र-युवा संघर्ष वाहिनी के अस्तित्व को समझने के लिए बाइस्कोप का इस्तेमाल करना पड़ता हो लेकिन 'वाहिनी धारा' आज भी मौजूद है। इस धारा को जीवन्त रखने में दिशाहीन ही सही लेकिन वाहिनी मित्र-मिलन की परम्परा सहायक सिद्ध हुई है। साथ ही वाहिनी-धारा के अभिन्न साथियों के संगठन 'जन मुक्ति संघर्ष वाहिनी' ने आशा का दीपक बनकर धारा के अस्तित्व को अक्षुण्ण रखा है। बिखराव है लेकिन सम्भावना जीवित है।

सर्वोदय से फिर समाजवाद की ओर

अरुण कुमार त्रिपाठी/रणधीर गौतम

जयप्रकाश नारायण और चौहत्तर के आन्दोलन में उनका नेतृत्व दरअसल क्रान्ति के वैश्विक दर्शन में एक नया प्रयोग है...यह भारत के राजनीतिक चिन्तन में नया आयाम तो है ही साथ में गांधी के दर्शन का विस्तार है। यह विनोबा के नेतृत्व में कुन्द हो रहे सत्याग्रह के सिद्धान्त को दी जाने वाली नयी धार है। यह मार्क्स, लेनिन, माओ, मानवेन्द्र नाथ राय, महात्मा गांधी, विनोबा, नरेन्द्र देव और डॉ. राम मनोहर लोहिया के चिन्तन का नये क़िस्म का संश्लेषण भी है। यह 1942 की क्रान्ति के नायक की उस समय अधूरी रह गयी क्रान्ति को पूरा करने का एक प्रयास था और यह था राजनेता से सन्त बन चुके जयप्रकाश नारायण का राजनीतिज्ञ के रूप में नया अवतार।

जयप्रकाश नारायण ने जब समाजवाद से सर्वोदय की ओर प्रयाण किया तो अपने साथियों को सम्बोधित करते हुए 'समाजवाद से सर्वोदय की ओर' शीर्षक से एक पुस्तिका तैयार की। उसके आमुख में 21 दिसम्बर 1957 को जयप्रकाश लिखते हैं :

"कुछ दिन पूर्व जब मैंने दलीय राजनीति से अलग होने का निर्णय किया, मुझे यह आवश्यक मालूम हुआ कि मैं सामान्य जनता और प्रजा समाजवादी दल के अपने साथियों के समक्ष अपने निर्णय की सार्थकता को स्पष्ट कर दूँ। जो वक्तव्य (पुस्तिका के रूप में) आपके सामने आ रहा है, इसी उद्देश्य की पूर्ति के लिए लिखा गया है। शुरू में कुछ शब्द ख़ास तौर से प्रजा समाजवादी दल के अपने साथियों को सम्बोधन करके लिखे गये हैं। तदनन्तर अपनी स्थिति का स्पष्टीकरण करते हुए अपने व्यक्तिगत विचारों का जिस प्रकार विकास हुआ है, उसका उल्लेख किया गया

है। वह सब केवल उन साथियों के लिए नहीं, बल्कि उन सबको ध्यान में रखकर लिखा गया है, जिन्हें इस विषय में रुचि है।"

अपनी बात को आगे स्पष्ट करते हुए जयप्रकाश नारायण कहते हैं, "मैंने दल और सत्ता की राजनीति से अलग होने का निश्चय इसलिए नहीं किया कि मैं उससे ऊब गया या निराश हो गया था, बल्कि इसलिए किया कि मुझे यह स्पष्ट हो गया था कि राजनीति से काम नहीं बनेगा। उद्देश्य तो वही पुराना समता, स्वतन्त्रता, बन्धुत्व और शान्ति की स्थापना है।"

इस पुस्तिका के आख़िर में जयप्रकाश नारायण कहते हैं, "...सर्वोदय की भी एक राजनीति है। किन्तु यह राजनीति भिन्न प्रकार की है। मैंने इसको जनता की राजनीति कहा है, जो सत्ता और दल की राजनीति से सर्वथा पृथक् है। लोकनीति राजनीति से पृथक् है। सर्वोदय की राजनीति में कोई दल नहीं होता और सत्ता से उसका कोई सम्बन्ध नहीं होता है। वस्तुत: इसका लक्ष्य सत्ता के समस्त केन्द्रों को ख़त्म कर देना है। जितनी अधिक यह नयी राजनीति बढ़ेगी उतनी ही अधिक पुरानी राजनीति सिकुड़ेगी। सही अर्थ में यही होगा, राज्य का क्षय।"

राज्य के क्षय के उद्देश्य से जेपी जब अपने को दलगत राजनीति से अलग करते हैं तो वे लोकनीति का दामन थामते हैं, जहाँ पर सत्ता के साथ संवाद और अन्योन्यक्रिया से कहीं अधिक जनता के साथ सम्बन्ध और सामूहिक कार्य का महत्त्व है। वे चाहते भी हैं कि राजनीतिक दल जितनी जल्दी हो सके सत्ता अपने हाथों से जनता के हाथों में स्थानान्तरित कर दें। यानी एक तरह से विकेन्द्रीकरण कर दें। लेकिन जब तक राज्य का क्षय नहीं होता और सत्ता पूरी तरह जनता के हाथ में स्थानान्तरित नहीं होती तब तक वे राजनीति से सम्बन्ध तोड़ने का न तो संकल्प जताते हैं और न ही उस तरह का विचार व्यक्त करते हैं।

इसी पुस्तिका में जेपी कहते हैं, "यह भी मुझे कह देना चाहिए कि मेरी सारी शक्ति यद्यपि लोकनीति का विकास करने में लगी रहेगी, तो भी राजनीति के क्षेत्र में क्या होता है, मैं उसकी ओर से आँख नहीं मूँदूँगा...अच्छा हो या बुरा राजनीति का लोगों के जीवन पर एक हद तक प्रभाव पड़ता ही है। मैं बाहर से बराबर इसकी ओर ध्यान रखूँगा कि वह प्रभाव जितना सम्भव हो कल्याणकारी हो।"

उसी पुस्तिका की प्रस्तावना में विनोबा भावे जेपी के विचारों में आने वाले इस बदलाव का स्वागत करते हुए उन लोगों को जवाब देते हैं जो यह मान रहे थे कि जेपी ग़लती कर रहे हैं। साथ ही वे यह भी संकेत करते हैं कि शायद जेपी पहले ग़लती कर रहे थे और अब सही मार्ग पर बढ़ चले हैं। क्योंकि विनोबा का लेखन

और बयान बहुत बारीक हुआ करते थे और उनके अर्थ दोहरे भी होते थे और गहराई तक भेदने वाले भी होते थे। विनोबा लिखते हैं :

"उनके (जयप्रकाश जी) हृदय की सरलता मुझे अधिक खींचती है। उसी सरलता के कारण उनके बारे में काफ़ी ग़लतफ़हमियाँ भी होती हैं और उसी सरलता के कारण वे स्वयं ग़लतियाँ भी करते हैं। गांधी जी ने स्वराज की एक व्याख्या की थी; ग़लतियाँ करने का हक़। जो ग़लतियाँ नहीं कर सकता, वह कुछ भी नहीं कर सकता। जयप्रकाश जी के निवेदन में एक सरल हृदय का स्वच्छ चित्र देखने को मिलेगा।"

इस टिप्पणी के बाद विनोबा सर्वोदय की व्याख्या करने की ओर प्रवृत्त होते हैं। वे लिखते हैं, "सर्वोदय किसी वाद की प्रतिक्रिया नहीं। वह भारत का अपना शब्द है और भारत की अपनी वस्तु है, पर ऐसा शब्द और ऐसी वस्तु नहीं जो दूसरे किसी देश या काल को लागू न हो सके। देशकाल परिस्थिति के भेदानुसार उसकी बाह्य स्थिति में फ़र्क़ नहीं रहेगा। लेकिन उसका आन्तरिक स्वरूप शाश्वत रहेगा।"

जयप्रकाश और विनोबा भावे के बीच चलने वाले वैचारिक संवाद और मतभेदों पर ब्रिटिश राजनीतिशास्त्री ज्योफ्री आस्टरगार्ड अपनी पुस्तक 'नान वायलेंट रिवोल्यूशन इन इंडिया' में विस्तार से चर्चा करते हैं। लेकिन सर्वोदयी लेखक वसन्त नारगोलकर जयप्रकाश नारायण के 75 साल होने पर सर्वसेवा संघ की ओर से प्रकाशित 'जयप्रकाश नारायण अभिनन्दन ग्रन्थ' में जयप्रकाश नारायण : एक उत्कृष्ट क्रान्तिकारी शीर्षक से लिखे लेख में दोनों के बीच के सैद्धान्तिक अन्तर को स्पष्ट करते हैं। उनका कहना है कि विनोबा ने गांधी के सत्याग्रह के अर्थ को ही बदल दिया था। उनका कहना था कि विनोबा ने कई मौक़ों पर कहा था कि गांधी का सत्याग्रह आज अप्रासंगिक हो चुका है। विनोबा चूँकि सिद्धान्त गढ़ने वाले चिन्तक थे इसलिए उन्होंने कहा कि गांधी का सत्याग्रह वास्तव में एक अनगढ़ और नकारात्मक क़िस्म का सिद्धान्त था। चूँकि गांधी 'अहिंसक प्रतिरोध' की बात करते थे और अंग्रेज़ भी उसे एक तरह की ब्लैकमेलिंग या भयादोहन की संज्ञा देते थे। इसलिए विनोबा ने 'अहिंसक प्रतिरोध' को बदलकर अहिंसक सहयोग का रूप दे दिया।

विनोबा कहते थे कि लोकतन्त्र में सत्याग्रह सकारात्मक होना चाहिए न कि नकारात्मक। उनका मानना था कि जहाँ भी कोई ग़लत तरीक़े से यथास्थिति क़ायम रखना चाहता है उसे सही दृष्टिकोण और सही कार्रवाई से बदला जा सकता है। यानी सत्याग्रह को लगातार नरम होते जाना चाहिए। क्योंकि गांधी जी के सत्याग्रह में

एक क़िस्म का दबाव होता था। इसलिए आज़ाद भारत में उस पद्धति का इस्तेमाल करना सही नहीं होगा।

वसन्त नारगोलकर लिखते हैं कि हैरानी होती है कि जयप्रकाश जी लम्बे समय तक विनोबा जी की इसी व्याख्या को मानते रहे। उन्होंने मेरी अपनी विचारयात्रा के 13 वें अध्याय में लिखा भी है कि, "मुझे नहीं लगता कि किसी प्रकार के देशव्यापी सत्याग्रह की आवश्यकता है। सत्याग्रह के मुद्दे पर मेरे विचार वही हैं जो विनोबा जी के हैं। ग्रामदान आन्दोलन विनोबा जी के जीनियस से निकला है। उन्होंने लोगों के समक्ष सम्पूर्ण क्रान्ति का विचार प्रस्तुत किया है। मैं मानता हूँ कि इस आन्दोलन की पूरी प्रक्रिया ही अपने आप में एक सत्याग्रह है।"

वास्तव में विनोबा ने सत्याग्रह के गांधी विचार में संशोधन करते हुए 'सौम्य सत्याग्रह' की अवधारणा विकसित की। उनका कहना था, "सत्याग्रह में सत् का आग्रह और असत् का विरोध तो स्पष्ट ही है; लेकिन सत्य को अपनाकर असत्य का प्रतिकार करते समय विश्वात्म भाव को नहीं भूलना चाहिए। सामने वाला भी मेरा ही रूप है, यह व्यापक ज्ञान सतत बने रहना चाहिए।" विनोबा उसे 'नान-वायलेंट असिस्टेंस इन राइट थिंकिंग' कहते हैं। वे मानते हैं कि सामान्यत: लोकतान्त्रिक व्यवस्था में सत्याग्रह की आवश्यकता नहीं होनी चाहिए। लेकिन उन्होंने अहिंसा की विशेष स्थितियों में अनुमति भी दी है। वे कहते हैं, "लोकसत्ता कहीं गहरा अन्याय कर बैठे, मूढ़ हो बैठे और सत्पुरुषों को लगे कि उसमें अन्याय हो रहा है तो सत्याग्रह की आवश्यकता होगी। और मैं ऐसा कहना चाहता हूँ कि ऐसे सत्याग्रह का निषेध कोई भी मनुष्य नहीं कर सकता।" (विनोबा साहित्य, खण्ड-16, पृष्ठ 265-66, परमधाम प्रकाशन वर्धा, 1996)।

यहीं पर जेपी और विनोबा का अन्तर स्पष्ट होता है। विनोबा अपने ही कथन पर अमल करते हुए नहीं दिखते जबकि जेपी लोकसत्ता और राजसत्ता दोनों के अन्याय का प्रतिरोध करने के लिए सत्याग्रह का रास्ता अपनाते हैं। आपातकाल में विनोबा का मौन और जेपी का संघर्ष इसी अन्तर को स्पष्ट करता है।

आरम्भ में विनोबा के ग्रामदान कार्यक्रम को ही सत्याग्रह मानने वाले जेपी के विचारों में उस समय बदलाव आने लगा जब मुज़फ़्फ़रनगर ज़िले के मुसहरी प्रखण्ड में जब नक्सलवादियों ने दो सर्वोदय कार्यकर्ताओं को हत्या की धमकी दे डाली। यह तो उसका घटनात्मक पक्ष है कि उत्तराखण्ड (तत्कालीन) उत्तर प्रदेश के पहाड़ी इलाक़ों में विश्राम करने गये जेपी वहाँ से उल्टे पाँव लौट आये और मुसहरी में ही डेरा डाल दिया। उन्होंने नक्सलवादियों से बहस की और उनसे कहा कि वे जो कर

रहे हैं वह एक राक्षसी काम है और उससे कोई अच्छा समाज नहीं बनेगा और न ही समाजवाद आयेगा। इस तरह उन्होंने अपने कार्यकर्ताओं को अभय बनाया।

लेकिन जेपी पर वास्तविक प्रभाव तो उनकी वैचारिकता में परिवर्तन के रूप में आया। विनोबा के साथ ग्रामदान करते हुए जेपी को भारतीय गाँवों की जो सच्चाई नहीं दिखी थी और अखिल भारतीय सत्याग्रह की जो ज़रूरत नहीं महसूस हुई थी, वह आवश्यकता उन्हें जून 1970 में मुसहरी में दिखाई पड़ने लगी। इस दौरान जेपी ने 28 पेज की एक पुस्तिका लिखी जिसका शीर्षक था–फेस टू फेस (आमने- सामने)। इस पुस्तिका में बहुत सारी बातें थीं लेकिन जो ख़ास बात थी वह दो लाइनों में दर्ज की जा सकती है। वे बातें इस प्रकार हैं :

"अगर लोकतन्त्र में कमियाँ दिखाई पड़ती हैं और हिंसा से कोई समाधान होता नहीं दिखाई पड़ता तो समाधान क्या है? समाधान के लिए हमें गांधी के पास जाना पड़ेगा।"

जेपी के मन में गांधी के पास जाने का विचार क्यों कौंधा? वे तो विनोबा के साथ चल ही रहे थे और अहिंसक सहयोग का जो विचार विनोबा प्रतिपादित कर रहे थे और जिसके तहत वे गाँवों में लोगों को शिक्षित और उपदेशित कर रहे थे उसे तो वे पहले स्वीकार ही कर रहे थे और उसे ही सत्याग्रह मान रहे थे। लेकिन 'फेस टू फेस' नाम के इस पंफलेट से लगने लगा कि जेपी अब विनोबा की कार्यप्रणाली और कार्यक्रमों में अन्याय, विषमता, शोषण और दमन का समाधान नहीं देख रहे हैं। इसी पंफलेट में जेपी ने एक और पंक्ति लिखी थी जिस ओर लोगों का ध्यान आकर्षित हुआ।

जेपी ने लिखा था :

"लगता है हमारे मौजूदा कार्यक्रम के सन्दर्भ में ऐसी स्थितियाँ बन रही हैं जो बड़े पैमाने में सत्याग्रह शुरू करवा सकती हैं।"

यहाँ जेपी के चिन्तन में होने वाला परिवर्तन ध्यान देने लायक है। जो जयप्रकाश नारायण पहले सत्याग्रह की किसी आवश्यकता को नकार रहे हों वे अब व्यापक सत्याग्रह की आवश्यकता महसूस करने लगे थे। जेपी में हो रहे इस बदलाव को वसन्त नारगोलकर ने मई 1971 में एक महाराष्ट्र के नासिक में हुए अखिल भारतीय सर्वोदय सम्मेलन में 'नान वायलेंट रिवोल्यूशन थ्रू सत्याग्रह एलोन' शीर्षक से लिखे पंफलेट के माध्यम से इस तरह व्यक्त किया :

"जयप्रकाश जी ने बिना लाग-लपेट के यहाँ जो कहा है वह आज़ाद भारत के सर्वोदय आन्दोलन के भीतर एक नया मोड़ है। उनके शब्दों का अर्थ यह है

कि समझा-बुझाकर मन बदलने का विनोबा का तरीक़ा अब बेअसर हो चुका है। इसलिए सर्वोदयी लोगों को अब गांधी के पास जाना होगा। जब हालात बन जायें तो उन्हें अहिंसा के माध्यम से सीधी कार्रवाई करनी होगी। हमारे लिहाज़ से हालात कई वर्षों से तैयार हैं। बस हमें उसे पहचानने की आवश्यकता है।"

जेपी स्थितियों के पकने का इन्तज़ार कर रहे थे। उन्होंने लगभग तीन साल तक इन्तज़ार किया। उनके भीतर सत्याग्रह की विनोबा की परिभाषा के प्रति मोहभंग हो रहा था और कभी मार्क्सवादी रहा यह क्रान्तिकारी अब गांधी के सत्याग्रह यानी अहिंसक प्रतिरोध के विचार को अपनाने की ओर जा रहा था। लेकिन ध्यान से देखेंगे तो तरीक़ा भले गांधी का रहा हो लेकिन उसके भीतर समाजवाद के समता, स्वतन्त्रता, बन्धुत्व और शान्ति के तत्त्व थे और साथ में अहिंसक वर्ग संघर्ष का उद्‌देश्य भी था। लगभग 13-14 वर्षों के बाद जेपी के विचारों में होने वाला यह बड़ा परिवर्तन था। इस परिवर्तन में राजसत्ता के क्षय का विचार कार्ल मार्क्स और महात्मा गांधी से लिया गया था और निर्दलीयता का विचार गांधी और मानवेन्द्र नाथ राय से लिया गया था। वर्ग संघर्ष का विचार मार्क्स का था लेकिन उसे अहिंसा द्वारा अभिमन्त्रित करने का विचार गांधी से लिया गया था।

विनोबा गुजरात आन्दोलन और बिहार आन्दोलन को नापसन्द कर रहे थे और जेपी उनमें बड़ी ऊर्जा देख रहे थे। इस तरह विनोबा धीरे-धीरे राजनीति से दूर मौन और विश्राम में चले गये और जेपी अहिंसक सहयोग से बाहर आकर अहिंसक प्रतिरोध के साथ लोकनीति से राजनीति पर दबाव डालने की क्रान्तिकारी दिशा में बढ़ चले। विनोबा इन्दिरा गांधी के शासन का समर्थन करने लगे और जेपी उनके विरोध में मैदान में उतर आये।

मार्च 1974 में जेपी का एक और बयान सर्वोदय के भीतर पैदा हो रहे जुझारूपन का प्रमाण प्रस्तुत करता है :

"अन्त में मैं सर्वोदय के बारे में एक बात कहना चाहता हूँ। जो लोग सोचते हैं कि सर्वोदय पाखण्डी लोगों का संगठन है और वे अहिंसक क्रान्ति के बारे में महज़ बातें ही करते हैं लेकिन उसके प्रति गम्भीर नहीं हैं, उन्हें हैरानी होने वाली है।"

जेपी के बयानों और कार्यकलापों को अगर ध्यान से देखा जाये तो पायेंगे कि उनके विचारों में एक प्रकार का उद्विकास हो रहा है। एक सच्चे क्रान्तिकारी की तरह से वे उन्हें ज़मीन पर उतारने का अवसर देखते हैं और उसके लिए संसाधन जुटाते हैं। उनके आलोचकों को जवाब देते हुए कहा जा सकता है कि जेपी ने गांधी

की शब्दावली में अपने पास 'ग़लतियाँ करने का हक़' बरकरार रखा था क्योंकि स्वराज में ऐसा होता है।

जेपी अपने सम्पूर्ण क्रान्ति के उद्देश्यों में बहुत कुछ स्पष्ट करते हैं। सन् 1974 में वे कहते हैं :

"इस समय हम एक दूरगामी असर वाली क्रान्ति की देहरी पर खड़े हैं। युग की जो भावना है वह समता, स्वतन्त्रता और बन्धुत्व के आदर्शों की पूर्ति के लिए शोर मचा रही है, वह चाहती है कि राज्यविहीन समाज बने और हर किसी को उसकी योग्यता और हर किसी को उसकी ज़रूरत के लिहाज़ से मिले।

गांधीजी एक बात अक्सर कहा करते थे कि जहाँ अन्य क्रान्तियों ने सामाजिक व्यवस्था के बाहरी ढाँचे में बदलाव किया लेकिन वे जो क्रान्ति करना चाहते हैं वह दो स्तरों की होगी। यह ऐसी क्रान्ति होगी जो पहले लोगों के मानस में शुरू होगी और बाद में समाज के बाह्य रूप को बदलेगी। वह एक आध्यात्मिक क्रान्ति होगी। देश की आध्यात्मिक विरासत आज ऐसी ही क्रान्ति की माँग कर रही है।"

हमारे समय के महत्त्वपूर्ण विचारक नन्दकिशोर आचार्य अपनी सद्यः प्रकाशित पुस्तक 'समतामूलक सामंजस्य : एक प्रस्तावना' में महात्मा गांधी, आचार्य नरेन्द्र देव, जयप्रकाश नारायण, डॉ. राममनोहर लोहिया, मानवेन्द्र नाथ राय और विनोबा भावे जैसे अलग-अलग विचार सारणी से आने वाले चिन्तकों के भीतर एक क़िस्म का साम्य देखते हैं। वह साम्य है स्वतन्त्रता, समता और बन्धुत्व के मूल्यों के प्रति उनके भीतर आग्रह। वे अपने आन्दोलन और कार्यक्रमों को अन्तिम उद्देश्य इन्हीं मूल्यों की स्थापना को बताते हैं। वे लिखते हैं, "जयप्रकाश नारायण की सर्वोदय और सम्पूर्ण क्रान्ति की अवधारणाओं में भी स्वतन्त्रता, समता और बन्धुत्व की मूल्यत्रयी पूर्णतः अनुस्यूत है। उनका मानना है कि सर्वोदय समाजवादी मूल्यों का ही नया आयाम है।"

लेकिन वे भी इस बात को स्वीकार करते हैं कि जयप्रकाश नारायण अपने अन्तिम दौर में अहिंसक प्रतिरोध तथा अहिंसक वर्ग-संघर्ष को भी अपने सर्वोदय विमर्श में जोड़ देते हैं। यही वह नया आयाम है जिसके बारे में कहा जा सकता है कि जेपी फिर सर्वोदय से समाजवाद की ओर प्रस्थान करते हैं। यहीं पर वे विनोबा और दूसरे सर्वोदयी लोगों से अपने को अलग करते हैं। वे सर्वोदय की निष्क्रियता से अपने को बाहर निकालते हैं। वे असमानता को मिटाने के लिए वर्ग संघर्ष तक को अपनाने की सलाह देते हैं। हाँ यह बात ज़रूर है कि वे इसके अहिंसक रूप को ही स्वीकार करते हैं। हालाँकि एक जगह वे यह भी कहते हैं कि अगर हिंसक

तरीक़े से क्रान्ति हो सके तो उन्हें इस पर कोई आपत्ति नहीं है पर उसके माध्यम से जो सरकार बनेगी वह दमनकारी होगी और चन्द लोगों की मुट्ठी में क़ैद होगी। यानी जो जयप्रकाश 1942 में भारत छोड़ो के समय में हिंसा में विश्वास करते थे वे 1974 में समाजवाद लाने के लिए हिंसक उपायों को त्याज्य मानते हैं क्योंकि इस बीच पूरी दुनिया में तमाम साम्यवादी देशों में घातक परिणाम सामने आ चुके थे।

जयप्रकाश नारायण समाजवाद को महज़ आर्थिक ढाँचे में किया जाने वाला परिवर्तन नहीं मानते। बल्कि वे उसे एक नयी संस्कृति के जन्म के रूप में देखते हैं, जहाँ पर मूल्य बदल जायेंगे। जेपी समाजवाद को भारतीय मूल्यों से समृद्ध करते हैं। वे सांख्ययोग में वर्णित तामसिक, राजसिक और सात्विक जैसे त्रिगुणों के आधार पर समाजवाद की व्याख्या प्रस्तुत करते हैं। जेपी कहते हैं, "जो समाजवाद हिंसा से, बलपूर्वक स्थापित किया गया हो, वह तामसिक समाजवाद यानी 'साम्यवाद' है। जो समाजवाद क़ानून से राज्य की शक्ति द्वारा स्थापित किया गया हो वह राजसिक समाजवाद यानी 'लोकतान्त्रिक समाजवाद' है। जो समाजवाद स्वेच्छापूर्वक जनता के विचारों तथा व्यवहारों में परिवर्तन लाकर स्थापित होता है, वह सात्विक समाजवाद यानी सर्वोदय है।"

हिंसक क्रान्ति के बारे में जयप्रकाश नारायण लिखते हैं, "मैं अपनी बात कहूँ तो हिंसक क्रान्ति के लिए मुझे कोई नैतिक आपत्ति नहीं। मुझे यदि कोई आपत्ति है तो वह व्यावहारिक है। पहली बात तो यह है कि हिंसक क्रान्ति के परिणाम जल्दी आते हैं, यह एक बड़ा भारी भ्रम है। कोई यह कहे कि रक्तक्रान्ति अहिंसक क्रान्ति से ज़्यादा जल्द होती है, तो दुनिया की रक्तक्रान्तियों का इतिहास देखने से ऐसा लगता नहीं। बल्कि अनुभव तो यही है कि रक्तक्रान्ति से जो नया समाज बनता है वह उस समाज से बहुत भिन्न होता है, जिसकी कल्पना क्रान्तिकारियों ने पहले की होती है।...इतिहास में क्या एक भी ऐसी क्रान्ति हुई है जो अपने अभीष्ट आदर्श को प्राप्त करने में सफल हुई हो?" वे अहिंसक क्रान्ति को इसलिए अपनाये जाने लायक मानते हैं क्योंकि उसमें, पुराने समाज को बदलने और नये समाज को गढ़ने का काम साथ-साथ होता रहता है। अहिंसक प्रक्रिया में यह गुण है कि परिवर्तन और नवनिर्माण दोनों साथ-साथ चल सकते हैं।" (जयप्रकाश नारायण, मेरी विचार-यात्रा; भाग एक, पृ. 99-100, सर्वसेवा संघ वाराणसी)

राज्यविहीनता और निर्दलीयता का विचार

जेपी ने 1977 में सारे विपक्षी दलों को एकजुट करवाया और उनके नेतृत्व में इन्दिरा गांधी की निरंकुश सरकार को चुनाव में हराकर जनता पार्टी की सरकार क़ायम हुई।

वह सरकार जेपी की उम्मीदों पर खरी नहीं उतरी और अपना कार्यकाल पूरा करने से पहले ही बिखर गयी। वास्तव में सत्ता परिवर्तन जेपी के विचार का हिस्सा नहीं था। जेपी व्यवस्था परिवर्तन करना चाहते थे और इसीलिए उन्होंने संघर्ष वाहिनी का गठन किया था। लेकिन हमें यह भी जान लेना चाहिए कि जेपी के व्यवस्था परिवर्तन के सिद्धान्त में राज्य का क्या स्थान रहा है।

जेपी लिखते हैं :

"कदाचित सत्ताहीन समाज के आदर्श से युक्त मार्क्सवाद के मेरे अध्ययन ने इन प्रश्नों को अधिक तीव्र और कष्टकारक बना दिया। यद्यपि मार्क्सवाद के बुनियादी सिद्धान्तों को मैंने छोड़ ही दिया था, क्योंकि उनसे मुझे अपने लक्ष्य तक पहुँचने की आशा नहीं थी। मैं यह जरूर दृढ़ता के साथ मानता रहा कि मानव स्वतन्त्रता की पूरी और सम्पूर्ण अभिव्यक्ति केवल सत्ताहीन समाज में ही हो सकती है। मुझे न यक़ीन था और न है कि राज्यव्यवस्था कभी भी पूर्ण रूप से ख़त्म हो सकती है। किन्तु मुझे यक़ीन है, लोगों को यह विश्वास करा देना कि 'राज्य की सत्ता, व्यवहार और क्षेत्र को जहाँ तक सम्भव हो सकता था संकुचित और सीमित कर दिया गया है', एक अति उच्च लक्ष्य है जिसकी सिद्धि के लिए समाज को प्रयत्न करना चाहिए। इस समय गांधीजी के इस सूत्र-वाक्य में मेरा पक्का विश्वास हो गया था कि और आज भी है कि 'वही सरकार सर्वोत्तम होती है जो न्यूनतम शासन करती है।' मनुष्य जब बिना किसी बाह्य दबाव या अंकुश के अपने साथियों में बन्धुत्व, न्याय और सहयोग के साथ रहने योग्य हो जायेगा, मैं समझूँगा कि उसका विकास हो गया है।" (समाजवाद से सर्वोदय की ओर, पृ. 44, 45)

हालाँकि जेपी ने तानाशाही चरित्र अपना चुकी इन्दिरा गांधी को सत्ता से हटाने के लिए दलीय राजनीति का सहारा लिया और जनता पार्टी के माध्यम से उन्हें सत्ता से च्युत किया लेकिन उनके विचार के केन्द्र में दलविहीन राजनीति और निर्दलीयता ही रही है। छात्र-युवा संघर्ष वाहिनी के लिए निर्दलीयता उन्होंने अनिवार्य शर्त रखी थी।

चौहत्तर के आन्दोलन में दलीय प्रणाली की मदद लेना जेपी की मजबूरी थी लेकिन वे सैद्धान्तिक रूप से दलीय प्रणाली के बहुत पक्ष में नहीं थे। उन पर पलायनवाद का आरोप लगाने वाले कहते हैं कि सोशलिस्ट पार्टी जब 1952 के चुनाव में बुरी तरह से पराजित हुई तब जेपी ने पलायनवाद का रास्ता अपनाया और दलों को कोसने लगे। लेकिन जेपी अगर सत्ता की राजनीति करना चाहते तो उनके लिए दरवाज़े हमेशा खुले थे। प्रधानमन्त्री नेहरू उन्हें अपना उत्तराधिकारी बनाना

चाहते थे लेकिन वे तो गांधी के उत्तराधिकारी बनना चाहते थे। वे क्रान्ति करना चाहते थे और जब उन्हें लगा कि वह भारत में मार्क्सवादी रास्ते से नहीं हो सकती तो उन्होंने गांधी के तरीक़े से चलने का सोचा। लेकिन दलीय राजनीति के पतन की स्थिति वे 1957 में ही देख रहे थे। जिसमें राष्ट्रनिर्माण से ज़्यादा अपने और अपनी पार्टी के लिए किसी भी तरह से सत्ता हासिल करने का लक्ष्य रहता है। सोचिए जब पचास के दशक में वह दलीय राजनीति जेपी को इतनी पतित लग रही थी तो सत्तर के दशक में कितनी पतनशील लगी होगी। अगर वे आज अधिनायकवाद के इस दौर में होते तो एक भी पल गँवाए बिना देश में निकल पड़ते और क्रान्ति का बिगुल फूँक देते।

जेपी कहते हैं, "दलीय पद्धति को जितना मैंने देखा वह लोगों को डरपोक और नपुंसक बना रही थी।...मैंने ऐसा अनुभव किया कि दलीय पद्धति लोगों को भेड़ों की स्थिति में ला देना चाहती है। जिनका एकाधिकार केवल नियत समय पर गड़ेरियों को चुन लेना है, जो उनके कल्याण की चिन्ता करेंगे। मुझे इनमें स्वतन्त्रता का दर्शन नहीं हुआ। उस स्वतन्त्रता के राज्य का जिसके लिए मैं लड़ा था और इस देश के लोग जिसके लिए लड़े थे।"

ध्यान देने की बात है कि निर्दलीयता के विचार के समर्थक सिर्फ़ महात्मा गांधी, विनोबा और जेपी ही नहीं हैं, बल्कि मार्क्सवादी विचार परम्परा से आये और बाद में उसे ख़ारिज करने वाले मानवेन्द्र नाथ राय भी प्रतिनिधिसत्तात्मक लोकतन्त्र और राज्यसत्ता के केन्द्रीकरण को भी एक ख़तरनाक धारणा मानते हैं और मानते हैं कि सिर्फ़ हिटलर ही संसदीय प्रक्रिया से तानाशाही की ओर नहीं गया था बल्कि दुनिया में ऐसे तमाम उदाहरण हैं जहाँ अधिनायकवाद को लोकतान्त्रिक संस्थाओं ने अपनी सहमति प्रदान की थी। एम.एन. राय लिखते हैं, "यह एक निर्विवाद तथ्य है कि संसदीय व्यवस्था के अन्तर्गत लोकतन्त्र कार्यपालिका को नियन्त्रित नहीं कर सकता। दो चुनावों की अवधि में लोकतन्त्र पूरी तरह से दृश्य से बाहर रहता है। इस अवधि में संसद में बहुमत वाला दल अधिनायकवादी शक्तियाँ ग्रहण कर सकता है। लोकतान्त्रिक अनुमोदन से सम्भव शक्ति के इस दुरुपयोग के विरुद्ध कोई क़ानूनी सुरक्षा नहीं है। यह सुरक्षा केवल बहुमत दल के नैतिक बोध पर निर्भर करती है। इस प्रकार औपचारिक संसदवाद हर परिस्थिति में लोकतन्त्र को बचाने और नागरिक स्वतन्त्रताओं की सुरक्षा में सफल नहीं हो सकता।" (एम.एन. राय, नवमानववाद, पृ. 24, वाग्देवी प्रकाशन, नोएडा, 2022)।

हमें इस बात पर ध्यान देना होगा कि जयप्रकाश नारायण अपने विद्यार्थी जीवन से ही एम.एन. राय को पढ़ते रहे हैं। वे पहले उन्हें पढ़कर मार्क्सवादी हुए थे और

यह धारणा बना बैठे थे कि महात्मा गांधी सामाजिक क्रान्ति के विरुद्ध हैं। इसका ज़िक्र उन्होंने अपनी पुस्तिका समाजवाद से सर्वोदय की ओर में किया है। इसलिए यह मानने का कोई कारण नहीं है कि जेपी ने मानवेन्द्र नाथ राय को तब नहीं पढ़ा होगा जब उन्होंने अपने मार्क्सवादी विचारों में भारी परिवर्तन किया और एकात्म भौतिकवाद और नवमानववाद की ओर लौटे। वास्तव में मानवेन्द्र नाथ राय जिसे 'संगठित लोकतन्त्र' कहते हैं और जहाँ पर स्थानीय लोकतान्त्रिक संस्थाओं का बहुत महत्त्व है और व्यक्ति की स्वतन्त्रता की रक्षा और उसकी चेतना जगाने का काम उन्हीं को दिया गया है, लगभग उसी क़िस्म के लोकतन्त्र की कल्पना जेपी भी करते हैं।

जेपी सामुदायिक विकास की अवधारणा पर काम करते हुए राय की तरह से ही लोकसमितियों का पूरा समूह बनाने की बात करते हैं और 'राइट टू रिकॉल' यानी प्रतिनिधियों को वापस बुलाने का विचार लेकर आते हैं।

जेपी लोकसमितियों को लोकसत्ता की संज्ञा देते हुए उसके दो कार्य बताते है : (1) उम्मीदवारों के चयन के समय परामर्श मण्डल के रूप में काम करना, (2) अपने स्थानीय प्रतिनिधि के ऊपर और शासन की सम्पूर्ण कार्यपद्धति पर प्रहरी के रूप में दायित्व प्रेरक के रूप में काम करना।

वास्तव में निर्दलीयता के भीतर अहिंसा एक केन्द्रीय तत्त्व है। बिना अहिंसा के निर्दलीयता सम्भव नहीं है। विभिन्न समाजशास्त्रीय और मनोवैज्ञानिक अध्ययनों में यह बात साबित हुई है कि जब भी कोई वर्ग सत्ता में आता है तो वह पुराने सत्ता समूह के दुर्गुणों को अपना लेता है। इसीलिए सत्ता किसी संगठित समूह के हाथों में देने के बजाय ग़ैर दलीय राजनीति की विकेन्द्रित अवधारणा गांधी, विनोबा और जेपी ने विकसित की थी।

जयप्रकाश नारायण राज्य के क्षय की जो सोच प्रस्तुत करते हैं उसके पीछे मार्क्स की सोच तो है लेकिन असली सोच महात्मा गांधी की है जो कहते हैं कि राज्य एक ऐसी एजेंसी है जो संगठित हिंसा को स्थापित करती है। गांधीवादी और सर्वोदयी विचार यह मानता है कि राज्य या पार्टी अहिंसक साधन हो नहीं सकते। वे कहीं न कहीं हिंसा को स्थान देने और शोषण का उपकरण बन जाते हैं। सत्ता का एक और महत्त्वपूर्ण चरित्र यह है कि वह अपने अस्तित्व को केवल चुनावी राजनीति की गतिशीलता को बनाये रखने और उसके प्रबन्धन तक सीमित कर लेती है। इस प्रक्रिया में वह निर्माण और रचना की आवश्यकता को भूल जाती है।

दलगत शासन का यह विशेष स्वभाव होता है कि वह प्रतिपक्ष की आवाज़ को दबाता है। यहीं पर नान पार्टी पॉलिटिक्स या निर्दलीयता की भूमिका महत्त्वपूर्ण होती है। यह एक क़िस्म की सत्ताविहीनता के विचार को विकसित करती है। यानी निर्दलीयता से राज्य की अवधारणा से बाहर सोचने की दिशा मिलती है।

लेकिन हमें यहाँ यह ध्यान रखना होगा कि निर्दलीयता का अर्थ एनजीओ यानी स्वयं सेवी संस्थाएँ नहीं होतीं। क्योंकि निर्दलीयता राज्य और बाज़ार के दायरे के बाहर काम करती है जबकि एनजीओ उन्हीं के एजेंट बन जाते हैं।

आज चौहत्तर आन्दोलन, छात्र-युवा संघर्ष वाहिनी के गठन और जेपी की सम्पूर्ण क्रान्ति की अवधारणा को पचास साल होने वाले हैं। इस बीच वैश्वीकरण की नयी प्रक्रिया से न सिर्फ़ राज्य और बाज़ार अधिक से अधिक शक्तिशाली हुए हैं बल्कि अब स्वतन्त्रता, समता और बन्धुत्व जैसे तीन महान मूल्यों की चर्चा ही बन्द हो गयी है। व्यक्ति की स्वतन्त्रता आर्थिक संसाधनों से मापी जा रही है यानी उसके ऐन्द्रिक सुखों से लेकिन उसकी चेतना के विकास और राज्य, प्रौद्योगिकी और बाज़ार से स्वतन्त्र होकर निर्णय लेने की क्षमता निरन्तर घटती गयी है। राजनीतिक दल संगठित गिरोह बन गये हैं। लोकतन्त्र पर अधिनायकवाद हावी होता जा रहा है। ऐसे में जयप्रकाश नारायण के चिन्तन और संघर्ष का स्मरण लोकतन्त्र को बचाने और नागरिकों की स्वतन्त्रता और गरिमा को बहाल करने में सहायक हो सकता है।

आन्दोलन को जेपी का नैतिक सम्बल मिला

अनिल प्रकाश

आज से 50 साल पहले 1974 में बिहार की धरती से छात्रों का एक आन्दोलन शुरू हुआ था। यह थोड़े ही समय में व्यापक जन-आन्दोलन में परिवर्तित होकर देश भर में फैल गया। भ्रष्टाचार, महँगाई, बेरोज़गारी, कुशिक्षा के ख़िलाफ़ जो आन्दोलन चला था वह जनतान्त्रिक संस्थाओं को मज़बूत करने और लोकतान्त्रिक मूल्यों के संवर्द्धन का आन्दोलन बन गया। इसके साथ ही सामाजिक-आर्थिक समानता, जातिप्रथा का उन्मूलन, स्त्री-पुरुष समानता, सामाजिक रूढ़ियों और अन्धविश्वासों से मुक्ति जैसे लक्ष्य इस आन्दोलन में प्रखरता से मुखरित हो रहे थे।

छात्रों के आन्दोलन की पृष्ठभूमि फ़रवरी (1974) से ही बन रही थी। पटना में आयोजित छात्र नेता सम्मेलन में इसकी रूपरेखा निर्धारित करने की शुरुआत हो गयी थी। लेकिन छात्र नेताओं को भी यह अनुमान नहीं था कि छात्रों का आन्दोलन विश्वविद्यालयों, कॉलेजों और शहरों से निकलकर गाँव-गाँव में फैल जायेगा और इसका स्वरूप देशव्यापी हो जायेगा। आन्दोलन जन-जन की आवाज़ बनकर गूँज उठेगा और सामाजिक, आर्थिक व राजनीतिक व्यवस्था में मूलभूत परिर्वतन लाने की दिशा में बढ़ जायेगा।

18 मार्च 1974 को पटना में छात्रों का प्रदर्शन हुआ। बड़ी संख्या में छात्र जुटे थे। उस दिन पटना में ऐसे असामाजिक तत्त्व भी सक्रिय हो गये, जिन्होंने भीषण आगजनी और तोड़-फोड़ की। यहाँ तक कि उस समय के प्रमुख अख़बार, सर्चलाइट एवं प्रदीप के दफ़्तर और प्रेस को भी जला दिया। आचार्य राममूर्ति ने हमें बताया था कि यह एक सुनियोजित षड्यन्त्र था। उस समय की छात्र संघर्ष संचालन समिति के एक वरिष्ठ नेता का कहना है कि कांग्रेस के अन्दरूनी झगड़े के कारण विक्षुब्ध गुट के लोगों ने उत्पात करने के लिए अच्छी संख्या में अपने लोगों को पटना भेजा था।

इस घटना के साथ ही छात्रों पर सरकार का दमन चक्र तेज़ हो गया था और स्थिति छात्र नेताओं के हाथ से निकल गयी थी। घबराये छात्र नेता बचते छुपते जेपी के पास पहुँचे और उनसे अनुरोध किया कि वे इस आन्दोलन का नेतृत्व सँभालें। जेपी ने छात्रों के सामने तीन शर्तें रखीं।

1. आन्दोलन शान्ति मय रहेगा, आन्दोलन का स्वरूप निर्दलीय रहेगा।

2. छात्र संघर्ष संचालन समिति के छात्र नेता अपने-अपने दलीय छात्र संगठन से अलग हो जायें।

3. आन्दोलन के फ़ैसलों के सम्बन्ध में छात्र नेता राय देंगे लेकिन अन्तिम निर्णय जेपी का होगा।

जेपी जानते थे कि अगर छात्र नेता अलग-अलग दलों से निर्देशित होते रहेंगे तो आन्दोलन में खींचतान चलती रहेगी। वे यह भी जानते थे कि अलग-अलग धाराओं से आये छात्र नेताओं में मतैक्य स्थापित करने के लिए उन्हें निर्णायक भूमिका में आना पड़ेगा। छात्र नेताओं ने जेपी द्वारा रखी सभी शर्तें मान लीं और जेपी ने आन्दोलन का नेतृत्व करना स्वीकार कर लिया। जयप्रकाश नारायण ने जैसे ही आन्दोलन का नेतृत्व सँभाला आन्दोलन में एक नयी जान आ गयी।

दरअसल वर्ष 1972 से ही जेपी छात्रों के बीच घूम रहे थे। बांग्लादेश में ख़ुद बंगबन्धु मुजीबुर्रहमान द्वारा बांग्लादेश के मुक्ति के एक वर्ष बाद ही लोकतन्त्र को समाप्त कर देने की घटना उन्हें उद्वेलित कर रही थी। भारत में भी सत्ता पक्ष की ओर से सीमित तानाशाही लागू करने की बात शुरू हो चुकी थी। लोकतन्त्र पर आसन्न ख़तरों को देखते हुए उन्होंने 'यूथ फॉर डेमोक्रेसी' की अपील की थी। वह छात्रों से आगे आने की अपेक्षा कर रहे थे। वे यह भी मानते थे कि सामाजिक-आर्थिक विषमता वाले समाज में जनतन्त्र हमेशा ख़तरे में रहेगा। भूदान आन्दोलन की सीमाओं को भी जेपी पहचान गये थे। मुसहरी के अनुभवों के बाद वे शान्तिपूर्ण जन संघर्ष की ज़रूरत को बड़ी शिद्दत से महसूस करने लगे थे। 'फेस टू फेस' (आमने-सामने) नामक अपनी पुस्तिका में उन्होंने अपने विचारों को स्पष्ट किया था। बिहार में भूमि सुधार क़ानूनों को लागू करवाने और बड़े भूमिपतियों द्वारा अवैध रूप से रखी गयी ज़मीन को मुक्त कराकर उसे भूमिहीन किसानों के बीच वितरित कराने की उनकी तमाम कोशिशें बेकार हो चुकी थीं। इन परिस्थितियों में जब जेपी ने छात्र आन्दोलन का नेतृत्व सँभाला तो आन्दोलन को एक नैतिक सम्बल मिला। आन्दोलन में अनुशासन आया और छात्रों तथा आमजन की व्यापक भागीदारी का सिलसिला शुरू हुआ।

8 अप्रैल 1974 को क़दम कुआं (पटना) से मौन जुलूस निकाला गया। इसमें शामिल लोगों के मुँह पर पट्टी बँधी थी और दोनों हाथ पीछे बँधे थे। तख्तियाँ लगी थीं–क्षुब्ध हृदय है, बन्द ज़ुबान। इस मौन जुलूस में सिर्फ़ एक हज़ार लोगों को शामिल होने की इजाज़त दी गयी थी, लेकिन मौन जुलूस पटना की सड़कों पर जैसे ही गुज़रा सड़क के दोनों किनारों पर समर्थक स्त्री-पुरुष, बच्चे, बुजुर्ग सभी उमड़ पड़े। सभी लोग पूरी तरह अनुशासित रहकर मौन जुलूस देखते रहे। जेपी बीमारी की हालत में थे, फिर भी एक जीप में बैठकर मौन जुलूस का नेतृत्व कर रहे थे। प्रॉस्टेट की बीमारी के कारण पाइप लगी पेशाब की बोतल साथ लिए जेपी एक जीप में चल रहे थे। इस मौन जुलूस ने माहौल पूरी तरह बदल दिया। इसके बाद तो लाखों लोग आन्दोलन में शरीक हुए, हज़ारों छात्र जेपी की पुकार पर अपने कॉलेजों की पढ़ाई छोड़कर आ गये। आज की युवा पीढ़ी के लिए यह जानना ज़रूरी है कि वह कौन-सी परिस्थितियाँ थीं जिनसे उस आन्दोलन का जन्म हुआ? वह कौन-से सपने थे जिनके लिए लगभग 36 लोग शहीद हुए, हज़ारों ने लाठियाँ खायीं, जेल की यात्राएँ सहीं? क्या वे सपने पूरे हुए? क्या आन्दोलन मात्र सत्ता परिवर्तन के लिए था? पाँच जून 1974 को पटना (बिहार) के ऐतिहासिक गांधी मैदान में पाँच लाख से ज़्यादा स्त्री-पुरुष, छात्र-युवा, मज़दूर-किसान और बुद्धिजीवी जुटे थे। इस महती सभा में लोकनायक जयप्रकाश नारायण ने सम्पूर्ण क्रान्ति का आह्वान किया था। अपने विस्तृत भाषण में उन्होंने बताया था कि सामाजिक जीवन के सभी क्षेत्रों में असमानता, भेदभाव की समाप्ति तथा समतामूलक जनतान्त्रिक समाज की स्थापना इस आन्दोलन का उद्देश्य है।

सन् 1974 में सम्भवत: अक्तूबर का महीना था। जेपी ट्रेन से कटिहार से पटना लौट रहे थे। ट्रेन बेगूसराय रेलवे स्टेशन पर रुकी, हज़ारों छात्र स्टेशन पर खड़े नारे लगा रहे थे। जेपी ट्रेन से बाहर आये। इसी बीच एक पण्डित जी पहुँचे। वे बड़े प्रेम से जेपी को धोती और जनेऊ भेंट में देने लगे। जेपी ने जैसे ही जनेऊ देखा, बोल पड़े–'मैं तो शूद्र हूँ, जनेऊ कैसे पहनूँ' फिर छात्रों की ओर मुखातिब हुए और कहा–'जनेऊ जातिगत श्रेष्ठता का प्रतीक है। समाज में ऊँच-नीच का भेदभाव करने वाले इस बन्धन को तोड़ डालो।' और देखते ही देखते स्टेशन पर उपस्थित छात्रों ने अपने-अपने जनेऊ तोड़ डाले। जनेऊ का ढेर लग गया। फिर तो जेपी जहाँ भी जाते वहाँ की हर सभा में छात्र जनेऊ तोड़ते। जेपी कहते थे कि यह तथाकथित ऊँची जातियों के छात्रों के अहंकार विसर्जन का कार्यक्रम है। अगर समाज बदलना है तो उन्हें प्रायश्चित्त करना होगा, क्योंकि सवर्ण जातियों ने हज़ारों साल तक शूद्रों के

साथ भेदभाव किया है। आन्दोलन के अन्दर इस सवाल पर काफ़ी मतान्तर भी थे। कई लोगों ने जेपी से आग्रह भी किया कि इस कार्यक्रम को वापस ले लें। लेकिन जनेऊ तोड़ो अभियान जारी रहा। अफ़सोस की बात है कि जेपी का जब देहावसान हुआ तो दाह-संस्कार के पहले जेपी के मृत शरीर को जनेऊ पहना दिया गया। इस पर लोकनायक जयप्रकाश नारायण द्वारा गठित छात्र-युवा संघर्ष वाहिनी ने बड़े दुख के साथ एक पर्चा निकाला था। पर्चे में लिखा था–'जेपी के मृत शरीर पर जनेऊ डालकर उनके विचारों की हत्या की गयी है'।

इस आन्दोलन की एक परिघटना उल्लेखनीय है। सर्वोदय नेता एस. जगन्नाथन तमिलनाडु से आये थे। जेपी की सलाह पर उन्होंने बोधगया मठ की नाजायज़ क़ब्ज़े वाली 10 हज़ार एकड़ ज़मीन को मुक्त कराने के लिए भूमिहीन किसानों को संगठित किया और भूमि सत्याग्रह की शुरुआत की। उसमें डॉक्टर विनयन और जगदीश भी शामिल थे। आपातकाल के बाद छात्र-युवा संघर्ष वाहिनी और मज़दूर किसान समिति ने जेपी के निर्देशन में शान्तिपूर्ण भूमि मुक्ति आन्दोलन चलाकर मठ की नाजायज़ क़ब्ज़े वाली भूमि मुक्त करायी। अफ़सोस की बात है कि बिहार आन्दोलन से निकले लोगों के नेतृत्व में बनी परवर्ती सरकारों ने भूमि के वितरण के प्रश्न को निरन्तर टाला है। नीतीश कुमार की सरकार द्वारा गठित बंद्योपाध्याय समिति की रिपोर्ट के अनुसार आज भी बिहार में लगभग 21 लाख एकड़ भूमि बड़े भूपतियों के अवैध क़ब्ज़े में है। इतनी ही सरकारी ग़ैरमजरूआ मालिक ज़मीन भी भूपतियों ने अपने अवैध क़ब्ज़ा कर रखा है। ऐसी भूमि उपेक्षित भी है, और उसकी अन्न उत्पादकता भी बहुत कम है। अगर यह भूमि भूमिहीन किसानों के हाथों में आ जाये तो अन्न उत्पादन काफ़ी बढ़ जायेगा और सामन्ती सम्बन्धों के टूटने से बिहार के विकास की गति तेज़ हो जायेगी। इससे निठल्लेपन, काहिली और दूसरे के श्रम पर मज़े उड़ाने की प्रवृत्ति भी समाप्त होगी। उद्यमशीलता तथा सक्रियता का उत्सर्जन भी होगा।

आन्दोलन में महिलाओं की व्यापक भागीदारी हुई। इसके साथ स्त्री-पुरुष के बीच के सम्बन्धों को समतामूलक बनाने की बहसें भी तेज़ हुईं तथा अन्तरजातीय विवाहों का सिलसिला भी काफ़ी आगे बढ़ा। सदियों से उत्पीड़ित दलित एवं पिछड़ी जातियों की ऊर्जा का उत्सर्जन हुआ। सामाजिक एवं राजनीतिक जीवन में इसका स्पष्ट दर्शन हो रहा है। अगर आपातकाल नहीं लगता, गाँव-गाँव में बनने वाली जनता सरकारों की श्रृंखला खड़ी हो जाती और सामाजिक सांस्कृतिक आन्दोलन की धारा आगे बढ़ पाती तो सम्पूर्ण क्रान्ति का सपना ज़रूर पूरा होता। इतना ज़रूर

हुआ कि आन्दोलन ने जो देशव्यापी चेतना पैदा की थी उसके कारण आपातकाल के रूप में लादी गयी 19 महीने की तानाशाही को सन् 1977 के आम चुनाव में देश की जनता ने उखाड़ फेंका। आज राजनीतिक संस्कृति फिर से व्यक्ति केन्द्रित हो गयी है। भ्रष्टाचार व्याप्त है और जाति की जकड़न भी मौजूद है। एक बात ज़रूर है कि जनता की जागरूकता काफ़ी बढ़ी है। आज से फिर एक नयी शुरुआत की ज़रूरत है ताकि समतामूलक जनतान्त्रिक समाज बनाने का सपना पूरा हो सके। आज की नयी पीढ़ी इस दिशा में पहल कर सकती है।

जेपी ने दिखाया सम्पूर्ण क्रान्ति का नया रास्ता

शुभ मूर्ति

जयप्रकाश नारायण अमेरिका से डिग्री लेकर वापस आये और डॉक्टर लोहिया जर्मनी से। दोनों वापस आकर गांधी के काम में लग गये। दोनों का गांधी से मतभेद था लेकिन गांधी से ही उनका दिल लगा था। उन्होंने गांधी का साथ कभी छोड़ा नहीं। कांग्रेस समाजवादी पार्टी को जन्म देने में दोनों अग्रणी थे। देश में कांग्रेस का एकछत्र राज्य रहने से लोकतन्त्र कमज़ोर हो गया और नेता आरामतलब और ख़ुदगर्ज़ हो गये।

1967 में डॉक्टर लोहिया ने एक ही पार्टी के देशव्यापी वर्चस्व को तोड़कर लोकतन्त्र में जान डालने की कोशिश की। सभी विपक्षी दलों ने अपने घरौंदों को तोड़कर प्रान्तों के चुनाव लड़े। साम्यवादी और फ़ासीवादी सब साथ आये। एक-दलीय वर्चस्व टूटा। लेकिन डॉ. लोहिया की मृत्यु हो गयी। नेतृत्व के बिना कहानी वहीं रुक गयी।

संसदीय लोकतन्त्र को नयी ऊर्जा से भर देने के प्रयास को महज़ ग़ैर-कांग्रेसवाद के नारे में समेट दिया गया। लोहिया अन्त तक तोड़ते जोड़ते भी समाजवादी पार्टी में बने रहे और समाजवादी रहे।

जयप्रकाश जी ने समाजवादी पार्टी छोड़ दी थी और समाजवादी विचारधारा से अलग होकर सर्वोदय दर्शन को स्वीकार किया। विनोबा के साथ, दलीय लोकतन्त्र से आगे जाकर राज्यशक्ति पर लोकशक्ति के नियन्त्रण की स्थापना के आन्दोलन में लग गये। समय आने पर लोकशक्ति के बल पर तानाशाही राज्य को पराजित किया और सम्पूर्ण क्रान्ति की अवधारणा के जनक बन गये। लोकशक्ति के इस सफल प्रयोग में 1967 की तरह वामपन्थी शक्तियाँ साथ आयीं तो साम्प्रदायिक हिन्दुत्ववादी भी साथ थे।

यह जो लोकतन्त्र के प्रयोग हुए 1967 और 1977 के उनमें कुछ बुनियादी अन्तर थे। इस बुनियादी अन्तर को ऐसे समझा जाय कि 1967 में डॉक्टर लोहिया का प्रयोग संसद के अन्दर के दलों की ताक़त से सम्बन्धित था, जब कि जेपी का 1977 का प्रयोग संसद से बाहर लोगों की ताक़त से सम्बन्धित था।

डॉ. लोहिया इस बात को ज़रूर समझते होंगे कि जहाँ संसद के अन्दर दलों का होना संसदीय लोकतन्त्र को दलीय लोकतन्त्र में बदल देता है वहीं सांसदों को जनता के प्रतिनिधि की जगह दलों का प्रतिनिधि बना देता है।

संसदीय लोकतन्त्र के जनक देश, इंग्लैंड के कुछ विद्वान यह मानते हैं कि पार्टियाँ लोकतन्त्र के ख़िलाफ़ एक षड्यन्त्र हैं, जो संसद के जनतान्त्रिक चरित्र को बदल कर उसे विभिन्न दलों के सत्ता संघर्ष का अखाड़ा बना देते हैं। डॉक्टर लोहिया इन विचारों से भी परिचित रहे होंगे। लेकिन संसदीय लोकतन्त्र के व्यामोह को वे छोड़ नहीं सके। यदि उनकी मृत्यु नहीं हुई होती तो वे निश्चित रूप से नया कुछ सोचते। जेपी इस बात को समझ चुके थे कि संसदीय लोकतन्त्र का रास्ता एक अन्धी गली है जिसमें एक दूरी तक जाकर लोकतन्त्र ठिठक जाता है और वहाँ वह बड़ी आसानी से तानाशाही के रूप में बदल जाता है। इस रास्ते को छोड़ वे ग्राम स्वराज्य के रास्ते पर चल पड़े और माना कि राजनीति का जवाब लोकनीति में है। जेपी की संवेदनशीलता उनकी सोच को विकसित करती रही है और नयी सोच के अनुसार वे रास्ता बदलते रहे हैं। अपने कड़वे अनुभवों के आधार पर, विशेष रूप से अपने मुसहरी के प्रयोग से, उन्हें लगा कि लोकनीति तभी आगे बढ़ सकती है जब वह राजनीति का मुक़ाबला करे। अपने वर्चस्व के लिए हमेशा बेताब रहने वाली राजनीति के बग़ल से बचकर रास्ता निकाल लेना सम्भव नहीं है। जेपी का यही निष्कर्ष, आन्दोलनों के प्रति एक अलग एप्रोच को जन्म देता है। जो कि लोकनीति के प्रणेता विनोबा के एप्रोच से भिन्न है। यही एप्रोच उन दोनों के बीच मतभेद का कारण था। हम जैसे लोग 1974 से 1977 तक के जन संघर्ष को इसी दृष्टि से देखते हैं।

संघर्ष शुरू हुआ जनता की समस्याओं को लेकर नेतृत्व युवकों का था। प्राय: सभी दल और संगठन अपने-अपने युवा संगठनों के माध्यम से संघर्ष में शामिल थे। प्रारम्भिक दमन के बाद संघर्ष के युवा नेताओं ने जेपी से नेतृत्व की माँग की। जेपी को युवा शक्ति पर उनकी समझदारी पर भरोसा था। कोई एक वर्ष पहले ही उन्होंने चुपचाप आती हुई तानाशाही की पद चाप सुन ली थी। लोकतन्त्र के लिए युवा खड़े हों यह उन्हीं की पुकार थी। अब दमन झेलते युवा जब द्वार पर खड़े हों और नेतृत्व

की माँग कर रहे हों तो शरीर की बीमारी, इंकार कर देने का कारण कैसे बन सकती थी? यह युवा जिन संगठनों से या दलों से जुड़े हैं उन्हें जेपी अच्छी तरह जानते थे। वे नाकारा सिद्ध हो चुकी थीं। वे यह भी जानते थे कि इनमें जनसंघ और राष्ट्रीय स्वयंसेवक संघ भी शामिल है जो विचार से भिन्न ही नहीं विरोधी विचारधारा का है। नेतृत्व स्वीकार करना है तो इन सारी ताक़तों को काबू में रखना है। इन प्रश्नों से घिरे जय प्रकाश सतर्क और सचेत थे। इसके लिए उन्होंने तीन कड़ी शर्ते रखीं।

(1) संघर्ष हर हालत में शान्तिमय रहेगा।

(2) संघर्ष निर्दलीय रहेगा।

(3) सुनूँगा सभी की लेकिन अन्तिम निर्णय मेरा ही होगा।

युवा नेताओं द्वारा इन शर्तों को बिना हिचक स्वीकार कर लिये जाने के बाद जेपी ने युवकों के इस संघर्ष का नेतृत्व स्वीकार कर लिया। इन शर्तों को कार्य रूप देने के लिए जो ढाँचा बनाया गया वह जितना सरल था उतना ही स्पष्ट था। संघर्ष में शामिल विभिन्न संगठनों के युवा नेता छात्र-युवा संघर्ष समिति में शामिल किए जाएंगे। यह समिति संघर्ष की नीतियों और कार्यक्रमों पर चर्चा करेगी। जेपी इन सारी चर्चा को सुनने के बाद नीति और कार्यक्रमों पर निर्णय लेंगें। इसे ही छात्र-युवा संघर्ष समिति मान्य करेगी और प्रदेश भर में अपनी ज़िला इकाईयों के माध्यम से काम करेगी। कोई भी संगठन या व्यक्ति अलग से अपना कार्यक्रम, एजेण्डा या झण्डा रखने की कोशिश नहीं करेगा। छात्रों और युवकों की ऊर्जा के बल पर आन्दोलन तेज़ी से आगे बढ़ने लगा। जैसे-जैसे आन्दोलन फैलता गया हज़ारों की संख्या में बिना किसी संगठन से जुड़े निर्दलीय छात्र और युवा आन्दोलन में शामिल होने लगे। प्रान्त के जिलों-जिलों में फैले यही निर्दलीय छात्र जेपी के निर्देशों के अनुसार आन्दोलन चले इस बात के निगहबान बन गए।

और शुरू हुई स्त्रियों की भागीदारी

कनक

महात्मा गांधी ने देश की राजनीतिक स्वाधीनता को अपर्याप्त माना था, यदि वह जनसाधारण के युग के आगमन की घोषणा न करे। उनके अनुसार पूर्ण स्वाधीनता तब होती है, जब आम जनता महसूस करे कि वह अपने ही प्रयत्न से अपनी स्थिति सुधार सकती है और मनचाहे ढंग से अपने भाग्य का निर्माण कर सकती है।

आज़ादी के बाद भारतीय संविधान ने भी जनता के नाम पर भारत को एक सम्पूर्ण प्रभुत्व-सम्पन्न लोकतान्त्रिक गणराज्य बनाने का संकल्प लिया, जहाँ भारत के सभी नागरिकों के लिए सामाजिक, आर्थिक और राजनीतिक न्याय; अभिव्यक्ति, विश्वास, निष्ठा और धार्मिक आचरण की स्वतन्त्रता, सामाजिक स्तर और अवसर की समानता सुलभ होगी।

यह विडम्बना ही है कि भारतीय स्वाधीनता संग्राम के सेनापति की ऐसी स्पष्ट दृष्टि तथा संविधान के माध्यम से लिये गये संकल्प के बावजूद आज़ादी के इतने वर्षों बाद भी आम आदमी ठगा महसूस करता है। आम चुनावों में वोट देने के अलावा लोकतन्त्र तथा राष्ट्र निर्माण में उसकी कोई भूमिका लगभग नहीं रह गयी है। देश के लाखों गांवों में रह रही सौ करोड़ से अधिक की आबादी को 'स्वराज्य' के स्फुरण का पूरा एहसास नहीं हो सका। लोकनायक जयप्रकाश नारायण ने भी इसे इंगित करते हुए लिखा है–'हमारा आज का लोकतन्त्र उल्टे पिरामिड की तरह है, जो सिर के बल खड़ा है। सिर्फ़ वोट देने के हक से इसे व्यापक आधार नहीं मिलता।' जेपी ने आगे यह भी कहा–'लोकतन्त्र का महत्त्व कोई अमूत नहीं, बल्कि लोक-कल्याण के रूप में उसके प्रकट परिणाम हैं और लोकतन्त्र की प्रक्रियाओं और संस्थाओं के प्रति जनता का रुख इस बात पर निर्भर होता है कि लोकतन्त्र के कार्यान्वयन में उसका अपना क्या हिस्सा है और उसके बनने-बिगड़ने पर, उसके भविष्य पर क्या प्रभाव

पड़ेगा...जन-स्वीकृति से शासन के बाद अगला क़दम सरकार चलाने में जनता का प्रत्यक्ष योगदान या योगदानमूलक लोकतन्त्र है,' जनता के योगदान को महत्त्वपूर्ण पक्ष मान कर संविधान के अनुच्छेद 40 के अनुसार (भाग-4; राज्य नीति निदेशक तत्त्व)–'राज्य ग्राम पंचायतों का संगठन करने के लिए कदम उठायेगा और उनको ऐसी शक्तियाँ और प्राधिकार प्रदान करेगा, जो उन्हें स्वायत्त शासन की इकाइयों के रूप में कार्य करने योग्य बनाने के लिए आवश्यक हों।'

पंचायती राज की अवधारणा सहयोग/ योगदानमूलक (पार्टिसिपेटिंग डिमॉक्रेसी) लोकतन्त्र के चिन्तन से बनी है। भारतीय समाज के लिए यह नया शब्द नहीं है। महात्मा गांधी ने लिखा है, 'पंचायत के साथ प्राचीनता की मिठास जुड़ी है। यह उस पद्धति का सूचक है, जिसके द्वारा भारत के बेशुमार ग्राम-लोकराज्यों का शासन चलता था।' यह माना जाता है कि अंग्रेज़ी शासन के पूर्व ग्राम इकाइयाँ कई मामलों में स्वावलम्बी तथा स्वतन्त्र थीं। धीरे-धीरे यह व्यवस्था क्षीण होती गयी। हालाँकि सविधान में पंचायतों के महत्त्व को स्वीकार करने के बाद भारत के राज्यों ने अपने-अपने पंचायत अधिनियम बनाये और जनता को शासन में शामिल करने की कोशिश की।

संविधान के अनुसार सभी नागरिकों को न्याय, विचार अभिव्यक्ति, स्तर और अवसर की समानता प्राप्त हुई। भारतीय नागरिक में स्त्री समान रूप से शामिल है। किन्तु समाज सिर्फ़ संविधान से नहीं चलता। सदियों से चलते आ रहे संस्कारों, रीति-रिवाजों के अनुसार स्त्री, ख़ास कर पारिवारिक व्यवस्था में, दोयम मानव इकाई है। उसका परावलम्बन न सिर्फ़ आर्थिक, बल्कि जीवन के सभी क्षेत्रों-सामाजिक, सांस्कृतिक यहाँ तक कि पूजा एवं आध्यात्मिक-तक विस्तारित है। उसके स्वतन्त्र अस्तित्व एवं व्यक्तित्व को मान्यता नहीं दी गयी है। इसी कारण उसे निर्णय करने के अधिकार से वंचित किया गया है। गांव-टोले की बैठक हो या लोकसभा-विधानसभा, स्त्री लगभग अनुपस्थित है। समाज का अर्थ सिर्फ़ पुरुष है और समाज का मत यानी पुरुषों का मत।

बावजूद इसके कि स्वतन्त्रता आन्दोलन में स्त्रियों की भागीदारी अनूठी घटना थी। मगर निर्णय-निर्धारण तथा नेतृत्व टोलियों में वे गौण ही रहीं। हमारे देश में नये युग की शुरुआत के साथ स्त्रियों को संविधान के जरिये बराबर की नागरिकता का अधिकार मिला, किन्तु संस्कारों की जकड़न ने स्त्रियों को आज भी परमुखापेक्षी ही बनाये रखा है। भारतीय संविधान और भारतीय समाज (जिसमें स्त्री गौण है) के बीच जो अन्तर्विरोध है, उसी का परिणाम है कि कानूनी रोक के बाद भी बाल-विवाह

हमारे गाँवों का आम चरित्र है। समाज में दहेज की प्रतिष्ठा है। स्त्रियों के साथ छेड़छाड़ अपराध नहीं है। स्त्री भले ही अत्याचार की शिकार हो, पर वही दोषी है। क़ानून यहाँ चारों खाने चित्त है। इसलिए कि भारतीय मन आज भी 'माया (स्त्री) महाठगिनी है'...'पाप की खान है'...'अपराध की प्रेरणा है' जैसी धारणाओं से संचालित होता है। यौन हिंसा के अन्य रूपों को तो गिना ही नहीं जाता। बलात्कार ज़रूर बुरा और अपराध है, पर यहाँ भी पूरी तरह तय नहीं है कि अपराधी कौन है! लगभग हर बार सवाल उठता है–'क्या सचमुच स्त्री का कोई दोष नहीं है?' तो ऐसे समाज में जहाँ स्त्री से जुड़े सारे सवालों को 'मनुस्मृति' के विधान से हल करने का हठ मौजूद हो, स्त्री की समानता एक लम्बी और धैर्यपूर्वक चलायी जाने वाली वैचारिक प्रक्रिया है।

राजकाज में आम जन के सहयोग एवं योगदान को शामिल किया जाये, यह संविधान निर्देशित करता है। पर उस आम जनता में स्त्री (आधी आबादी) भी शामिल है, अत: उसे भी शामिल किया जाये, यह अलग से निर्देशन एवं प्रयास की माँग करता है। यहाँ सदियों से प्रयासपूर्वक स्त्री को समाज से काट कर रखा गया है। अत: उसे समाज का अंग बनाने के लिए विशेष प्रयास करने की जरूरत है। और इसके लिए सबसे पहली शर्त है इस बात को स्वीकार करना कि स्त्री, यानी आधी आबादी की भागीदारी के बग़ैर लोकतन्त्र या समाज निर्माण की प्रक्रिया अधूरी ही रहेगी।

पंचायतों के पक्ष में कही जाती रही अनेक सकारात्मक बातों के अलावा उसके इतिहास का कुछ पहलू ऐसा भी रहा है, जो बहुत उम्मीद नहीं जगाता। पिछले दशकों में परम्परागत पंचायतों ने, यदा-कदा ही सही, कितना न्याय किया है, इसका आकलन भी ज़रूरी है। वह भले ही यह तात्कालिक ज़रूरत से निर्णय लेने बैठी ग्रामजनों की पंचायत हो, पर इस आकलन से ग्रामीण भारतीय समाज की भावनाओं तथा 'न्याय' के प्रति उसकी समझ को तो समझा ही जा सकता है।

हेंदेगढ़ा (झारखण्ड) की मालती के साथ किया गया फैसला पंचों का ही फैसला था, जिसके तहत विजातीय से विवाह के 'अपराध' की सजा के नाम पर उसके पति की हत्या कर दी गयी। उसे निर्वस्त्र कर जलती लुकाठी से दागा गया। राजस्थान की भंवरी देवी के ख़िलाफ़ फ़ैसला गाँव की पंचायत ने ही लिया था। पंचायत ने माना था कि यह औरत 'नीच' जाति की होकर गाँव के 'बड़ों' के मामले में दखलन्दाजी करती है। वह मामला था बाल-विवाह का, भंवरी ने जिसे रोकने की कोशिश की थी। भंवरी के साथ बलात्कार हुआ, किन्तु पंचायत ने उसे ही कुलटा करार दिया था। यहाँ तक कि उसे गाँव से बहिष्कृत कर दिया। ये तो मात्र

दो उदाहरण हैं। ऐसे अनगिनत फ़ैसले गाँवों की पंचायतों (अनौपचारिक) में हुए हैं, जहाँ मनुवादी मान्यताओं/नियमों के तहत न्याय करने की 'ईमानदार कोशिश' के बावजूद स्त्री और दलित अन्याय के शिकार हुए। जहाँ गाँव की परम्पराओं और रीति-रिवाजों का गुणगान करते हुए स्त्री के स्वयं निर्णय लेने को ही अपराध माना गया तथा जातिगत एवं लैंगिक विषमता आधारित मान्यताओं की पुष्टि की गयी।

ग्राम स्वयं शासित हो, ग्राम स्वराज्य ऐसी कल्पना को आगे बढ़ाता है, आम आदमी की समझदारी में विश्वास करता है। किन्तु आज की स्थिति में ऊँच-नीच में बंटे समाज में, जहाँ जन्म के आधार पर श्रेष्ठता स्थापित है, ग्राम पंचायतों का वर्चस्व भय भी पैदा करता है। जयप्रकाश नारायण ने अपनी पुस्तिका लोक-स्वराज्य में लिखा है–'इतने रूढ़िवादी और सुविधासम्पन्न वर्ग द्वारा प्रभावित ग्राम लोकतन्त्र रूढ़िवादी और कट्टर हुए बिना नहीं रह सकता...इसका सही इलाज सामाजिक शिक्षा है और इसके बिना कोई क्रान्तिकारी परिवर्तन सम्यक नहीं हो सकता... दूसरा इलाज यह है कि स्वयं पंचायती राज के ढाँचे में ऐसे सुरक्षात्मक उपायों की व्यवस्था कर दी जाये। जो नेतृत्व करने वालों के लिए समाज के पिछडे हुए और निर्बल लोगों को ऊपर उठाना अनिवार्य बना दे...'

'सुराज' और 'स्वराज्य' के अर्थ में निश्चय ही अन्तर है। 'सुराज' सुन्दर व व्यवस्थित हो सकता है, पर 'अपना' राज, यानी 'स्वराज्य' उससे भिन्न और हर हाल में बेहतर है। और सच्चा लोकतन्त्र तो 'स्वराज्य' में ही सम्भव है और लोकतन्त्र की सफलता के लिए जनसाधारण के युग के लिए जनसाधारण को सत्ता से लैस करना आवश्यक है। सावधानी यह भी रखनी है कि जनसाधारण का अर्थ परम्परा से भिन्न हो। उसमें स्त्री, दलित एवं अन्य वंचित समूहों की सही मायनों में भागीदारी हो। संविधान का 73वां संशोधन अधिनियम 1992, विभिन्न राज्यों के पंचायती राज अधिनियमों के तहत हुए अनुभवों एवं समय-समय पर गठित समितियों की अनुशंसाओं के अनुरूप पारित हुआ, जिसमें यह प्रावधान किया गया कि ग्राम पंचायतों में एक तिहाई स्थान महिलाओं के लिए हर स्तर पर आरक्षित होंगे। अभी के समय में स्त्रियों की भागीदारी के लिए यह एक आवश्यक कदम है। तभी भविष्य में ग्राम पंचायतें एवं ज़िला परिषद लोकतन्त्र का आधार बनेंगे और वास्तविक निर्णायक सभाओं में स्त्रियों की उपस्थिति एक तिहाई होगी। यह निस्सन्देह भारतीय स्त्रियों की स्थिति के सन्दर्भ में प्रभावशाली भूमिका अदा करेगा।

यह तथ्य है कि उड़ीसा में 1992 में ही पंचायतों में महिलाओं के लिए एक तिहाई सीटें आरक्षित की गयीं, तथा उस आधार पर बड़ी संख्या में स्त्रियाँ शामिल

भी हुईं। कर्नाटक में पंचायती राज एक्ट 1973 में ही महिलाओं को 25 प्रतिशत आरक्षण दिया गया। 1991 के चुनावों में केरल में महिलाओं के लिए 30 प्रतिशत पद आरक्षित थे। उल्लेखनीय है कि वहाँ 35 प्रतिशत महिलाएँ जीत कर आयीं। आन्ध्रप्रदेश तथा महाराष्ट्र में ऑल वूमेन (महिला पंचायत) पंचायतें भी गठित की गयीं। किन्तु कहा जा सकता है कि इससे कोई बड़ी आंधी नहीं उठी। अभी बिहार के पंचायत चुनावों में महिलाओं को 50 प्रतिशत आरक्षण दिया गया। यहाँ यह याद करना ज़रूरी है कि ग्राम पंचायतों पर गाँव के प्रभावशाली सवर्ण पुरुष ही काबिज न हो जायें, इसके लिए अन्य सुरक्षात्मक उपायों के अलावा अनिवार्य उपाय सामाजिक शिक्षा है। आरक्षण की व्यवस्था कुछ हद तक औपचारिक रूप से स्त्रियों को शामिल तो होने देती है, पर स्त्रियों की उपस्थिति प्रभावपूर्ण भी बने, इसमें सामाजिक बनावट बाधक है। सिर्फ़ अधिकार मिलने से नहीं होता, उनके योग्य क्षमता भी विकसित करनी पड़ती है। बेशक सरकारी स्तर पर संविधान अधिनियिम 1992 ने भागीदारी के लिए कुछ क़दम उठाये हैं, पर सामाजिक शिक्षा तथा भागीदारी हेतु उचित शिक्षण का मूल दायित्व पूरा होना अभी बाकी है। और यह दायित्व समाज के प्रगतिशील तत्त्वों एवं संगठनों को ही उठाना होगा। जेपी ने लिखा है–'...पहली बात ग़ौर करने की यह है कि पंचायती राज की जो बात चली, उसका मूल कारण यह नहीं था कि अपने लोकतन्त्र का राजनीतिक आधार व्यापक बनाया जाये, जिसे मैंने 'सहयोगशील लोकतन्त्र' कहा है, उसकी नींव रखी जाये, बल्कि यह था कि विकास कार्यक्रमों को चलाने में कैसे जनता का पूरा सहयोग हासिल किया जाये। लक्ष्य के संकुचित होने के कारण इस प्रयोग की महत्ता को राजनीतिक कार्यकताओं ने भी पूरी तरह नहीं समझा। जनसाधारण ने तो और भी कम समझा।'

यह अत्यन्त महत्त्वपूर्ण बात है और इसी कारण स्त्रियों, स्त्री आन्दोलनों और स्त्री नेतृत्व ने भी इसके महत्त्व को नहीं समझा है। मगर सवाल है कि क्या लक्ष्य संकुचित होने से परिणाम संकुचित ही होंगे? गांधी ने कल्पना की थी कि पूर्ण विकेन्द्रित लोकतन्त्र की सबसे छोटी, पर सबसे महत्त्वपूर्ण ईकाई ग्राम पंचायतें होंगी। पंचायती राज सही मायने में जनभागीदारी से (स्त्रियों-दलितों सहित) जनता का शासन ला सके, स्वराज्य की कल्पना को साकार कर सके, करिश्मा बने, इसके लिए इसे चुनौती के रूप में लेना होगा। स्त्रियों की भागीदारी के सन्दर्भ में तो ज़िम्मेदारियाँ और बढ़ जाती हैं। स्त्री की अनुपस्थिति में होने वाले पंचायती निर्णयों पर तथा सभी सामाजिक फ़ैसलों की वैधता पर विचार और विश्लेषण ज़रूरी है। जब तक स्त्रियाँ इस निष्कर्ष से सहमत नहीं होंगी कि उनकी भागीदारी सिर्फ़ दिखावे

के लिए नहीं, बल्कि एक सही संतुलित समाज के निर्माण के लिए आवश्यक है, वे भागीदारी के प्रति उत्साहित नहीं होंगी। फिर भागीदारी के साहस के साथ क्षमता भी आवश्यक है और इस सबसे ऊपर यह स्थापना कि स्त्री स्वयं एक पूर्ण ईकाई है तथा वह अपने अस्तित्व के लिए किसी पुरुष पर निर्भर नहीं है। समाज स्त्री और पुरुष से मिल कर बना है और दोनों के ऊपर बराबरी से समाज को सुदृढ़ और क्रियाशील बनाने की ज़िम्मेदारी है। सामाजिक शिक्षा का कर्तव्य हम सबों को मिल कर पूरा करना है, तभी स्त्री की भागीदारी से एक नया और स्वस्थ समाज बन सकेगा।

('स्त्रीशब्द' संकलन में शामिल; सँभवा इंजोर; प्रवेशांक, दिसम्बर, 2006)

महाराष्ट्र का सघन क्षेत्र-धुले ज़िला

भीमराव मस्के

जयप्रकाश नारायण ने 1975 में निर्दलीय युवाओं के संगठन की स्थापना की थी। इस संगठन के अनेक कार्यकर्ता आपातकाल में जेल में थे। जेल से बाहर आने के बाद इन कार्यकर्ताओं ने देश भर के दौरे किये। महाराष्ट्र में उनके आने पर हम लोग उनसे मिलने लगे। बैठक शिविर होने लगे।

धुले ज़िले की शहादा तहसील के कुक वाला गाँव में कार्यकर्ताओं के शिविर का आयोजन हुआ। शिवरात्रियों को चार-पाँच ग्रुप में बाँट दिया गया। हर ग्रुप को आदिवासियों के गाँव में जाना था। यहाँ मैंने चार-पाँच गाँव में आदिवासियों के साथ रहने का अनुभव लिया। शिविर के समापन पर ग्राम स्वराज समिति के नेता श्री गोविन्द राव शिन्दे ने हम में से किसी एक को आदिवासी क्षेत्र में कार्य करने के लिए समय देने का आवाहन किया। अमर हबीब ने मुझे इस कार्य में समय देने के लिए सुझाव दिया। मेरे मन की बात अन्य के सामने आते ही मैं ने साथियों से बात की और वहीं पर रहने का निर्णय हो गया। यहाँ पर पहला मुद्‌दा आदिवासियों की मज़दूरी का था। दूसरा मुद्‌दा अतिक्रमण की गयी वन भूमि, ग्राम भूमि और चरागाह की ज़मीन का था। तीसरा मुद्‌दा सशस्त्र पठानी वॉचमैनों के द्वारा दमन का था। फ़सल संरक्षण समिति जैसी चीज़ खानदेश (मध्य महाराष्ट्र) में ही है। सिद्ध खेड़ा शिरपुर आदि तहसीलों में गाँव-गाँव में फ़सल संरक्षण समिति की स्थापना हुई। इन सोसाइटी द्वारा फ़सल के संरक्षण के नाम पर पठानी वॉचमैन में नियुक्त किए गये एक गाँव में चार-पाँच घुड़सवार सशस्त्र पठान खेतों की रखवाली करते थे। आदिवासियों के घास काटने पर भी उनके साथ मारपीट की जाती थी। आदिवासी स्त्रियों के साथ बलात्कार, छेड़खानी की घटनाएँ सरेआम होती थीं। इस प्रकार की बढ़ती हिंसा के विरुद्ध आदिवासी समाज में असन्तोष चरम पर था। पुलिस में आदिवासियों के कहने

पर छोटे मुक़दमे दर्ज कर दिये जाते थे। दिन-रात गाँव-गाँव घूम कर आदिवासियों को संगठित करना हम लोगों ने शुरू कर दिया। धीरे-धीरे परिणाम आने लगा। 6 माह बाद जुलूस प्रदर्शनों में लोग आने लगे। पठान कुछ हद तक दबाव में आ गये थे। शेरपुर शिंदखेडा दोनों ही तहसीलों में धरने प्रदर्शन होने लगे लेकिन समस्या का समाधान नहीं हो रहा था। पठानों के दबाव से निपटने के लिए हम लोगों ने यह तय किया अगर पठान डराये तो हर आदमी उनके पीछे लाठी लेकर दौड़ने लगे तो उन्हें भागना पड़ेगा। अनुकूल परिणाम आने लगे।

सन् 1983-84 में पतित पावन का उदय हुआ। धुले ज़िले में जिन तहसीलों में सशक्त आदिवासी संगठन थे वहाँ वह तेज़ी से पतित पावन संगठन बन गये, अब तक ज़मीनदारों ने उन्मुक्त गुण्डों के बल पर आदिवासियों के आन्दोलन को कुचलने का प्रयास किया था। अब उनके लम्पट और आवारा बेटों ने सक्रिय होकर संगठन बना लिया। पुराने ज़मींदार विविध राजकीय पार्टियों में थे और उनके बच्चे पतित पावन संगठन में आसपास के 100 सदस्य युवाओं की टोली रात में इकट्ठा होकर किसी आदिवासी बस्ती में हमला करना है यह तय करती थी। गहरी नींद में सोते आदिवासियों पर जय भवानी जय शिवाजी की गर्जना करते हुए अचानक सशस्त्र हमला करा जाता था। पतित पावन संगठन द्वारा हमलों की शुरुआत शहादा से हुई देखते-देखते पूरे धुलिया ज़िले में यह हमले होने लगे। आदिवासी लोग अवतार के रात में जंगल में सोने चले जाते हैं और सुबह फिर अपने घर आते।

शेरपुर में हमारे कार्यालय पर भी हमला किया गया। हमले की रिपोर्ट करने जब हम थाने पहुँचे तो थाने पर कुर्सी पर वही व्यक्ति बैठा था जिसके नेतृत्व में हमला किया गया था फिर भी हमने रिपोर्ट लिखवाई और आदिवासियों ने उसके लिए गवाही दी। लेकिन रिपोर्ट पर कार्रवाई नहीं हुई। इसी दौर में शेलटी हत्याकाण्ड की घटना हो गयी। यह हत्याकाण्ड पतित पावन संगठन के गुण्डों के द्वारा अंजाम दिया गया था। पूरे महाराष्ट्र में इसका विरोध होने लगा। सभा-धरने प्रदर्शन होने लगे। मुम्बई जाकर हमने आमदार सुधाकर देशमुख से मुलाक़ात की। उन्होंने कहा शहादा पहुँचो, कल मुख्यमन्त्री वसन्त राव पाटिल जी वहाँ पहुँच रहे हैं। मैं तुम्हारी उनसे मुलाक़ात वहीं कराऊँगा। आवेदन तैयार करके हम जब वहाँ पहुँचे तो सुदामा देशमुख जी ने मेरा हाथ पकड़कर विपक्ष के नेता शरद पवार जी से मिलवाया और कहा दादा भीमराव भाव की बात सुनिए। मैंने आवेदन उनके हाथ में थमा दिया और ऑफ़िस पर हमले के विषय में बताया। उन्होंने कहा कि देखते हैं। मुख्यमन्त्री के दौरे के कारण क्षेत्र के आमदार, ख़ासदार और मन्त्री विश्रामगृह में थे। पवार जी ने

मेरी बात सुनी। यह ख़बर पूरे धूलिया में चर्चा में थी कि शरद पवार जी के कारण ही मुख्यमन्त्री जी से भी मेरी मुलाक़ात हुई। उनकी राजनीतिक भूमिका के विषय में मतभिन्नता के बावजूद मेरे मन में उनके प्रति कृतज्ञता की भावना बनी।

शिरपुर क्षेत्र में हम पतित पावन संगठन के ख़िलाफ़ सक्रिय थे। हमारा रास्ता शान्तिमय और क़ानूनी था। लेकिन गुण्डागरी का मुक़ाबला इस रास्ते से हो पायेगा या नहीं यह प्रश्नचिह्न सभी लोगों के मन में था। आदिवासी समुदाय के कार्यकर्ता पवित्र पावन संगठन के नेता भमबया पहलवान के विरोध में आक्रामक हो रहे थे। ऐसे समय में हम लोगों के विवेक की परीक्षा थी। अन्त में हम लोगों ने एक रास्ता निकाला। बस स्टैंड से ऑफ़िस का एक रास्ता भमबया पहलवान के घर के सामने से होकर जाता था। सबको हिम्मत के साथ उनके सामने वाले रास्ते से ही जाना था, अपना रास्ता बदलना नहीं था। 8-10 दिन लगातार और धैर्य के साथ हम आते-जाते रहे। इस तरह हमारी निर्भयता ने पतित पावन संगठन के नेताओं के मनोबल को तोड़ दिया। हमारा संघर्ष जैसे तीव्रता लेता गया पतित पावन संगठन के लोग पीछे हटते गये। हर आदिवासी की जवान पर मेरा और संगठन का नाम था। आदिवासियों की ताक़त और आन्दोलन को रोकने के लिए अब यह लोग कभी व्यक्तिगत, कभी सामूहिक हमले हमारे साथियों पर करते और कोर्ट-कचहरी में झूठे मुक़दमे में फँसाने के मामले अब बढ़ते जा रहे थे। हमारे कार्यकर्ताओं पर धुले ज़िले में गम्भीर धाराओं में केस दाख़िल हुए थे। पुलिस प्रशासन द्वारा मेरे विरोध में जानबूझकर अपराधी रिकॉर्ड बनाया जा रहा था। कोर्ट-कचहरी के चक्कर में फँसा कर आन्दोलन को कुचलने की योजना बनी थी। हर हफ़्ते दो-तीन बार तारीख़ों पर जाना पड़ता। अब मैंने यह निर्णय लिया कि तारीख़ों पर नहीं जाऊँगा। वारंट इशू होते और फिर पुलिस पकड़ कर ले जाती, कुछ दिन जेल में रहना पड़ता फिर जमानत पर बाहर आ जाता। जेल में रहकर पढ़ाई का मौक़ा मिलता मैंने वर्षों तक यही क्रम जारी रखा। अन्त में मुझे 2 वर्ष तक धूलिया से तड़ीपार करने का नोटिस थमाया गया लेकिन इसका ज़बरन क्रियान्वयन नहीं हो पाया। न्यायालय में याचिका डालने पर हाई कोर्ट से निर्णय मेरे पक्ष में आ गया। इस निर्णय से हम लोग महाराष्ट्र में प्रसिद्ध हुए लेकिन आदिवासियों के संघर्ष का एक सवाल हम लड़ते तो दूसरा सवाल उठ खड़ा हो जाता। एक साथ कई स्थानों पर लड़ना हमारे लिए मुश्किल पड़ जाता था ऐसे में स्थानीय के साथ व्यापक स्तर पर विभिन्न संगठनों का सहयोग ज़रूरी हो गया था। इस तरह यह संघर्ष महाराष्ट्रव्यापी हो गया। अन्य संगठनों ने इस मुद्दे पर आन्दोलन शुरू करके इसे व्यापक स्तर पर पहुँचा दिया।

बोधगया भूमि आन्दोलन : बड़ी विरासत के वैचारिक पहलू

अरुण कुमार त्रिपाठी

चारु मज़ुमदार के नक्सली आन्दोलन, विनोबा भावे के भूदान आन्दोलन एवं समाजवादियों के भूमि हड़पो आन्दोलन से अलग जयप्रकाश नारायण के विचारों से प्रेरित बोधगया भूमि आन्दोलन वास्तव में भारत में चल रही अहिंसक क्रान्ति की एक महत्त्वपूर्ण कड़ी है। इसके पीछे बोधगया महन्त के क़ब्ज़े में रही हज़ारों एकड़ ज़मीन को भूमिहीन किसानों में बाँटे जाने की माँग थी। यह आन्दोलन सन् 1978 से लेकर 1985-86 तक चला। यानी तक़रीबन आठ वर्षों में इस आन्दोलन को उसका लक्ष्य हासिल हुआ। इस दौरान, दलीयता, ग़ैर दलीयता, हिंसा, अहिंसा, दलितों, ग़ैर दलितों, मज़दूरों, किसानों, पुरुषों और स्त्रियों सम्बन्धी बहुत सारे सवाल उठे और उनसे जूझते निपटते हुए संघर्ष वाहिनी ने अपना नया अवतार लिया। यह विरासत बड़ी है इसलिए इसका स्मरण भारत के किसान आन्दोलन के लिए आवश्यक है। बोधगया आन्दोलन भारत के वास्तविक सर्वहारा यानी दलितों का आन्दोलन था जिसने अस्सी के दशक में सदियों से क़ाबिज बोधगया मठ-महन्त की सामन्ती व्यवस्था को ध्वस्त कर दिया। पहले इस आन्दोलन में स्त्रियाँ पुरुषों के सहयोग के लिए शामिल हुईं लेकिन बाद में जब उनको हक़दारी मिलने की बात हुई तो वे और बढ़-चढ़ कर सक्रिय भूमिका में आयीं। इस संघर्ष के माध्यम से मठ की 53 कचेहरियों की सत्ता समाप्त हो गयी है और महन्त की दस हज़ार एकड़ से अधिक ज़मीन पर क़ब्ज़ा करके उसे भूमिहीनों में बाँट दिया गया। सबसे बड़ी बात यह है कि इस आन्दोलन ने महिलाओं को भी ज़मीन का स्वामित्व दिलवाया।

मार्क्सवादी नज़रिये से देखें तो यह एक वर्ग संघर्ष था जिसमें दलितों को विजय हासिल हुई। लेकिन जयप्रकाश नारायण के नज़रिये से देखें तो यह एक अहिंसक

वर्ग संघर्ष था। जयप्रकाश जो समाजवाद से सर्वोदय की ओर गये और फिर सम्पूर्ण क्रान्ति की ओर आये उनका मानना था कि हिंसक क्रान्ति का प्रभाव स्थायी नहीं होता। इसीलिए उन्होंने अपने विचार को आगे बढ़ाने के लिए गठित युवाओं के संगठन छात्र-युवा संघर्ष वाहिनी को अहिंसक वर्ग संघर्ष की शिक्षा दी। जेपी कहते भी हैं, "मैं अपनी बात कहूँ तो हिंसक क्रान्ति से मुझे कोई नैतिक आपत्ति नहीं। मुझे यदि कोई आपत्ति है तो वह व्यावहारिक है। पहली बात तो यह कि हिंसक क्रान्ति के परिणाम जल्दी आते हैं, यह एक भारी भ्रम है। कोई यह कहे कि रक्तक्रान्ति अहिंसक क्रान्ति से ज़्यादा जल्द होती है तो दुनिया की रक्त क्रान्तियों का इतिहास देखने से ऐसा लगता नहीं। बल्कि अनुभव तो यह है कि रक्तक्रान्ति से जो नया समाज बनता है, वह उस समाज से बहुत भिन्न होता है जिसकी कल्पना क्रान्तिकारियों ने पहले की होती है।" जेपी सवाल पूछते हैं, "क्या इतिहास में ऐसी एक भी हिंसक क्रान्ति हुई है जो अपने अभीष्ट आदर्श को प्राप्त करने में सफल हुई हो?" अहिंसक क्रान्ति क्यों ज़रूरी है उसे स्पष्ट करते हुए जेपी कहते हैं, "पुराने समाज को बदलने और नये समाज को गढ़ने का काम साथ-साथ होता रहता है। अहिंसक प्रक्रिया में यह गुण है कि परिवर्तन और नवनिर्माण दोनों साथ-साथ चल सकते हैं।" वे अपनी वर्ग संघर्ष की अवधारणा को स्पष्ट करते हुए कहते हैं, "मेरा अपना पक्का विचार है कि सामाजिक तथा आर्थिक समानता का संघर्ष शान्तिमय ही होना चाहिए। यदि हिंसा का रास्ता अपनाया जाता है तो उसमें वही मरेंगे, जिनके लाभ के लिए वर्ग संघर्ष की बात हम करते हैं। अपने रक्षण के नीचे के लोगों में बहुत कम ताक़त है। इसलिए मेरी कल्पना के वर्ग संघर्ष में हिंसा के लिए कोई जगह नहीं है। मैं यह दृढ़तापूर्वक कहता हूँ कि वर्ग संघर्ष में हिंसा को दूर रखा जा सकता है। वह शान्तिमय संघर्ष के रूप में, असहयोग के रूप में, सत्याग्रह के रूप में हो सकता है।"

बोधगया भूमि आन्दोलन के महत्त्व को रेखांकित करते हुए प्रख्यात समाजवादी विचारक किशन पटनायक लिखते हैं, "बोधगया एक वास्तविकता भी है और एक प्रतीक भी। ऐसा कोई वर्ग संघर्ष नहीं हुआ है जो इस तरह से एक बड़े इलाक़े में दीर्घकाल तक शान्तिमय पद्धति से चला हो। आज़ादी के बाद भूमिहीनों के जितने शान्तिमय संघर्ष चले हैं, उनमें यह सबसे बड़ा और प्रभावी है। विडम्बना यह है कि बोधगया घटना के तौर पर जितना प्रचारित हुआ है, विचारधारा और कार्यक्रम के रूप में उतना प्रचारित नहीं हो सका है।"

बोधगया जहाँ पर बुद्ध को बोधिसत्व की प्राप्ति हुई, वहाँ का आधुनिक संघर्ष तो सौ साल से भी अधिक पुराना कहा जा सकता है। सन् 1922 में गया में कांग्रेस

का अधिवेशन हुआ था। उसमें बर्मा से भिक्षु उत्तमा के नेतृत्व में एक शिष्टमण्डल आया था जिसने बौद्धों के हितों की रक्षा के लिए कांग्रेस से अपील की थी। जब 1925 में बेलगाम में कांग्रेस का अधिवेशन हुआ और जिसमें महात्मा गांधी पहली और आख़िरी बार अध्यक्ष चुने गये तब डॉ. कैसियस परेरा के नेतृत्व में बौद्धों की एक मण्डली आयी थी। उसने यह माँग की थी बोधगया का बौद्ध मन्दिर बौद्धों के अधिकार में दिया जाना चाहिए।

इस लिहाज़ से देखा जाये तो बोधगया का संघर्ष एक ओर भूमि आन्दोलन है तो दूसरी ओर भारत के धर्म, विचार और संस्कृति की दूसरी परम्परा पर ब्राह्मणवाद के विरुद्ध बौद्धों का संघर्ष भी है। यह महज़ संयोग नहीं है कि अगर बीसवीं सदी के आरम्भ में उस परम्परा के लिए संघर्ष की शुरुआत बाहर के बौद्धों ने की, पचास के दशक में आम्बेडकर ने की तो बाद के दशकों में वही संघर्ष दलितों ने संघर्ष वाहिनी के नेतृत्व में किया।

बोधगया संघर्ष का महत्त्व उस आन्दोलन के साथी प्रभात कुछ इन शब्दों में बयाँ करते हैं। "गाँव में रहने वाले खेतिहर दलित मज़दूर को तन ढँकने को पूरा कपड़ा नहीं मिलता। काम के अभाव में भरपेट भोजन नहीं मिलता। समाज की अन्तिम सीढ़ी पर होने की वजह से उसे कमिया बताकर पीढ़ी-दर-पीढ़ी जीना पड़ता है। ऐसे ही भूमिहीन दलितों ने बोधगया की धरती पर सर्वथा नया और मौलिक इतिहास रचा।...इस मायने में बोधगया भूमि संघर्ष बिहार में दलितों का और दलितों के नेतृत्व में चला सबसे मौलिक और सफल भूमि आन्दोलन था। यह भूमि आन्दोलन शान्तिमय रहा।...मैंने देखा कि शान्तिमय आन्दोलन की वजह से दलितों में कैसे नेतृत्व का विकास हुआ? उनके जगने और आन्दोलन को हाथ में लेने की कैसी अनोखी व तेज़ प्रक्रिया चली?"

वास्तव में बोधगया भूमि आन्दोलन की वैचारिकी और इतिहास को आज के सन्दर्भ में विश्लेषित किये जाने की ज़रूरत है। बोधगया आन्दोलन को एक ओर तमाम वैचारिक खाँचों ने अपने भीतर खींचने की कोशिश की तो दूसरी ओर धीरे-धीरे वैश्वीकरण के प्रभाव में किसान आन्दोलन एक नयी दिशा की ओर बढ़ गया। जिन किशन पटनायक, सच्चिदानन्द सिन्हा और ईश्वरी प्रसाद जैसे लोगों ने कभी बोधगया आन्दोलन की प्रशंसा की थी वे बाद में यह लिखने लगे कि भूमि वितरण के आन्दोलन की आवश्यकता अब समाप्त हो गयी है क्योंकि बाँटने के लिए भूमि है ही कहाँ–'भारत में किसान आन्दोलन' नामक पुस्तक में समाजवादी धारा के इन प्रमुख विचारकों ने यही लाइन पकड़ी है। नब्बे के दशक में हुए चौधरी महेन्द्र सिंह

टिकैत के आन्दोलन और बाद में कोरोना काल में तीन काले क़ानूनों के विरुद्ध हुए किसान आन्दोलन की माँग तो एमएसपी, बिजली की दरों और कॉरपोरेट के मुद्दों की ओर शिफ्ट हो गयी।

ऐसे में यह समझना ज़रूरी है कि किस तरह एकदम नया प्रयोग कर रहे छात्र-युवा संघर्ष वाहिनी के युवाओं को मठ के महन्त और उनके साथ खड़ी सरकार के दमन के अलावा अपने समानधर्मा वैचारिक समूहों से भी चुनौतियों का सामना करना पड़ा।

"दरअसल 1978 तक वाहिनी की इतनी ही पहचान बनी थी कि वह 74-75 में पैदा हुई। इमरजेंसी में जेल में पली-बढ़ी। उसने उतना और वही झेला जो बिहार में शामिल तमाम लोगों ने झेला। किसी दलीय राजनीति से जुड़े बग़ैर जो युवा बिहार आन्दोलन में आये, उन्होंने वाहिनी को स्वीकार किया क्योंकि लोकनायक जेपी उसके सेनापति थे। जब बोधगया संघर्ष की घोषणा हुई तो किसी भी दल को उस पर भरोसा नहीं हुआ। मध्यवर्गीय युवा और सर्वहारा दलितों के बीच मेल! वह भी तब जबकि न आन्दोलन का माहौल है और न ही क्रान्ति की परिस्थितियाँ हैं? असम्भव!...22-25 साल के जवान हैं। मिडिल क्लास कल्चर में पले हैं। क्रान्ति का किताबी ज्ञान है। जोश है। अनुभव नहीं। जेपी ज़िन्दा हैं। इसलिए फुदक रहे हैं। कुछ दिन तेवर दिखायेंगे फिर जोश ठण्डा हो जायेगा।" यही कहते थे लोग।

वास्तव में निर्दलीयता के कारण वाहिनी के लोगों को पार्टियों से सहयोग मिलने वाला नहीं था। वामपन्थी दलों और कांग्रेस के लिए वे लोग कट्टर विरोधी थे। वामपन्थी दलों की वर्ग संघर्ष और क्रान्ति की धारणा के भीतर वाहिनी फिट नहीं होती थी। "इधर वाहिनी की पहचान को लेकर जेपी से जुड़े सर्वोदयी और समाजवादी संगठनों में भी खींचतान थी। गांधी, विनोबा, जयप्रकाश की त्रिमूर्ति को सम्पूर्ण क्रान्तिधारा का प्रतीक मानने वाले सर्वोदयी संघर्ष वाहिनी को अपनी पुरानी तरुण शान्ति सेना के नये रूप से ज़्यादा कुछ मानने को तैयार नहीं दिखते थे। उन्होंने तरुण शान्ति सेना को भंग करने के बजाय उसका वाहिनी में विलय करने का फ़ैसला बहुत पहले ही कर लिया था।"

संघर्ष के साधन के लिए वाहिनी में अक्सर मतभेद उभरते रहते थे। इस बात को पूरी ईमानदारी से स्वीकार करते हुए आन्दोलन के नेता प्रभात लिखते हैं, "बोधगया में संघर्ष के दौरान शान्तिमय वर्ग संघर्ष की व्यावहारिक प्रक्रिया पर मतभेद बने रहते थे। कुछ साथी अनियोजित हिंसा एवं परम्परागत हथियार का उपयोग क्रान्ति के लिए व्यावहारिक मानते थे। कुछ साथी ऐसे थे जो गांधी की अहिंसा की दिशा में

बढ़ने वाले मार्ग को ही शान्तिमयता मानते थे। तीसरा पक्ष हिंसा को नियन्त्रित करने और किसी तरह की हिंसा को स्वीकार नहीं करने की ज़रूरत पर बल देता था।"

रोचक तथ्य यह है कि शान्तिमयता के सवाल पर वाहिनी के भीतर के मतभेद बने हुए थे और 30 जनवरी 1986 को गांधी की पुण्यतिथि के मौक़े पर वाहिनी के ही एक पक्ष के इशारे पर दूसरे पक्ष पर परम्परागत हथियार से हमले किये गये। इससे आन्दोलन के लिए चिन्ताजनक स्थिति भी बनी। बाद में प्रसिद्ध पत्रकार कुलदीप नैयर, न्यायविद् वीएम तारकुण्डे, जेपी के निजी सचिव सच्चिदानन्द और कई दूसरे लोग वहाँ गये और कई सभाओं को सम्बोधित कर इस विवाद को शान्त कराया।

मज़दूर बनाम किसान

हालाँकि संघर्ष वाहिनी के लोग नहीं चाहते थे कि दलित समाज से जुड़े मज़दूर वर्ग और किसानों के बीच कोई बँटवारा हो और टकराव हो। भले ही वे पहले दलितों के मुद्दे उठा रहे थे लेकिन किसानों को आश्वासन दे रहे थे कि उनका भी ध्यान रखा जायेगा। लेकिन किसान दलितों से ईर्ष्या करते थे और नहीं चाहते थे कि उनका हित साधा जाये या वे किसी तरह से सबल होकर अन्य पिछड़ा वर्ग के किसानों के बराबर आ जायें। इसलिए किसान दलितों के संघर्ष के साथ जुड़ने के बजाय मठ के साथ होते चले गये। कई जगह किसानों ने संघर्ष वाहिनी के लोगों को पीटा भी। एक गाँव में प्रमोद कुमार प्रेम पर हमला हुआ तो दूसरे गाँव में पंकज, छोटे कारू नाम के एक कार्यकर्ता का हाथ तोड़ दिया किसानों ने। एक गाँव में पुलिस ने गोली चलाई और पुलिस के साथ मिलकर गोली चलाने वालों में किसान भी शामिल थे। किसानों के इस रुख़ से सबक लेकर वाहिनी ने फ़ैसला किया कि भूमिहीन दलित को ज़मीन दिये जाने के लिए संघर्ष तो किया जाये लेकिन इस बात का ख़याल रखा जाये कि कोई किसान भूमिहीन न हो।

भूमि संघर्ष में महिलाओं की भागीदारी

वाहिनी के भीतर नर-नारी समता की जो समझ थी उसे बोधगया में लागू कर पाना बड़ी टेढ़ी खीर थी। सवाल उठने लगा कि आख़िर औरतें संघर्ष में क्यों शामिल हों? इस संघर्ष में शामिल होने से उन्हें क्या मिलेगा? ज़मीन तो पुरुषों के नाम होनी है तो उन्हें क्या मिलेगा? कहीं ऐसा तो नहीं कि ज़मीन का मालिक बनने के बाद उन्हें पहले से पीटने वाला पुरुष और पीटने लगे। सवाल उठने लगे कि क्या इस भूमि संघर्ष से औरतों के प्रति पुरुषों के दृष्टिकोण में परिवर्तन लाया जा सकता है।

यहाँ आम्बेडकर की हिन्दू कोड बिल की वह लड़ाई प्रासंगिक हो जाती है जिसमें सम्पत्ति में औरतों को हक़ दिये जाने के सवाल पर सवर्ण तो ख़िलाफ़ थे ही दलित समाज भी उनके साथ नहीं था। दलित समाज का कहना था कि उनके पास वैसे ही सम्पत्ति और ज़मीन नहीं है इसलिए वे इसे औरतों को देने के पचड़े में क्यों पड़ें। बोध गया आन्दोलन के दौरान गाँव-गाँव में होने वाली बहस के दौरान जो एक जवाब मिला उससे वाहिनी को रोशनी मिल गयी। जवाब था, "संघर्ष में मठ से जो ज़मीन हासिल हो उस पर औरतों का भी समान हक़ हो। ज़मीन पर मालिकाना हक़ सिर्फ़ पुरुष के नाम नहीं बल्कि औरतों के नाम पर हो।"

वास्तव में "आन्दोलन के दौरान संगठित होने से दलित महिलाओं की पिटाई एवं बेगारी जैसे अन्याय कम हुए। औरतों के साथ बलात्कार की घटनाएँ तो काफ़ी हद तक रुक ही गयीं। वह औरतों के लिए बड़ी राहत थी। परन्तु वर्षों तक औरतों का बोधगया आन्दोलन के साथ जुड़े रहने का रहस्य था ज़मीन पर औरतों का मालिकाना हक़।"

प्रभात यह मानते हैं कि, "महिलाओं की अधिकतम भागीदारी ने जहाँ स्त्री-पुरुष सम्बन्ध के सन्दर्भ में दलित समाज में समझदारी पैदा की, वहीं बाहरी लोगों का दृष्टिकोण 'बीमार' था। श्री कंग जैसे ज़िलाधिकारी स्त्रियों की भागीदारी के मुद्दे पर मज़ाक़ करते रहे। वामपन्थी दलों के लोगों ने दलित युवती और महिलाओं के वाहिनी के युवकों से ग़लत सम्बन्ध होने का दुष्प्रचार किया। घर के अन्दर और बाहर दोनों जगह औरतों को पीटा गया। बोधगया क्षेत्र की औरतों ने हर दुख को बहादुरी से सहा और मुक़ाबला किया।' एक साथी ने एक गाँव में महिलाओं को पढ़ाने का कार्यक्रम शुरू किया लेकिन पुरुष समाज ने इतना कड़ा प्रतिरोध किया कि उन्हें अपना कार्यक्रम बीच में ही छोड़कर वापस जाना पड़ा।

पिपरघट्टी गाँव में जब सन् 1982 में 85 एकड़ भूमि बाँटने का निर्णय लिया गया तो प्रशासन को इस गाँव की 85 महिलाओं की सूची दी गयी। महिलाओं के नाम पर्चा भी प्रदर्शित किया गया लेकिन प्रशासन दो साल तक अड़ा रहा भूमि स्वामित्व का सरकारी परमाना लौटा दिया गया। दो वर्षों तक मामला नहीं सुलझा, इसी बीच बीजा ग्राम में यही समस्या आयी। पर उप समाहर्ता महिलाओं को भूमि स्वामित्व के लिए मान गये। 24 नाहिलओं को स्वामित्व हासिल हुआ। इसके बाद सैकड़ों अविवाहित एवं विवाहित महिलाओं को अधिकार प्राप्त हुआ।

कई बार लगता है कि बोधगया के संघर्ष के लिए छात्र-युवा संघर्ष वाहिनी बिल्कुल अकेली पड़ गयी थी। कई बार लगता है कि उसे देश भर से किसी न किसी

रूप में मदद मिली। पर वह मदद सरकार और प्रशासन की ओर से बड़ी मुश्किल और बड़ी देर से मिली। हालाँकि अगर वह पहले ही मिल गयी होती तो संघर्ष का अफ़साना ही न लिखा जाता। लेकिन अकेलेपन को संघर्ष वाहिनी ने स्वयं चुना भी था। भारतेन्दु हरिश्चन्द्र ने लिखा है कि "लीक, लीक गाड़ी चलहिं लीकहिं चले कपूत, और लीक छाँड़ि तीनों चलें शायर सिंह सपूत।" इस अर्थ में वाहिनी को सिंह स्वभाव वाला संगठन और जेपी के सपूत की संज्ञा दी जा सकती है।

संघर्ष वाहिनी वास्तव में अपनी पहचान बनाने निकली थी। इसलिए उसे किसी को एकदम साथ लेना भी नहीं था। दरअसल जेपी ने उन लोगों से कहा भी था...आप समाज को पढ़िए। गुरुजनों की बात विनम्रता से सुनिए पर उन्हें कहिए कि निश्चय हमें करना है। आपकी ग़लत बात हम नहीं मानेंगे। संघर्ष वाहिनी को बोधगया के आन्दोलन में राष्ट्रीय स्तर से लेकर प्रान्तीय स्तर तक के तमाम बड़े नेताओं का सहयोग मिला। लेकिन यह सहयोग दलीय स्तर पर नहीं था। यह व्यक्तिगत स्तर पर था। वास्तव में संघर्ष वाहिनी किसी दल को अपने संघर्ष में शामिल भी नहीं करना चाहती थी। राष्ट्रीय स्तर के जो नेता बोधगया गये उनमें जनता पार्टी के अध्यक्ष चन्द्रशेखर, विजय कृष्ण, युवा लोकदल के अध्यक्ष जाबिर हुसैन, हेमवती नन्दन बहुगुणा, सुरेन्द्र मोहन, एसएम जोशी, किशन पटनायक, कर्पूरी ठाकुर, कैलाशपति मिश्र, केदार पाण्डेय सुशीला सहाय, दयानन्द सहाय, सुबोध कान्त सहाय, वाणी दास, शिवानन्द तिवारी, बसावन सिंह, कमला सिंह, त्रिपुरारी शरण, जैसे नेता समय-समय पर बोधगया गये और उन्होंने अपने-अपने स्तर पर नैतिक और आर्थिक सहयोग दिया। इस बीच कुलदीप नैयर, अजित भट्टाचार्य, नीरजा चौधरी, जार्ज बर्गीज, सुदीप मजुमदार जैसे दिग्गज पत्रकारों ने घूम-घूम कर आन्दोलन को देखा और ख़बरें लिखीं, डॉक्यूमेंट्री फ़िल्म मेकर तपन बोस ने लघु फ़िल्म बनायी। उनसे उसे राष्ट्रीय स्तर पर महत्त्व मिला और उसके मुद्दों की ओर सरकारों और जनता का ध्यान गया। जयप्रकाश नारायण का निधन 8 अक्तूबर 1979 को हुआ। तब तक जेपी के निजी सचिव सच्चिदानन्द उनकी ओर से बोधगया जाते रहे। बीच-बीच में जेपी ने भी सरकारों को लिखे अपने पत्रों से आन्दोलन के पक्ष में दबाव बनाया।

बोधगया आन्दोलन दमनकारी सामन्त और उनकी लठैत बनी सरकारों के विरुद्ध था। यह एक शान्तिमय वर्ग संघर्ष था। जेपी ने अपने युवाओं को समझाया था कि हमारे गाँव में क्लास (वर्ग) और कास्ट (जाति) एकदम मिली-जुली चीज़ हो गयी है। उच्च वर्ग के लोगों में अधिकतर उच्च वर्ण के ही लोग पाये जाते हैं। उनका संसाधनों पर क़ब्ज़ा है। उनसे संसाधनों को छुड़ाकर समतापूर्ण वितरण काफ़ी कठिन

काम है। हम ऊपर वालों के मन बदलने का लम्बे समय तक इन्तज़ार नहीं कर सकते। इसलिए नीचे वालों को उठना होगा। जब वे अपनी ताक़त को प्रकट करेंगे तो ऊपर वाले अपना मन बदलने को तैयार होंगे।

लेकिन जेपी ने यह भी चेतावनी दी थी वर्ग संघर्ष की मार्क्सवादी कल्पना हमारे काम की नहीं है। मार्क्स ने जो कुछ कहा था वह औद्योगिक समाज पर लागू होता है। भारत के कृषि समाज में वैसा वर्गीकरण ठीक नहीं है। कृषि समाज में मज़दूर भी हैं और छोटे किसान भी। लेकिन छोटा किसान ज़मीन से इतना जुड़ा है कि वह मज़दूर का साथ देने के बजाय भूमिवान का साथ देने लगता है। इस तरह यहाँ का वर्ग संघर्ष अनिवार्य है लेकिन यूरोप से अलग होगा। पर वे हिंसा की मनाही करते हैं।

यह तो नहीं कहा जा सकता कि संघर्ष वाहिनी ने बोधगया में जेपी के निर्देशों और सिद्धान्तों को पूरी तरह से लागू किया लेकिन उनका आन्दोलन काफ़ी हद तक शान्तिमय रहा है। हालाँकि उनके भीतर मार्क्सवादी समूह के लोग भी थे और वे आन्दोलन को परम्परागत हथियारों से लड़ने के हिमायती थे। इसके बावजूद शान्तिमय धारा के लोगों ने आन्दोलन को अधिकतर अपने ढंग से ही चलाया। '74 आन्दोलन के सबक और जेपी की सैद्धान्तिक सीख ने संघर्ष वाहिनी को वह साहस और समझ दी जिससे वे एक सफल आन्दोलन चला सके। लेकिन इसमें उनकी प्रयोगधर्मिता का बड़ा योगदान है। यह आन्दोलन भारत में आज़ादी के बाद हुए अनेक किसान आन्दोलनों से भिन्न था और सम्भवतः भूमि सुधार आन्दोलन की आख़िरी कड़ी भी था। हालाँकि बोधगया भूमि आन्दोलन के समय बिहार एवं झारखण्ड में वाहिनी के साथियों ने कई भूमि आन्दोलन प्रारम्भ किये। भागलपुर के गंगा के दियारे में 513 एकड़ बेनामी भूमि की मुक्ति के लिए शान्तिपूर्ण आन्दोलन हुआ। जिसमें छात्र-युवा संघर्ष वाहिनी, दियारा जागरण समिति ने हिस्सा लिया। 513 एकड़ भूमि पर भूमिहीनों को स्वमित्व प्राप्त हुआ। इसमें प्रशासन के दो अधिकारी के.बी. सक्सेना एवं शंकर प्रसाद ने सहयोग किया, झारखण्ड के बोकारो, हंटरगंज, चतरा पलामू में भी सफलता मिली। बिहार में मुज़फ़्फ़रपुर का तुर्की महन्थ के विरुद्ध भूमि आन्दोलन, मधुबनी का पचमानिया भूमि आन्दोलन जो बटाईदारी क़ानून पर आधारित था, तथा धुलिया महाराष्ट्र भूमि आन्दोलन प्रसिद्ध रहा। परन्तु उसके बाद किसान आन्दोलनों की दिशा पर्यावरण, दाम, न्यूनतम समर्थन मूल्य और वैश्विक पूँजी की कॉरपोरेट लूट जैसे मुद्दों पर केन्द्रित होती गयी।

इसलिए बदली हुई परिस्थितियों में दलितों, मज़दूरों और किसानों को अपने लिए नयी वाहिनी ढूँढ़नी होगी और वाहिनी से प्रेरणा लेने वाले युवाओं को अपने लिए नये क्षेत्र और नये किसान मज़दूर ढूँढ़ने होंगे।

(प्रस्तुत आलेख बोधगया आन्दोलन के महत्त्वपूर्ण नेता प्रभात की पुस्तक 'ज़मीन किसकी, जो जोते उसकी' पर आधारित है।)

लोकनायक की नज़र में क्रान्ति पथ

प्रभात

क्रान्तिकारियों में समाज परिवर्तन किस रास्ते से होगा यह बहस का विषय रहा है। जब 1974 में मैं जेपी के निर्देश पर छात्र-युवा संघर्ष वाहिनी में शामिल हुआ तो इसी लालसा से हुआ कि समाज को बदलना है। क्रान्तिकारियों में बहस थी कि भारत में परिवर्तन किस रास्ते होगा। अहिंसा से, हिंसा से या शान्तिमयता से। जेपी ने 1974 मे कहा में 'हमला चाहे जैसा होगा हाथ हमारा नहीं उठेगा'।

बोधगया भूमि आन्दोलन छात्र-युवा संघर्ष वाहिनी के नेतृत्व में चल रहा था तब मुझे एक निर्णय पर पहुँचना था, क्योंकि मैं कार्यक्षेत्र में अन्य साथियों के साथ रहने लगा था तथा प्रतिदिन किसी न किसी हिंसा का प्रतिकार करना होता था। हमारे नायक जेपी थे और उन्हीं के अनुभवों से सीख लेते आगे बढ़ना था। अहिंसक समाज बनाना हमारा लक्ष्य था। यदि एक वर्गविहीन या दलविहीन समाज बनेगा तो वहाँ हिंसा को जगह नहीं मिलेगी। साध्य और साधन की शुद्धता का भी प्रश्न था। किन्तु सवाल यह भी था कि वहाँ तक कैसे पहुँचें।

ऐसे में हम नौजवानों में बड़ी तल्खी से हिंसा-अहिंसा एवं कार्य-पद्धति पर बहस थी। जेपी का जीवन दर्शन यह सिखाता था कि विचार को धर्म की तरह स्वीकार नहीं कर लेना है, जैसा कि अन्य जगह हो रहा था।

जेपी मार्क्सवादी थे, गांधी, लोहिया, विनोबा के साथ होते हुए 1974 में भिन्न रूप से प्रकट हुए क्योंकि मानव मुक्ति की उन्हें तलाश थी।

शान्तिमयता का मार्ग क्यों?

ऐसे में उन्होंने 1974 आते-आते शान्तिमयता की बात क्यों की आइये उस पर एक नज़र डालते हैं। 1942 में भारत छोड़ो आन्दोलन के दौरान जेपी ने हिंसा की वकालत

की थी। जेपी हजारीबाग जेल से भागने के बाद फ़रवरी 1943 में स्वतन्त्रता सेनानियों को सम्बोधित पत्र में लिखते हैं, "मुझे यह स्वीकार करने में कोई हिचकिचाहट नहीं है कि अगर बड़े पैमाने पर बहादुरों की अहिंसा का प्रयोग किया जाये, तो हिंसा अनावश्यक हो जायेगी। लेकिन जहाँ ऐसी अहिंसा अनुपस्थित हो, वहाँ मैं शास्त्रीय सूक्ष्मताओं के आवरण में कायरता को इस क्रान्ति के विकास को रोकने और उसे असफल बनाने की अनुमति नहीं दूँगा।"

1943 में अपने दूसरे पत्र में कहते हैं, "मेरे लिए यह विवाद निरर्थक है। हर स्वतन्त्रता सेनानी अपना तरीक़ा चुनने को स्वतन्त्र है। जो एक जैसे तरीक़ों में विश्वास रखते हैं उन्हें एक साथ अनुशासित ग्रुप के रूप में काम करना चाहिए। और जो दूसरे रास्ते पर चलना चाहते हैं उन्हें कम से कम एक-दूसरे के लिए बाधा नहीं उपस्थित करनी चाहिए। और एक-दूसरे से बहस में अपनी ऊर्जा नष्ट नहीं करनी चाहिए।"

1942 में जेपी आज़ाद दस्ता के नाम पर गुरिल्ला दस्ता बनाते हैं लेकिन 1947 में मार्क्स के 1872 के हेग इंटरनेशनल का सन्दर्भ देते हुए जनता पत्रिका में प्रकाशित लेख में कहते हैं, मार्क्स के अनुसार समाजवाद के लक्ष्य को प्राप्त करने के दो रास्ते हैं। एक शान्तिमय और दूसरा हिंसक। देश की परिस्थितियों के हिसाब से निर्णय करना चाहिए कि कौन-सा रास्ता अपनाया जाये। उन्होंने लेनिन की हिंसा को सही कहा लेकिन लोकतान्त्रिक ब्रिटेन के लिए कहा हिंसा आवश्यक नहीं है।

लोकतान्त्रिक प्रक्रिया-संगठन, प्रचार, आन्दोलन, संघर्ष और रचना भारत की परिस्थितियों में जेपी कहते हैं कि यदि देश आज़ाद हुआ और लोकतन्त्र की स्थापना होती है तो समाजवाद के लिए लोकतान्त्रिक रास्ता अपनाना चाहिए। रूस में क्रान्ति के बाद एक ब्यूरोक्रेटिक राज्य की स्थापना एवं लोकतन्त्र के अभाव से शिक्षा लेते हुए कहा कि लोकतान्त्रिक प्रक्रिया ही सही होगी।

यदि जुलाई 1950 में मद्रास में समाजवादी पार्टी के आठवें राष्ट्रीय अधिवेशन में जेपी के भाषणों को पढ़ें तो वहाँ इसकी विस्तार से चर्चा मिलेगी।

जेपी कहते हैं कि हिंसा/अहिंसा वस्तुगत परिस्थिति पर निर्भर करेगी। लेकिन वो भारत का ज़िक्र करते हुए कहते हैं कि यहाँ लोकतान्त्रिक राजनीतिक गतिविधियों के लिए काफ़ी गुंजाइश है। जेपी याद दिलाते हैं कि हिंसा का रास्ता अपनाने से कम्युनिस्टों की काफ़ी बदनामी हुई है। भारत में रूस और चीन से परिस्थितियाँ अलग हैं। साथ ही जेपी यह भी स्वीकार करते हैं कि भारत में अगर तमाम प्रयत्नों के

बावजूद फ़ासिज़्म के उदय को रोकना सम्भव नहीं होता है तो लोकतान्त्रिक तरीक़े बेकार हो जायेंगे। दूसरा तरीक़ा अपनाना होगा।

लेकिन जेपी यह भी कहते हैं हिंसक क्रान्ति भी तुरन्त सफल नहीं होती इसमें काफ़ी वक़्त लगता है। उन्होंने कहा कि यदि पहला विश्वयुद्ध नहीं होता तो 1917 में रूस में बोल्शेविक क्रान्ति नहीं हो पाती। इस तरह चीन में भी हिंसक क्रान्ति के आयोजन में 20 वर्ष लगे। दूसरे विश्वयुद्ध के बिना माओ को उस वक़्त सफलता नहीं मिलती।

भारत में क्रान्ति की लोकतान्त्रिक प्रक्रिया को अनिवार्य बताते हुए, परिभाषित करते हुए जेपी कहते हैं, 'हमारा लोकतान्त्रिक तरीक़ा संगठन, प्रचार, आन्दोलन, संघर्ष और रचना' के रूप में होगा। जेपी संवैधानिक एवं लोकतान्त्रिक के बीच का अन्तर स्पष्ट करते हैं।

अहिंसक जनान्दोलनों के माध्यम से समाजवाद

1952 में पूना में 21 दिनों के उपवास के बाद कहते हैं, "यह स्पष्ट हो गया है कि भौतिकवाद, एक दार्शनिक दृष्टकोण के रूप में, नैतिक आचरण का कोई आधार तथा अच्छाई के लिए कोई प्रेरणा प्रदान नहीं कर सकता।"

1953 में बर्मा की राजधानी रंगून में हुए पहले एशियाई सम्मेलन के सम्बोधन में उन्होंने वही बात दुहराई, "लोकतान्त्रिक देश में, लोकतान्त्रिक साधन उपलब्ध होने पर लोकतान्त्रिक मार्ग ही अपनाने चाहिए।"

उन्होंने इस बात से इनकार किया कि अन्तिम स्थिति में हिंसा आवश्यक होगी और हिंसा के बिना सामाजिक क्रान्ति सम्भव नहीं है। जेपी के अनुसार अहिंसक जनान्दोलनों के माध्यम से समाजवाद का लक्ष्य पूरा किया जा सकता है।

1954 में जेपी ने बोधगया में आयोजित सर्वोदय सम्मेलन में भूदान पर आधारित अहिंसक सामाजिक क्रान्ति में अपना जीवन समर्पित कर दिया। 1956 में समाजवादी मित्रों को संबोधित 'समाजवाद से सर्वोदय की ओर' में जेपी ने कहा, "अब यह सवाल गम्भीरतापूर्वक मेरे दिमाग़ में आने लगा है कि क्या मार्क्सवाद, लेनिनवाद, चाहे उसकी जो भी परिभाषा हो सामाजिक क्रान्ति और समाजवाद का निरापद मार्गदर्शक हो सकता है।"

उन्होंने दो बातें कहीं :

(क) जिस समाज में लोकतान्त्रिक साधनों से जनता द्वारा समाज परिवर्तन सम्भव हो वहाँ हिंसा का सहारा लेना क्रान्ति विरोधी है।

(ख) रूस की स्वतन्त्रता के अभाव में समाजवाद न तो जीवित रह सकता है, और न ही उसका निर्माण हो सकता है।

जेपी के अनुसार रूस में विशाल जनता के समर्थन से क्रान्ति हुई थी पर लेनिन ने उस वक़्त हथियार के बल पर अल्पमत क्रान्ति में बदल दिया।

उसने अल्पमत होने के कारण संविधान सभा को विघटित कर दिया। विद्रोही सैनिक और मज़दूरों के सहयोग से सत्ता पर क़ब्ज़ा कर लिया।

अल्पमत द्वारा सत्ता पर जबरदस्ती कब्ज़ा के कारण क्रान्ति विकृत और असफल हुई। जहाँ लोकतन्त्र नहीं है वहाँ हिंसक क्रान्ति और क्रान्तिकारी सरकार के लिए बहुमत जनता का समर्थन अनिवार्य है।

गांधी मार्ग से सामाजिक परिवर्तन

जेपी ने कहा कि वो धीरे-धीरे गांधी विचार के क़रीब आ गये। लेकिन उस वक़्त यह स्पष्ट नहीं था कि अहिंसक मार्ग से समाजवादी क्रान्ति कैसे होगी। लेकिन विनोबा जी के भूदान आन्दोलन में इस प्रश्न का जवाब मिल गया था।

गांधी जी के दर्शन के अनुसार सामाजिक क्रान्ति की प्रक्रिया के दो पहलू हैं। इसका एक पहलू है–विचार परिवर्तन का व्यापक अभियान। दूसरे शब्दों में, सभी लोगों को–वर्गगत, सिद्धान्तगत और अन्य मतभेदों का ध्यान रखे बिना–यह समझने का व्यापक अभियान कि वे जीवन उन विचारों, पद्धतियों एवं मूल्यों को, जो ग़लत और नुक़सानदेह पाये गये हैं, त्याग कर उनकी जगह सही विचारों, पद्धतियों एवं मूल्यों को स्वीकार करें। इस तरह एक वैज्ञानिक और नैतिक क्रान्ति की शुरुआत होती है। इस प्रक्रिया की लोकनायक के अनुसार एक महती विशेषता यह होती है कि उन नये विचारों और मूल्यों की ओर, जिन पर आचरण कठिन मालूम होता है, साधारण व्यक्ति भी आसानी से बढ़ सके।

इसके लिए एक कालबद्ध कार्यक्रम सोचा जा सकता है।

गांधी जी की पद्धति का दूसरा पहलू स्वावलम्बन और स्वशासन के कार्यक्रमों का आयोजन है, जिसके द्वारा लोग–सबसे पहले छोटे समुदायों में रहने वाले लोग अपने-अपने काम-काज सीख सकें और नये विचारों एवं मूल्यों से प्रेरित होकर नयी संस्थाओं और सामाजिक जीवन के नये रूपों के निर्माण में परस्पर सहयोग कर सकें। जेपी आगे कहते हैं कि इन दोनों पहलुओं को मिलाकर एक पूर्ण कार्यक्रम बनता है।

हिंसा से सत्ता जनता के हाथ में नहीं आती

1969 में नक्सलवादी आन्दोलन के तेज़ी से उभरने पर जेपी का ध्यान हिंसा और अहिंसा के प्रश्न पर पुन: गया। अगस्त 1969 में 'वीकेंड रिव्यू' नामक नयी दिल्ली से प्रकाशित पत्रिका में जेपी अपनी बात रखते हुए कहते हैं कि हिंसक क्रान्ति के समर्थकों के अनुसार हिंसक रास्ता ही क्रान्ति का एकमात्र रास्ता है, लेकिन दरअसल यह एक ग़लत धारणा है क्योंकि आज तक किसी भी हिंसक क्रान्ति के फलस्वरूप सत्ता जनता के हाथ में नहीं आयी है। लोकनायक के अनुसार सामाजिक क्रान्ति के दो हिस्से हैं : एक पुरानी व्यवस्था को नष्ट करना और, दो नयी व्यवस्था का निर्माण। जो हिंसक क्रान्तियाँ सफल होती हैं उनकी सफलता इसी में निहित है कि वे पुरानी व्यवस्था को जड़ से समाप्त कर देती हैं। लेकिन इसी समय ऐसा कुछ होता है जो बाद की प्रक्रिया को अवरुद्ध कर देता है। क्रान्ति के दौरान व्यापक पैमाने पर असंगठित हिंसा होती है, जिससे पुरानी व्यवस्था नष्ट हो जाती है। जब क्रान्ति का यह दौर समाप्त हो जाता है तो इस असंगठित हिंसा को रोकने के लिए संगठित हिंसा पैदा होती है और जिन क्रान्तिकारियों का संगठित हिंसा पर नियन्त्रण होता है और इस तरह क्रान्ति का लक्ष्य जनता के हाथों में सत्ता के बजाय वह नये शासकों के हाथ चली जाती है। दरअसल हिंसक क्रान्तिकारी जानबूझकर धोखाधड़ी नहीं करते लेकिन हिंसा के तर्क के अनुसार ऐसा अपने आप हो जाता है।

लोकनायक कहते हैं कि जो लोग हिंसक क्रान्ति की बात करते हैं उनका उद्देश्य यदि अपने हाथों में सत्ता लेने के बजाय सत्ता को जनता तक पहुँचाना है, तो उन्हें इतिहास से सबक लेना चाहिए। अगर वे सिर्फ़ सत्ता पर क़ब्ज़ा चाहते हैं, तो वे जानबूझ कर जनता को धोखा दे रहे हैं और यदि वे जनता के लिए सत्ता चाहते हैं तो उनके द्वारा चुना गया रास्ता ग़लत है।

साधन और साध्य की एकता

लोकनायक अपने लेखन 'ए रेव्यूलूशनरी क्वेस्ट' में कहते हैं कि क्रान्ति के अहिंसक तरीक़ों के बारे में क्रान्तिकारियों में स्पष्टता का अभाव है। क्रान्ति के अहिंसक तरीक़े में सबसे मुख्य बात यह है कि साधन और साध्य में एकता होनी चाहिए। यदि हमारा साध्य अहिंसक समाज निर्माण है तो हमारे साधन भी अहिंसक होने चाहिए। यदि हमारा साध्य मानव स्वतन्त्रता है तो दबाव डालने वाले साधनों का इस्तेमाल नहीं किया जा सकता। जेपी इस दबाव में नैतिक दबाव को नहीं शामिल करते हैं। यदि मानव अपने आप में साध्य है तो इसका इस्तेमाल साधन के रूप में नहीं किया जा

सकता। यदि नये जीवन का आधार सत्य होगा तो हम असत्य पर आधारित साधनों की अनुमति नहीं दे सकते। अगर साध्य सत्ता का विकेन्द्रीकरण होगा, तो इसे हम केन्द्रीकरण के माध्यम से हासिल नहीं कर सकते।

इस पद्धति के अन्य तत्त्व इस प्रकार हैं :

1. समझा-बुझा कर विचार परिवर्तन के ज़रिये व्यक्ति और समूह को नये विचार और कर्म को स्वीकार कराना।
2. ऐसा रचनात्मक कार्यक्रम जिससे लोगों को मदद मिलती हो और जिससे मानव के मन और मस्तिष्क को छुआ जा सके।
3. जब ज़रूरी हो अहिंसक असहयोग और प्रतिरोध, सही तरीक़े से प्रशिक्षित स्वयं सेवकों एवं क्रान्ति के सचेत कैडर की ऐसी जमात तैयार करना जो जनता की अहिंसक सेवा के लिए प्रतिबद्ध हो।

क्रान्ति क्रान्तिकारियों की मर्ज़ी पर ही नहीं होती

हिंसक क्रान्ति के सन्दर्भ में जेपी ने अपने विचार सिलसिलेवार ढंग से 1970 में नक्सलवादी प्रभावित प्रखण्ड के मुसहरी गाँव में अपने काम के आधार पर 'आमने-सामने' पुस्तिका में रखे हैं। ग्रामीण भारत में हिंसा के पनपने के कारणों का विश्लेषण करते हुए जेपी पूछते हैं, "क्या हिंसा तारक सिद्ध होगी, जैसा कि उसके बारे में विश्वास दिलाया जाता है?" जेपी का उत्तर नकारात्मक है। जेपी कहते हैं कि पहली बात यह है कि राजनैतिक हिंसा क्रान्तिकारी और प्रतिक्रान्तिकारी भी हो सकती है। यह निश्चित नहीं है कि हिंसक क्रान्तिकारी-आन्दोलन हमेशा सामाजिक क्रान्ति की तरफ़ ही हमें ले जायेगा। उसमें से प्रतिक्रिया भी पैदा हो सकती है और अन्त में वह एक फ़ासी तानाशाही का रूप ले सकती है। अथवा अन्ततः उसमें से अराजकता, व्यापक दुख-कष्ट, राष्ट्रीय विघटन एवं ग़ुलामी के परिणाम भी पैदा हो सकते हैं। जो लोग हिंसा का प्रचार करते हैं उन्हें इन सम्भावनाओं पर विचार करना चाहिए।

दूसरी बात यह है कि क्रान्ति क्रान्तिकारियों की बिल्कुल मर्ज़ी पर ही नहीं हुआ करती। क्रान्ति की सफलता के लिए सामाजिक एवं ऐतिहासिक परिस्थितियाँ परिपक्व होनी चाहिए। इसमें पूरी शताब्दी लग सकती है, जैसा कि इतिहास में हम अक्सर देखते हैं। भारत में हिंसा के जो पक्षधर हैं, वे तेलंगाना के रक्तपात के समय से ही क्रान्ति करने का प्रयास कर रहे हैं। लेकिन इन 22 वर्षों में अक्सर तक आगे बढ़े हैं? हिंसक क्रान्ति के आयोजन में कम समय लगता है यह एक भोली

मान्यता है। इससे अधिक ग़लत और कोई बात नहीं हो सकती है। हिंसा कभी तारक सिद्ध नहीं हुई।

तीसरी बात यह है कि लम्बी तैयारी के बाद जब सफलता मिलती है तो इतनी ही मिलती है कि पुरानी व्यवस्था को ध्वस्त किया जा चुका होता है, लेकिन लक्ष्य तो सामाजिक व्यवस्था का नवनिर्माण होता है। लेकिन हिंसक क्रान्ति की सफलता के बाद सत्ता के लिए वे खूनी संघर्ष में पिल पड़ते हैं, आपसी रक्तपात में बह जाते हैं। इतिहास में एक भी हिंसक सामाजिक क्रान्ति नहीं हुई है जो अभीष्ट आदर्शों को प्राप्त करने में सफल हुई हो। फ्रेंच क्रान्ति पर तथा उसके समानता, स्वतन्त्रता एवं भातृत्व के आदर्शों पर विचार कीजिए। फिर लेनिन के उद्घोष पर भी विचार कीजिए। क्रान्ति के बाद के 53 वर्ष होने के बाद भी सम्पूर्ण सत्ता सोवियतों (पंचायतों), श्रमिक सोवियतों, सैनिक सोवियतों, किसान सोवियतों के हाथ में जा पायी? उलटे रूसी जनता के सर पर पार्टी की तानाशाही अन्त तक कायम रही। इसकी कोई गारंटी नहीं थी कि सोवियतों के हाथ में सत्ता कब आयेगी।

चौथी बात सभी क्रान्तियों का आयोजन जनता के लिए सत्ता प्राप्त करने का ही होता है पर सत्ता क्रान्तिकारियों के वैसे मुट्ठी भर लोग हड़प लेते हैं जो सबसे निर्मम होते हैं। ऐसा होना अनिवार्य है क्योंकि सत्ता बन्दूक़ की नली से निकलती है। बन्दूक़ सामान्य जनता के हाथ में नहीं होती, बल्कि हिंसा के उन संगठित तन्त्रों के हाथ में रहती है जो हर सफल क्रान्ति में क्रान्तिकारी सेना तथा उसकी सहायक जमातों के रूप में होती है। इन तन्त्रों पर जिनका नियन्त्रण होता है सत्ता उनके हाथों में होती है। इसीलिए अन्ततः हिंसक क्रान्ति तानाशाही को जन्म देती है। क्रान्ति के बाद शासकों एवं शोषकों का एक नया विशेषाधिकार प्राप्त वर्ग पैदा हो जाता है जिसके अधीन बहुसंख्यक जनता फिर से ग़ुलाम हो जाती है।

इसीलिए जेपी कहते हैं कि हिंसा कभी तारक सिद्ध नहीं हुई है जैसा कि पीड़ित लोगों को समझा दिया गया है। टॉलस्टॉय की एक प्रसिद्ध उक्ति है जिसको थोड़ा बदलकर कहा जा सकता है कि क्रान्तिकारियों ने जनता के लिए सब कुछ तो किया है, केवल पीठ पर से उतरने का कष्ट नहीं किया है।

अहिंसक मार्ग से क्रान्ति का व्यापक प्रयास हो

1974 आन्दोलन के पूर्व जेपी इस निष्कर्ष पर पहुँच चुके थे कि परिवर्तन अहिंसक व शान्तिमय तरीक़े से होगा। अहिंसक तरीक़े से क्रान्ति हो इस सम्भावना की ओर पर्याप्त ध्यान देने की ज़रूरत है। जेपी सत्याग्रह को भी क्रान्ति के लिए महत्त्वपूर्ण मानते हैं। यह बात वो आपातकाल में अपनी जेल डायरी में भी लिखते हैं।

जेपी की उपर्युक्त बातों से एक बात समझ में आती है कि जेपी हिंसा के माध्यम से क्रान्ति की सम्भावना को पूरी तरह से ख़ारिज नहीं करते लेकिन वे मानते हैं कि उससे अपेक्षित परिणाम नहीं मिलते। क्योंकि इस रास्ते से सत्ता जनता के हाथ नहीं आती। इसीलिए शान्तिमय तरीक़ों से परिवर्तन की प्रक्रिया को तेज़ करना चाहिए।

शान्तिमय वर्ग संघर्ष

जेपी ने हिंसा का सर्वप्रथम समर्थन किया पर बाद में कहा कि बहुंसख्यक जनता अहिंसा के रास्ते से आगे बढ़े तो सफलता मिल सकती है। वो उन्होंने किया। गांधी के साथ-साथ मेहर अली, लोहिया, कृपलानी, आचार्य नरेन्द्र देव एवं विनोबा के साथ भी काम किया। हज़ारों समाजवादी एवं सर्वोदय कार्यकर्ताओं से संवाद बनाया एवं 1974 आते-आते उन्होंने इन लोगों के विचार को विकसित करते हुए शान्तिमयता की बात की। अहिंसा शब्द का प्रयोग क्यों नहीं किया यह चिन्तन का विषय है। सर्वोदय में समन्वय की बात की। बाद में शान्तिमय वर्ग संघर्ष की वकालत की।

वैचारिक गतिशीलता की वजह से उन्होंने शान्तिमय वर्ग संघर्ष की बात कही क्योंकि साध्य और साधन में एकता के बिना जनता के हाथ में सत्ता का हस्तान्तरण नहीं हो सकता ऐसा उनका दृढ़ विश्वास था। भूदान आन्दोलन की असफलता के बारे में उनके मन में प्रश्न था।

उन्होंने कहा कि सर्वोदय आन्दोलन में हमने मज़बूतों को ही ध्यान में रखा। कमज़ोर जो हैं, पिछड़े जो हैं उनकी सर्वोदय आन्दोलन में बहुत कम भूमिका रही। आज़ादी के इतने वर्ष बाद समाज को कितना बदल सके? बाद में उन्होंने हिंसक संघर्ष के स्थान पर व्यापक जनसत्याग्रह की बात कही। उन्होंने कहा कि हम सब मानव हैं, हमारा कोई दुश्मन नहीं होगा।

उन्होंने कहा कि वर्ग संघर्ष में मार्क्सवाद हमारे काम नहीं आयेगा। वर्ग संघर्ष की उस कल्पना के पीछे मार्क्सवादी, समाजवादियों ने वैसा वर्ग संघर्ष संगठित करने की योजनाबद्ध कोशिश की, फिर भी उन्हें बड़ी सफलता मिली, ऐसा हम नहीं कह सकते।

मैं एक प्रकार से दोहरे दबाव की कल्पना करता हूँ। ईमानदार और निःस्वार्थ युवक, कार्यकर्ताओं द्वारा व्यापक लोकशिक्षण का दबाव और पिछड़े दबे लोगों के व्यापक वर्ग संगठन का दबाव। यह दोहरी प्रक्रिया शोषण की व्यवस्था को बदलेगी। ख़तरे हमेशा रहते हैं। सम्पूर्ण क्रान्ति के आन्दोलन में हिंसा के ख़तरे थे पर डर कर समाज परिवर्तन के प्रयोग नहीं किये जा सकते। हमें अपनी तरफ़ से पूरी

सावधानी रखनी है कि हिंसा या फूट पड़ने की कोई गुंजाइश न रहे। हमारी सावधानी के बावजूद ऐसा हो जाये तो हमें धैर्य के साथ उस पर क़ाबू करने की, अपनी कार्य पद्धति बदलने की कोशिश करनी चाहिए।

उनके मन में एक व्यापक जन सत्याग्रह की बात थी। उन्होंने जनता पार्टी की सरकार को जनता की अपेक्षाओं पर खरा नहीं उतरते हुए देख संघर्ष वाहिनी के एक सवाल पर कहा था, "नयी सरकार को एक वर्ष का समय दो, उसके बाद तुम लोगों के साथ मैं सड़क पर उतरूँगा। वह प्रयोग क्रान्तिकारी जमात को पूरा करना है। आन्दोलन वापस लेने का सवाल ही नहीं उठता।"

जब बोधगया में 12,000 एकड़ शान्तिमय भूमि मुक्ति आन्दोलन के दौरान 8 अगस्त 1979 को मस्तीपुर गाँव में हम पर भूपति की ओर से गोली-बम से आक्रमण हुआ तो हमारे दो साथी मारे गये। एक गोली लगने से घायल हुआ। बाद में एक भूपति के पहलवान का भी शव मिला। घटना के पश्चात निकट थाने से पुलिस आयी। उन्होंने मेरे इनकाउंटर की कोशिश की लेकिन भाग्यवश मैं बच गया। लेकिन साथी सुशील एवं मुझ पर थाने के हाजत में थर्ड डिग्री का प्रयोग पुलिस ने किया। साथी फिरंगी की पिटाई हुई। यदि गाँव के लोग थाने को घेरे नहीं रहते और सुशील न पहुँचते तो कम से कम मैं तो पुलिस के हाथों मारा ही जाता।

हिंसा की यह ऐसी पहली घटना थी जिसमें मठ का एक पहलवान मारा गया था। इस घटना की जाँच में सर्वोदय की एक टीम आयी। उन्होंने जेपी को रिपोर्ट दी और कहा कि हमारी ओर से हिंसा हुई है इसलिए आन्दोलन वापस लेना चाहिए। जेपी हमारे नायक थे। वो कहते तो हमें वापस आना पड़ता। पर उन्होंने कहा आन्दोलन वापस लेने का सवाल ही नहीं उठता। पर उन्होंने कहा 'आगे हिंसा न हो इसका ध्यान रखें' उन्होंने आन्दोलन के समर्थन में बयान ही नहीं दिया बल्कि तत्कालीन मुख्यमन्त्री को पत्र भी लिखा। मेरी समझ से जेपी एक वर्गविहीन अहिंसक लोकतान्त्रिक एवं जनभागेदारी वाला समाज बनाना चाहते थे इस समाज में किसी तरह की हिंसा नहीं होगी। इतिहास में क्रान्ति के प्रयोगों को ध्यान में रखते हुए उन्होंने क्रान्ति के लिए परिवर्तन की प्रक्रिया में शान्तिमयता को साधन के रूप में विकसित किया। शान्तिमयता एक मार्ग है जो हमें अहिंसक समाज की ओर ले जाता है। यदि गांधी को समझें तो उन्हें हिंसा के प्रति नैतिक आपत्ति है। शान्तिमयता व्यावहारिक है। हम ऐसे समाज में जीते हैं जहाँ जाति के आधार पर संगठित हिंसा पहले से बरकरार है। इसका प्रतिकार भी हो रहा है। अहिंसा को एक सामूहिक पराक्रम के रूप में बदलने का मार्ग शान्तिमयता है। मैं ऐसी बात कहने की हिम्मत इसलिए कर

रहा हूँ क्योंकि जेपी ने कहा था कि अहिंसक तरीक़ों से क्रान्ति सम्भव है हालाँकि इस सम्भावना की ओर अब तक लोगों ने ध्यान नहीं दिया है। जेपी के विचार हमने यहाँ पिछले चार खण्डों में लिखे हैं। उन बातों सं यह तो स्पष्ट है कि हिंसा की कई सीमाएँ हैं। हमने कई आन्दोलनों में सक्रियता एवं अन्य आन्दोलनों को देखने के बाद यह अनुभव किया है कि :

1. हिंसा के माध्यम से हुई क्रान्ति अपने घोषित मूल्यों के अनुरूप नहीं होती। घोषित लक्ष्यों तक नहीं पहुँचती। इस माध्यम से पुराने ढाँचा को तोड़ने में सफलता मिलती है पर नया समाज नहीं बन पाता यानी आर्थिक-राजनैतिक सत्ता आम जनता के हाथों में नहीं आती।
2. क्रान्ति के लक्ष्यों के प्रति ईमानदार होते हुए भी हिंसा का परिणाम तानाशाही और केन्द्रित शासन में परिणत हो जाता है।
3. हिंसक क्रान्ति के बाद हिंसा और भी संगठित रूप से प्रतिष्ठित होती है।
4. हिंसक संघर्ष में शासक और शोषक वर्ग को दमन का औचित्य सिद्ध करने का मौका मिलता है।
5. हिंसा में गुप्तता मजबूरी होती है।
6. हिंसा की प्रक्रिया हमेशा केन्द्रित व्यवस्था बनाती है।
7. भारतीय परिस्थिति में हिंसा से जातीय अन्तर्विरोध का फ़ायदा विरोधियों को मिलता है।
8. विज्ञान के द्वारा आविष्कृत हथियारों ने हिंसा को और भी सीमित कर दिया है।
9. समझदारी के बावजूद, जब हिंसा हो जाती है तो उसे सुधरने का अवसर कम होता है।

जबकि शान्तिमयता में

1. परिवर्तन की प्रक्रिया में विकेन्द्रित प्रक्रिया शुरू हो जाती है। विकेन्द्रित व्यवस्था बनने लगती है।
2. रचना और संघर्ष की दोहरी प्रक्रिया के द्वारा हम मूल उद्देश्य के लिए आन्दोलन के मार्ग में व्यवस्था बनाते जाते हैं।
3. गुप्तता हमारी मजबूरी नहीं होती।
4. शान्तिमय आन्दोलन में स्त्रियों, बच्चों, नि:शक्त लोगों की अधिकतम भागेदारी से इनके प्रति सामाजिक दृष्टि में परिवर्तन आन्दोलन की प्रक्रिया में लाया जा सकता है।

5. शान्तिमय आन्दोलन की प्रक्रिया में विपक्ष को समझने एवं समझाने का अवसर अधिक मिलता है। ऐसे में आन्दोलन की ताक़त मज़बूत होती है।
6. हिंसा-प्रतिहिंसा का अन्तहीन दौर नहीं चलता।

सम्पूर्ण क्रान्ति आन्दोलन बिना जनता की भागेदारी के सम्भव नहीं है इसीलिए समाज को शान्तिमय मार्ग से अहिंसक संघर्ष या व्यापक अहिंसक सत्याग्रह के लिए तैयार करना होगा। इस बात पर कोई विवाद नहीं है कि अहिंसा का ही रूप शान्तिमयता है। आज हथियार एवं पूँजी के बल पर कुछ देश अन्य देशों के प्राकृतिक संसाधनों पर क़ब्ज़ा जमा रहे हैं। ऐसे में हथियार के ख़िलाफ़ एवं सैनिक घुसपैठ के विरुद्ध जनमत बनाने का काम ज़रूरी है। जनता के अधिकारों को सुरक्षित रखने का काम आवश्यक है। और अन्त में मैं जेपी के इस कथन से अपनी बात समाप्त करना चाहूँगा :

लोकनायक जयप्रकाश नारायण आपातकाल में अपनी जेल में लिखी डायरी में कहते हैं कि, "जैसे मैंने सम्पूर्ण क्रान्ति का नाम दिया है, वह कैसे हो? समाज के हर पहलू में क्रान्ति कैसे हो? यह प्रश्न और कठिन हो जाता है। जब हम यह भी कहते हैं कि सम्पूर्ण क्रान्ति शान्तिपूर्ण तरीक़े से, समाज के लोकतान्त्रिक ढाँचे को क्षतिग्रस्त किये बिना, जनता की लोकतान्त्रिक जीवन पद्धति को प्रभावित किये बिना करनी है। इस रूप में देखा जाये तो सर्वाधिक विधिनिष्ठ एवं संविधाननिष्ठ लोकतन्त्रवादी भी यह स्वीकार करेगा कि यदि लोकतन्त्र को निर्वाचित विधायन, नियोजन तथा प्रशासनिक क्रियान्वयन तक ही, सीमित रखना है तो यह सारा कुछ कभी नहीं होगा। इसीलिए आवश्यक है कि जनता की सीधी कार्रवाई। इस प्रकार की कार्रवाई में और बातों के अलावा सविनय अवज्ञा, शान्तिमय अर्थ में सत्याग्रह का समावेश होगा ही। ऐसे सत्याग्रह का एक अव्यक्त गूढ़ार्थ होगा आत्म-परिवर्तन अर्थात परिवर्तन चाहने वाले ऐसी कार्रवाई शुरू करने के पूर्व अपने आप को परिवर्तित कर लें।"

सन्दर्भ सूची :

जयप्रकाश नारायण, शान्तिमयता ही क्यों?, राजेन्द्र प्रकाशन, पटना।

रेवोल्यूशनरी क्वेस्ट, आक्सफोर्ड यूनिवर्सिटी प्रेस ।

टुवर्ड्स टोटल रेवोल्यूशन, पॉपुलर प्रकाशन, मुम्बई।

समाजवाद, सर्वोदय और लोकतन्त्र, बिहार ग्रन्थ एकेडमी, पटना।

आमने-सामने, सर्वसेवा संघ, वाराणसी।

कारावास की कहानी–सर्वसेवा संघ, राजघाट, वाराणसी।

छात्र-युवा संघर्ष वाहिनी का गठन

कुमुद

18 मार्च 1974 को बिहार में प्रारम्भ हुआ छात्र आन्दोलन शीघ्र ही जेपी का नेतृत्व पाकर पूरे देश में फैल गया। भ्रष्टाचार, शिक्षा में कदाचार, भाई-भतीजावाद और बेरोज़गारी के ख़िलाफ़ छात्र संघर्ष समिति के बैनर तले छात्र एकजुट हो रहे थे। कक्षा बहिष्कार प्रदर्शन इत्यादि के ख़िलाफ़ सरकार का दमन चक्र शुरू हो चुका था। सैकड़ों छात्र गिरफ़्तार किये गये, कई जगह गोलियाँ चलीं। 5 जून 1974 को जेपी ने गांधी मैदान में अपना ऐतिहासिक भाषण देते हुए कहा, "यह सम्पूर्ण क्रान्ति है मित्रो! पूरी व्यवस्था में आमूल परिवर्तन की आवश्यकता है।" 25 जून की मध्य रात्रि को देश में आपातकाल लगा दिया गया, पाबन्दियों के बावजूद आन्दोलन बढ़ता चला गया, फैलता चला गया। आरम्भ में नेतृत्वकारी भूमिका में वो छात्र थे जो किसी न किसी राजनीतिक पार्टियों या उनके युवा शाखा से जुड़े थे। ऐसे में जेपी ने पाया कि छात्रों की प्रतिबद्धता पहले अपनी पार्टियों के प्रति है सम्पूर्ण क्रान्ति के प्रति नहीं। जबकि आन्दोलन में भारी संख्या में निर्दलीय छात्र जुड़े थे उनके लिए जेपी कोई ठोस दिशा निर्देश देना चाहते थे, इसी पृष्ठभूमि के साथ उन्होंने 1 जनवरी 1975 को बिहार में फिर पूरे देश में छात्र-युवा संघर्ष वाहिनी का गठन किया।

यह एक ग़ैर राजनीतिक संगठन बना जो सिर्फ़ सम्पूर्ण क्रान्ति के प्रति समर्पित था इसमें युवाओं के लिए कुछ शर्तें निर्धारित की गयीं जैसे शान्तिमयता, निर्दलीयता, सम्पूर्ण क्रान्ति के प्रति समर्पित एक ऐसा संगठन जो जाति, धर्म, सम्प्रदाय के भेदभाव को नहीं मानते थे और न मानने वाले चिह्नों को धारण करते थे उनकी उम्र सीमा भी 30 वर्ष निर्धारित की गयी। आज़ादी के संघर्ष के बाद यह सबसे बड़ा आन्दोलन था इसे आज़ादी की दूसरी लड़ाई एवं जेपी को दूसरा गांधी भी कहा गया। आज़ादी की लड़ाई की तरह इसमें भी बड़ी संख्या में महिलाएँ जुड़ीं, वे

आन्दोलनकारी के साथ धरना प्रदर्शन में भाग लेतीं, विरोध मार्च करतीं, पोस्टर बैनर का इन्तज़ाम करतीं या आन्दोलनकारी के रहने-खाने की व्यवस्था करतीं। वह ख़ुद ब ख़ुद अपनी इच्छा एवं सुविधा से सहभागिता निभाने लगीं। आन्दोलन अपने चरम पर था पूरे देश में ख़ासकर बिहार में इन्दिरा सरकार की ग़लत नीतियों एवं तानाशाही आदेशों के ख़िलाफ़ जन मानस में एक उबाल था। बड़ी संख्या में आन्दोलनकारियों को जेल में डाल दिया गया था। महिलाएँ रक्षाबन्धन के दिन उनको राखी बाँधने पहुँच गयीं और कहा, "भाई हमारा छूटेगा जेल का ताला टूटेगा।" आश्चर्य की बात यह थी कि इतनी बड़ी संख्या में लड़कियों के जुड़ने, सभा सम्मेलनों में भाग लेने के बावजूद उनके प्रति अनहोनी, छेड़खानी या दुर्व्यवहार की घटना कम से कम घटी मानो उन पर लगाम लग गया हो सभी इन सामाजिक बुराइयों के ख़िलाफ़ खड़े थे, एकजुट होकर सत्ता परिवर्तन के लिए लड़ रहे थे। इसी आधार पर यह लगता है कि जब लड़कियाँ घर से बाहर निकलेंगी लड़कों के साथ मिलकर काम करेंगी तो उनके बीच का सम्बन्ध ज़्यादा सहज और मैत्रीपूर्ण होगा। इस बीच बिना तिलक, दहेज बिना आडम्बर के विवाह भी सम्पन्न हुए। वाहिनी की अधिकांश लड़कियों ने अपनी पसन्द से बिना किसी आडम्बर, बिना कोई वैवाहिक अनुष्ठान के विवाह किया। 77 के चुनाव में कांग्रेस के ख़िलाफ़ सभी पार्टियाँ एकजुट हुईं। उनके साथ मिलकर महिलाओं ने गाँव-गाँव घूम कर चुनाव प्रचार में काम किया, वेलेट पेपर मोड़ने, चुनाव चिह्न हलधर किसान को वोट ज़रूर देने का आग्रह करती समय का नारा था जो बहुत प्रचलित हुआ था "मार्च का बदला मार्च से लेंगे", "बुलेट का बदला वेलेट से लेंगे" युवा शक्ति की ताक़त को पूरे देश ने देखा, इन्दिरा सरकार बुरी तरह पराजित हुई। राजनीतिक पार्टियों एवं उनके कार्यकर्ता सरकार बनाने एवं जीत का जश्न मनाने में लग गये तब छात्र-युवा संघर्ष वाहिनी के साथियों ने जेपी से पूछा, अब क्या करें, तो उन्होंने कहा गाँव जाओ और उनकी समस्याओं पर काम करो। उन्होंने यह भी कहा कि यह आन्दोलन सिर्फ़ सत्ता परिवर्तन के लिए नहीं बल्कि व्यवस्था परिवर्तन के लिए है। जीवन के हर क्षेत्र में आमूल परिवर्तन की ज़रूरत है। सामाजिक, आर्थिक, राजनीतिक, धार्मिक, शैक्षणिक, वैचारिक और आध्यात्मिक। जेपी की विचार यात्रा विभिन्न चरणों से गुज़रते हुए अन्त में सम्पूर्ण क्रान्ति तक पहुँची। आरम्भ में वह मार्क्सवादी रहे फिर गांधी एवं आचार्य नरेन्द्र देव के विचारों से भी प्रभावित हुए फिर सर्वोदय से जुड़ गये। सम्पूर्ण क्रान्ति का उद्घोष उनके वैचारिक चिन्तन का परिणाम था। लोहिया के सप्त क्रान्ति की छाप इसमें देखी जा सकती है। संघर्ष वाहिनी के कार्यकर्ताओं ने अलग-अलग क्षेत्र में जाकर

काम करने का निर्णय लिया। बिहार के बोधगया, पचमनिया पलामू, जमशेदपुर, भागलपुर इत्यादि कई जगह संगठन बनाकर सर्वे कर वहाँ की समस्याओं से वाक़िफ़ होकर उन्होंने एक कार्य नीति बनायी। बोधगया को सघन क्षेत्र के रूप में चिह्नित किया गया। मठ की लगभग 20,000 एकड़ फर्ज़ी बेनामी ज़मीन के ख़िलाफ़ शान्तिपूर्ण संघर्ष और उसमें जीत हमारे यानी संघर्ष वाहिनी के आन्दोलन की बहुत बड़ी उपलब्धि है।

पलामू में रिक्शा चालकों की यूनियन बनी, चांडिल डैम के ख़िलाफ़ आन्दोलन किया गया, गंगा मुक्ति आन्दोलन भागलपुर में शुरू किया गया। गन्ध मार्दन में भी संघर्ष की शुरुआत हुई। वाहिनी के कार्यकर्ता क्षेत्र में ही रहते थे, गाँव के लोगों के बीच रहना, वहीं का खाना खाना, मीलों पैदल चलना इत्यादि कार्य शैली गाँव वालों के विश्वास में लेने का कारण बना। जिसका संघर्ष उसका नेतृत्व के सिद्धान्त को व्यवहार में उतरने के लिए स्थानीय स्तर पर समितियाँ बनायी गयीं और मुख्य ज़िम्मेवारी वहीं के लोगों को सौंपी गयी फलस्वरूप उनके बीच हमारे प्रति विश्वास और सम्मान का भाव आया। बिहार आन्दोलन के गर्भ से निकला छात्र-युवा या संघर्ष वाहिनी समाज और महिलाओं के बीच अपनी पैठ बना रहा था। महिलाओं की स्वतन्त्र पहचान और बराबरी की संस्कृति के साथ संघर्ष वाहिनी ने समाज में अपनी पहचान बनायी। अब तक चले आ रहे सामन्तवादी, पूँजीवादी एवं पुरुष सत्तात्मक विचारों से अलग महिलाओं के स्वतन्त्र अस्तित्व की परिकल्पना को साकार करने का प्रयास हुआ।

यहाँ आकर महिलाओं को खुला आकाश मिला। वे हज़ारों की संख्या में उपस्थित लोगों को सम्बोधित कर सकती थीं तो ज़रूरत पड़ने पर गाँव की महिलाओं के बीच छोटी गोष्ठी भी कर सकती थीं। अनशन, धरना पर बैठती थीं तो प्रदर्शन में पुलिस की लाठी भी सहती थीं। यह बुलन्दी कहीं ना कहीं एक मज़बूत विचारधारा का परिणाम था। दोयम दर्जे का नागरिक कहलाने, कम बुद्धि होने या शारीरिक और मानसिक रूप से कमज़ोर होने की ग्रन्थि से ऊपर उठकर समाज के लिए कुछ करने का जज़्बा उन्हें आम लड़कियों से अलग करता था। इन्दु, सरोज, कनक, मनी, अंजलि, चेतना रजिया, आभा, शुभा, नन्दिता कितनों का नाम लें सबका नाम लेना मुश्किल भी है और इसकी ज़रूरत भी नहीं।

संघर्ष वाहिनी चुनाव प्रचार के साथ-साथ कॉलेजों और मोहल्लों में विचार गोष्ठी भी चलाया करती थी। शिक्षा व्यवस्था, गांधी, लोहिया इत्यादि के विचारों पर चर्चा होती। साम्प्रदायिकता के ख़िलाफ़, जाति व्यवस्था, स्त्री-पुरुष समानता एवं

अन्य समसामयिक विषयों पर स्टडी सर्किल चलाया जाता। इसमें शामिल लड़कियों की समझदारी बढ़ती, धीरे-धीरे वह चीज़ों को समझने लगीं। वाहिनी के संयोजक कार्यकारिणी समिति के सदस्यों के प्रयास से वह बोलने लगीं, अपनी बातों को रखने में समर्थ होने लगीं। संगठनात्मक दृष्टि से वाहिनी ने प्रयास किया कि लड़कियों को भी ज़िम्मेदारी मिले इसका व्यापक प्रभाव समाज में स्थापित महिला छवि पर पड़ा यही कारण है कि दूसरे संगठन जैसे विद्यार्थी परिषद, स्टूडेंट फेडरेशन या किसी राजनीतिक दलों की महिला शाखा की कार्यकर्ताओं की तुलना में वाहिनी की लड़कियों में आत्मबल, आत्मविश्वास और कार्य करने की क्षमता अधिक थी। वह निडरता के साथ लड़कों के बीच रहती थीं, कहीं भी जा सकती थीं एवं अपने विचारों को प्रकट कर सकती थीं, यह संस्कृति वाहिनी की विचारधारा का ही परिणाम था।

यह अतिशयोक्ति नहीं होगा कि वाहिनी की महिला सदस्यों का बिहार आन्दोलन में एक महत्त्वपूर्ण स्थान एवं भूमिका थी। उन्होंने आन्दोलन के सिद्धान्तों को धरातल पर उतारने, विचारों को व्यावहारिक रूप देने में अहम भूमिका निभाई। वह जानती हैं कि औरत के सहयोग बिना हर बदलाब अधूरा है। समाज परिवर्तन की इच्छा एवं समर्पण सिर्फ़ पुरुषों का आधिपत्य नहीं बल्कि एक लड़की भी यह काम करने की इच्छा रख सकती है, कई बार परिवार एवं आसपास के लोग कहते हैं कि लड़कियों को इतना बाहर नहीं निकलना चाहिए तो मैं कहती कि समाज परिवर्तन कई के लिए सिर्फ़ पुरुषों पर क्यों हम पर भी इसे अच्छा बनाने की ज़िम्मेवारी है। वाहिनी की विचारधारा ने एक अलग संस्कृति को स्थापित करने का प्रयास किया। स्त्री-पुरुष को बराबर समझने एवं उसके अनुरूप व्यवहार करना उनकी कार्यनीति थी। लड़कियों ने भी अपने शरीर एवं मन को मज़बूत करने का प्रयास किया, एक-दूसरे पर भरोसा, विश्वास और स्नेह ने उनके बीच एक दोस्ताना सम्बन्ध विकसित किया। त्योहार इत्यादि लड़कियों की कमज़ोरी मानी जाती है, वाहिनी की लड़कियों ने इस समाज और परिवार द्वारा बनाया गया ग़ैर बराबरी वाला रीति रिवाज़ नहीं माना। विवाह में तिलक, दहेज एवं कन्यादान की प्रथा के ख़िलाफ़ आवाज़ को बुलन्द किया। उन्होंने नारा दिया "तिलक नहीं, दहेज नहीं, शादी कोई व्यापार नहीं, ख़रीदा हुआ जीवनसाथी, अब हमको स्वीकार नहीं" उनके प्रयास से ही बाद में वाहिनी की सदस्यता की शर्तों में लिंग भेदभाव ना मानना भी जोड़ा गया। कन्यादान एवं तिलक दहेज के ख़िलाफ़ एक मानसिकता बनी। तीसोतर होने के बाद भी संघर्ष वाहिनी के लड़ाकू साथी जनमुक्ति संघर्ष वाहिनी का गठन कर विभिन्न क्षेत्रों में अलख जगाने का काम कर रहे हैं। शरद जोशी और महेन्द्र सिंह टिकैत का किसान आन्दोलन,

अन्ना का लोकपाल विधेयक, धर्मनिरपेक्षता पर ख़तरा, संविधान की सुरक्षा जैसे कई मुद्दों पर चलने वाले आन्दोलन में भाग लेते रहे हैं। निर्भया काण्ड के विरोध में एवं शाहीन बाग़ में नागरिकता संशोधन अधिनियम के ख़िलाफ़ स्वतन्त्र ग़ैर राजनीतिक आन्दोलन से पुराने दिनों की याद ताज़ा हुई लगा कि देश ग़लत नीतियों को मानने को तैयार नहीं है। देश में आज भ्रष्टाचार, महँगाई, बेरोज़गारी, यौन उत्पीड़न अपने चरम पर है पर देश नेताविहीन हो गया लगता है सभी राजनीतिक दल व्यक्तिगत और पार्टीगत हित में लगे हैं कोई सर्वमान्य नेता शुभचिन्तक दिखाई नहीं देता इसके पीछे पूरा देश चल पड़े ऐसे में गांधी, जेपी लोहिया की ज़रूरत और भी बढ़ जाती है। अपने जीवन का महत्त्वपूर्ण कल युवावस्था देश परिवर्तन की लड़ाई में लगाने वाली जमात अब 60, 70 या उससे भी अधिक उम्र की हो गयी है, जिस युवा पीढ़ी पर देश सुधारने का ज़िम्मा होता है वह आज आत्मकेन्द्रित, आत्मविमुक्त एवं समाज से निरपेक्ष हो गयी है, कोरोना ने उसे अकेले रहने की आदत डलवा दी है, सन्तोष इतना ही है कि व्यवस्था परिवर्तन के लिए अपना जीवन अर्पित करने वाला समूह (भले ही वह मुट्ठी भर हो), पर आज भी वे संघर्षरत हैं और अपने सिद्धान्तों को जीवन में उतारने का प्रयास कर रहा है और संघर्षरत हैं और अपने जीवन मूल्यों पर क़ायम हैं जिन जीवन मूल्यों के लिए उन्होंने संघर्ष किया उसे अपने जीवन में उतारने का उनका प्रयास आज भी जारी है। महिलाएँ भी पूरे दमखम के साथ समतामूलक समाज बनाने के प्रयास में लगी हैं। वे जानती हैं कि "औरत के सहयोग बिना हर बदलाव अधूरा है।"

वाहिनी और उसके सघन क्षेत्र

राकेश रफीक

1974 में बिहार में जब छात्रों ने छात्र संघर्ष समिति का निर्माण कर अपना आन्दोलन शुरू किया तो उसमें पूर्वी उत्तर प्रदेश के भी कुछ नौजवान जयप्रकाश जी द्वारा छात्रों का नेतृत्व स्वीकार करने के बाद शामिल हो गये थे। 1 जनवरी 1975 को जब जयप्रकाश जी ने छात्र-युवा संघर्ष वाहिनी की घोषणा की तो उसमें उत्तर प्रदेश से अरुण बनारस, विमल, सन्तोष भारती, रामदत्त, अरुण मिर्जापुर, राजीव हेम केशव, राम धीरज इत्यादि जुड़ गये थे। लेकिन आपातकाल के बाद जब 1977 में राष्ट्रीय स्तर पर छात्र-युवा संघर्ष वाहिनी बनाने की घोषणा लोकनायक जयप्रकाश जी ने की तो उत्तर प्रदेश में भी इसकी स्थापना हुई इसके प्रथम संयोजक रामदत्त बने और उसके बाद राजेन्द्र व कुँवर प्रसून। इस काल में लखनऊ में एक सम्मेलन के द्वारा जनता पार्टी के मुख्यमन्त्री बनारसी दास के द्वारा सम्पूर्ण क्रान्ति की अवधारणा का मज़ाक़ उड़ाने पर उनका विरोध करने की घटना और कॉन्वेंट स्कूलों के ख़िलाफ़ दून मार्च के बाद संगठन में शून्यता छा गयी। इलाहाबाद से राम धीरज और कानपुर से यतीन्द्र पोस्टकार्ड निरन्तर लिखकर आपसी सम्बन्ध बनाये रहे। बाद में लखनऊ में उत्तर प्रदेश का सम्मेलन हुआ और अशोक संयोजक बने साथ ही सहसंयोजक बने राम धीरज, ओम प्रकाश अरुण, राकेश रफीक और अजय। असम आन्दोलन का समर्थन करते हुए लखनऊ दिल्ली पैदल मार्च निकाला गया और फिर दिल्ली में असम के संगठन असम स्टूडेंट यूनियन और असम गण संग्राम परिषद के साथ एक संयुक्त प्रदर्शन किया गया।

इसी समय उत्तर प्रदेश में बौद्ध गया आन्दोलन से प्रेरणा लेकर सघन क्षेत्र बनाने का निर्णय हुआ यह सघन क्षेत्र थे। आगरा, मुरादाबाद, लखनऊ, इलाहाबाद और गाज़ीपुर। इन सभी सघन क्षेत्रों में बहुत से महत्त्वपूर्ण कार्य हुए लेकिन प्रसिद्धि मिली आगरा के सघन क्षेत्र को इसलिए सबसे पहले हम उसी का वर्णन करते हैं।

आगरा सघन क्षेत्र

आगरा शहर के एक किनारे पर खंदारी मोहल्ले में छात्र-युवा संघर्ष वाहिनी का एक बड़ा कार्यालय था जो उसे सर्वोदय से प्राप्त हो गया था। यहाँ पर अनल व मधु ने पास की एक झुग्गी झोंपड़ी में कार्य करना शुरू किया और उसका नाम दिया बापू नगर। इसी बापू नगर पर जब कॉलोनाइजर लज्जाराम ने क़ब्ज़ा करने का प्रयास किया तो उसके प्रतिरोध में शुरू हुआ आगरा आन्दोलन।

लज्जाराम ने एक दिन बस्ती पर क़ब्ज़ा करने के लिए बुलडोजर बुलाये, संघर्ष वाहिनी के साथियों ने विरोध किया तो पुलिस में रिपोर्ट दर्ज कर दी, रात में उन्हें पकड़ने पुलिस आयी तो बस्ती की कुछ औरतें कार्यालय में सोयी हुई थीं। जबरदस्ती दरवाज़ा खुलवाने पर कुछ औरतों के और इंस्पेक्टर के चोट लग गयीं। प्रातः इंस्पेक्टर मोहर सिंह पुलिस का बड़ा दल लेकर आये। हमारी प्रान्तीय कार्यकारिणी सदस्य मधु कार्यालय में थी, वह उन्हें पकड़कर ले गये। साथी अनल के नेतृत्व में बस्ती के लोग इकट्ठे होकर जुलूस निकालकर थाने पहुँचे तो उन पर घुड़सवार पुलिस ने लाठीचार्ज किया। कई लोगों के चोटें आयीं। अनल व कुछ अन्य लोगों को भी गिरफ़्तार कर लिया गया। मधु को काफ़ी टॉर्चर किया गया लेकिन बाद में उन्हें छोड़ दिया गया। बाक़ी साथियों पर मुक़दमे लगा कर उन्हें जेल में डाल दिया गया। अशोक वग़ैरह अन्य साथियों का वारंट जारी कर दिया गया। कार्यालय में सन्नाटा पसरा था।

सूचना मिलने हम कुछ साथी आगरा पहुँचे और आन्दोलन को आगे बढ़ाने की योजना बनायी। पहले अन्य संगठनों से सम्पर्क करना शुरू किया। पी.यू.सी.एल. के कुशवाहा जी के बारे में बताया गया उनसे मुलाक़ात की फिर सी.पी.आई. फिर सी.पी.आई.एम. दफ़्तर जाकर उनसे सहयोग माँगा। सोशलिस्ट नेता रामजीलाल सुमन से भी सहयोग माँगा गया। सुमन जी मुझे डी.एम. से मिलाने ले गये डी.एम. ने उनके सामने ही मेरा पक्ष सुनने की जगह मेरी काफ़ी इंसल्ट की और चेतावनी दे दी आगरा में शान्ति रहनी चाहिए। तीन-चार दिन बाद बिहार के साथी नरेन्द्र व कारू आ गये। हम लोगों ने पुलिस जुल्म के ख़िलाफ़ पोस्टर छपवाकर लाठी चार्ज के दोषियों ए.डी.एम. (सिटी) व एस.पी. (सिटी) को सस्पेंड कराने की डिमांड रख दी, ज़िलाधिकारी कार्यालय के सामने धरने की घोषणा की गयी। धरने वाले दिन तक हम बाहर के 8 प्रमुख साथी थे। सभी ने टीम वर्क शुरू कर तैयारी शुरू की। धरने पर बापू नगर झुग्गी झोंपड़ी के लोग व कुछ शहर के राजनीतिक व सामाजिक

कार्यकर्ता पहुँचे। दोपहर में 2:00 बजे अचानक धरने पर पुलिस की संख्या बढ़ गयी। आगरे के राजनीतिक नेता धीरे-धीरे बहाना बनाकर जाने लगे। मैंने अपने आठ साथियों को इशारा किया और दूर एक आड़ में बुलाया। आठ साथियों ने 5 मिनट में तय किया और 4 लोग धरने की ओर चले गये और हम निकट के रास्तों की ओर लेकिन शायद एल.आई.यू. वाले की निगाह थी पुलिस के कुछ सिपाही हमें पकड़ने के लिए दौड़े हम भाग कर दीवार पर चढ़े और कूद कर भाग गये। पुलिस ने कुछ देर पीछा किया लेकिन हम बच गये पर उपस्थित लोगों को गिरफ़्तार कर लिया गया। अब जेल में पचास से ऊपर लोग बस्ती में रहने वाले थे। अधिकतर मज़दूर थे। उनके घरों का प्रबन्ध करना भी एक काम हो गया लेकिन अख़बारों में गिरफ़्तारी ज़ोर-शोर से छपी। अख़बारों की कटिंग लेकर आगरे के कुछ साथी दिल्ली चले गये। अब हम चार लोगों ने नयी रणनीति बनायी जिसके तहत बापू नगर जाकर वहाँ लोगों से बातचीत करना और आन्दोलन के लिए उन्हें तैयार करना था। वहीं खाना खाना साथ ही पास के एक गाँव जेपी नगर में भी जाकर किसानों से समर्थन जुटाने का प्रयास किया। पड़ोस के एक किसानों के गाँव को जेपी नगर यह नाम हमने ही दिया था। वहाँ के लोगों को अपने समर्थन में तैयार करने को प्राथमिकता दी गयी उधर पुनः एक जुलूस आगरे में निकालने का निर्णय हुआ जिसे कचहरी पहुँचकर ज्ञापन देना था। संजय मंच की एक महिला नेता उसकी अगुवाई को तैयार हो गयी। इस तैयारी के दौरान आई.बी. का एक इंस्पेक्टर मुझे मिला। उसने कहा पुलिस की निगाह अब तुम पर है तुम्हारी गिरफ़्तारी होगी। जुलूस में मत जाना। अख़बारों में छपने के बाद पुलिस का आतंक कम हो गया था, बाहर से आने वाले साथियों की संख्या बढ़ती जा रही थी। अब हमने अपने कार्य को बाँट लिया, हम और नरेन्द्र को आन्दोलन का संचालन करना था, दूसरे संगठनों से मिलना था, बिहार के साथी सुशील को वकीलों के साथ पैरवी का कार्य सौंपा गया था साथ ही विजय आलम को कार्यालय का कार्य सौंपा गया, बाद में यह कार्य बिहार से आये साथी उमेश ने सँभाला बाक़ी साथियों को बापू नगर व जेपी नगर में जाकर लोगों से बात करने का एवं कुछ लोगों को रोज़ जेल जाकर साथियों से मिलने का कार्य सौंपा गया। हम जेल के सुपरिंटेंडेंट से मिलने गये और काफ़ी नोकझोंक के बाद प्रतिदिन कुछ साथियों की मुलाक़ात का विशेष अवसर बना दिया गया। जेल में अनल के नेतृत्व में बी क्लास प्राप्ति का आन्दोलन चल रहा था। प्रदर्शन से एक दिन पूर्व हिन्दुस्तान अख़बार की रिपोर्टर गार्गी दिल्ली से आगरा आयीं। उन्होंने मधु से पूरे घटनाक्रम की जानकारी ली, यह ख़बर अगले दिन हिन्दुस्तान अख़बार के फ्रंट पेज पर छपी। उसी दिन

जुलूस निकाला गया। नगर में घूमना था, जुलूस में काफ़ी लोग थे। अब बापू नगर के अलावा जेपी नगर के लोग भी थे। संजय मंच की नेता भी कई लोगों को लेकर आयी थी। मैं भी जुलूस में शामिल हुआ, जब मैंने पुलिस की विशेष गतिविधियाँ देखीं, तो चुपचाप एक नाई की दुकान में घुस कर बैठ गया, जुलूस आगे बढ़ गया मैं जुलूस के पीछे-पीछे दूरी बनाकर चलता रहा। एक साथी को कार्यालय भेजकर सूचना दे दी कि गिरफ़्तारी होकर रहेगी प्रेस विज्ञप्ति वग़ैरह तैयार रखे। बीच बाज़ार में कचहरी से पहले ही गिरफ़्तारी हो गयी। संजय मंच की वह महिलाएँ भी अपने साथियों के साथ गिरफ़्तार हो गयीं बाद में वह काफ़ी परेशान हुईं। उन्हें नहीं लगा था कि उन्हें जेल जाना पड़ेगा। एक बार फिर आगरे के अख़बारों में हमारा आन्दोलन छा गया। उधर दिल्ली से हिन्दुस्तान अख़बार में फ्रंट पेज पर मधु को टॉर्चर किये जाने की न्यूज़ छपने के कारण संगठन के पूर्णकालिक कार्यकर्ता देश भर से आगरा पहुँचने लगे। हमारी संख्या लगभग 50 हो गयी। दिनचर्या इस प्रकार बनी प्रातः 5:00 बजे सभी को उठा दिया जाता। तैयार होकर नाश्ता करते सबको दिन भर के कार्य बाँट दिये जाते थे। फिर सब अपने-अपने कार्य पर निकल जाते। जो लोग बापू नगर व जेपी नगर जाते उन्हें खाना वहीं खाना होता। लोगों के घर पर गाँव में मीटिंग करके बस्ती वालों को कह दिया गया था दोपहर में अगर कुछ लोग लौट आते तो वैचारिक चर्चा होती थी। नये साथियों को सम्पूर्ण क्रान्ति के विचार को समझाना व उनके प्रश्नों का समाधान किया जाता। शाम को 7:00 बजे सभी की मीटिंग शुरू होती, लोगों से रिपोर्ट ली जाती फिर अगले दिन के कार्यों पर चर्चा होती। इसके बाद खाना होता तथा थके हुए साथी सो जाते, कुछ चर्चाओं में उलझते लेकिन हम कुछ साथी रात में 9:00 से 10:00 या 11:00 तक आन्दोलन की समग्र नीति, आगामी योजनाएँ व समस्याओं पर विचार करते, ख़र्चे का हिसाब-किताब करते, 11:00 बजे सोने जाते वक़्त अगर कोई साथी अपने प्रश्न लेकर मेरे पास पहुँच जाते तो फिर उनसे भी वार्ता होती। यह दिनचर्या लगभग चार माह तक लगातार चली। मैं आगरा में ही डटा रहा, अब जेल में हमारे 100 से ज़्यादा साथी थे। दिल्ली से पत्रकार व शुभचिन्तक नेता आने लगे थे। स्वामी अग्निवेश आये। वह जेल जाकर साथियों से मिले फिर उनकी सभा की गयी। जॉर्ज फर्नांडीस भी आये, उनकी भी जनसभा की गयी, वह भी जेल गये। दिल्ली से पत्र-पत्रिकाओं वाले आने लगे। रविवार मैगज़ीन में फ्रंट पेज पर मधु का प्लास्टर सहित फ़ोटो छपा। दिल्ली के कई मानव अधिकार संगठनों के कार्यकर्ता व विभिन्न जन संगठनों के लोग भी आगरा आये। अब आन्दोलन प्रशासन पर हावी हो गया था लेकिन प्रशासन गिरफ़्तार लोगों को छोड़ नहीं रहा था। 28 दिन बाद

पहला जत्था छूटा, अनल पर कई केस थे वह नहीं छूटे। साथियों के छूटने पर अब बापू नगर में भी उत्साह बढ़ गया। बिहार के साथी जेल से ही अपने रेल टिकट लेकर आये थे। वह चले गये इसके बाद हमने यह सिलसिला बनाये रखा। 14 दिन जेल में रहकर बाहर के साथी रेल टिकट लेकर चले जाते स्थानीय स्तर पर हमने लेफ्ट के साथियों के साथ एक फ्रंट बनाया और उनके कार्यकर्ताओं व नेताओं का समर्थन शामिल किया लेकिन यह ज़्यादा आगे ना बढ़ सका फिर हमने आर.एस.एस. के लोगों से सम्पर्क कर उनके साथ भी मोर्चा बनाया, यह भी एक-दो मीटिंग के बाद टूट गया। होता यह था हम नौजवानों के संगठनों को नासमझ मानकर राजनैतिक लोग अपने जाल मैं फँसाना चाहते थे। हम अपने आन्दोलन की व्यापकता के लिए नेताओं को व संगठनों को आन्दोलन के पक्ष में खड़ा करते थे। फ़ायदा यह था कि एक बार उनका जो समर्थक हमारे पक्ष में उतरता तो वह पूरे आगरे में हमारा पक्षधर बन जाता। अब आन्दोलन सफलता के चरम पर था और वार्ताओं का दौर शुरू हुआ। प्रशासन द्वारा कॉलोनाइजर लोगों की मीटिंग बुलाई गयी। संगठन की ओर से हमारा प्रतिनिधि मण्डल बापू नगर की ज़मीन का 50 प्रतिशत यानी आधी ज़मीन पर वह समझौता करना चाहते थे। लेकिन हमने इनकार कर दिया। प्रशासन से भी वार्ता की लेकिन सहमति न बनी आन्दोलन फिर भी जारी रहा। अन्ततः एस.पी. (देहात) का ट्रांसफ़र हुआ ए.डी.एम. का होकर रुक गया। कॉलोनाइजर लज्जाराम ने बापू नगर की ज़मीन पर अपना दावा छोड़ दिया। अब बापू नगर में लोग प्लाट बेचने की दलाली करने लगे उन पर अंकुश लगाने का नया काम शुरू हो गया। धीरे-धीरे सब लोग छूट गये अब अनल के छूटने का इन्तज़ार था। अन्त में अनल जमानत पर छूटे उनका ज़ोरदार स्वागत बापू नगर व जेपी नगर के लोगों ने किया, विजय जुलूस निकाला गया, अब बाबूनगर झुग्गी झोंपड़ी की ज़मीन उन पर रहने वालों की थी। बाद में अनल व मधु ने छोटे बच्चों का स्कूल खोलकर बापू नगर के लोगों के बच्चों को पढ़ाना शुरू किया। इस प्रकार बापू नगर झुग्गी झोंपड़ी से उनका जीवन्त रिश्ता कई वर्षों तक बना रहा है।

मुरादाबाद का सघन क्षेत्र

मुरादाबाद ज़िले की तहसील बिलारी में नौजवानों के बीच छात्र-युवा संघर्ष वाहिनी एक लोकप्रिय संगठन था। यहाँ के साथियों ने सघन क्षेत्र बनाने के लिए नगर बिलारी से 18 किलोमीटर दूर थाना कुढ फतेहगढ़ का क्षेत्र चुना। यहाँ के किसान पुलिस और सामन्तों के आतंक की दोहरी मार झेल रहे थे। यहाँ पहुँचने के लिए केवल

इक्के चलते थे या साइकिल से जाया जाता था। बिलारी से सुबह ही साइकिलों पर छात्र-युवा संघर्ष वाहिनी के नौजवान 18 किलोमीटर दूर ग्रामीण क्षेत्र में जाते थे और शाम को साइकिल चला कर घर लौटते थे। वहाँ एक गाँव लालपुर चेंचरी में फिर एक हेड क्वार्टर बना और वहाँ के एक मास्टर साहब बने हमारे सक्रिय सहयोगी।

एक दिन ज्ञात हुआ कि भगतपुर नामक एक गाँव में ठाकुरों ने कहारों की बस्ती जला दी है। कहारों से सम्पर्क किया और उनके सभी लोगों को बिलारी बुलाया। बिलारी में पहले बाज़ार में घूम कर चन्दा इकट्ठा किया गया फिर रेल से मुरादाबाद ज़िला अधिकारी निवास पर जाकर सभी लोग धरने पर बैठ गये। ज़िलाधिकारी आये उन्होंने सब बात ध्यानपूर्वक सुनी और उसके बाद उसे गाँव में पुलिस चौकी बनने का आदेश दे दिया और जिनके घर जले थे उनको तहसील से क्षतिपूर्ति दिलाने का आश्वासन दे दिया। यह सब हम क्रियान्वित तो कर पाये लेकिन ठाकुरों की निगाहों में चढ़ गये और वह हम लोगों को चेतावनी देने लगे इस क्षेत्र में आना बन्द करो नहीं तो तुम्हें सबक सिखा दिया जायेगा। ऐसी चेतावनी देने वालों को हम लोग बिलारी में आने पर पकड़ लेते और उसे सन्देश देते कि अगर हमारे किसी साथी को कुछ हुआ तो आप बिलारी नहीं आ पाओगे। इस प्रकार तनाव के बावजूद कोई अप्रिय घटना घटित नहीं हुई।

किसानों में अब लालपुर चैंचरी गाँव को केन्द्र बनाकर कार्य शुरू किया। इस गाँव के अधिकतर लोगों का पैसा एक क्रेसर प्लांट मालिक पर बकाया था। उन्होंने हमारे साथी अध्यापक बलराम सिंह से पैसा दिलवाने की बात रखी। कई बार क्रेसर प्लांट मालिक आराम सिंह से वार्ता के बाद भी बात न बनी तो एक दिन निर्धारित किया गया और हम बिलारी से कुछ साथी पहुँचे और गाँव के किसान अपनी बैलगाड़ियाँ लेकर बन्द पड़े क्रेसर प्लांट पर पहुँचे और उसकी दीवारों पर चढ़कर ईंटें निकालना शुरू कर दिया। थोड़ी देर बाद क्रेसर प्लांट मालिक के लोग आये और बोले आपके नेता को बात करने हमारे मालिक ने बुलाया है। जब तक कुछ निर्णय हो, तोड़-फोड़ बन्द कर दो। बात मान ली गयी, मास्टर बलराम सिंह बाहरी व्यक्ति थे। इसलिये मैं वार्ता हेतु गया। वहाँ क्रेसर प्लांट मालिक के अलावा कुछ भयकंर दिखने वाले बदमाश भी बैठे थे। प्लांट मालिक ने मेरा परिचय पूछा मैंने अपने नाना जी का नाम बताया वह डॉक्टर थे। सोशलिस्ट पार्टी में रह चुके थे। उनका नाम सुनकर उसकी टोन बदल गयी। उसने कहा मुझे 15 दिन का समय दो मैं तुम्हें बिलारी में मिलूँगा। बिलारी परिवार में राजपरिवार के एक ख़ास सहयोगी के घर वार्ता हुई लेकिन उस समय तक बिलारी में हमें ताक़तवर माना जाता था।

उसे वार्ता में झुकना पड़ा, समझौता हो गया, किसानों को पैसों का भुगतान ईंटों के रूप में करना तय हो गया। तीन दिन बाद ही लालपुर चेंचरी के किसान मेरे पास बैलगाड़ियाँ लेकर पहुँचे, उन्होंने दीवारे तोड़ीं और प्लांट मालिक के प्रतिनिधि की उपस्थिति में न्यायपूर्ण वितरण हो गया। इस घटना का ज़िक्र जब क्षेत्र में फैला गाँव और उसके मास्टर साहब क्षेत्र की निगाह में आ गये। अब लालपुर गाँव को सबक सिखाने पुलिस को जाना था यही स्वतन्त्र भारत के गाँव की नियति थी। कुछ दिन बाद बिलारी मेरे घर पर लालपुर गाँव से एक नौजवान साथी आये और उन्होंने बताया गाँव में पुलिस आयी थी, कुछ लोगों को पकड़कर ले गये हैं उन्हें थाने में पीटा जा रहा है। अगले दिन दोपहर को पूरे गाँव की मीटिंग प्रधान के घर में बुलाने का निर्णय हुआ। मैं जब गाँव में पहुँचा तो मीटिंग में उपस्थित लोग कम थे और वह भी डर रहे थे। तभी एक ग्रामीण ने मुझे कान में बताया यहाँ मीटिंग में पुलिस वालों ने धर्मा बदमाश को भेज दिया है उससे पूरा गाँव डरता है। परिस्थिति समझकर वहाँ मैंने भाषण दिया और अपने बिलारी के कार्यों की ऐसी हवा बाँधी कि धर्मा बदमाश भी अन्दर से डर गया। फिर मैं धर्मा के पास पहुँचा और कहा मीटिंग में आये हो! तुम तो मेरे मिलने वाले हो! पता नहीं पुलिस ने किसे भेजा है! हम बिलारी के लोग पहले उसे कमरे में बन्द करके पीटेंगे! फिर पुलिस अधीक्षक की शिकायत लेकर मैंने उस पर हस्ताक्षर करने के लिए दे दिया। हमारी बात होती रही उधर हस्ताक्षर होते रहे। शिकायत लेकर मैंने उससे कहा तुम कुढफतेहगढ़ मिलना! मैं थोड़ी देर में पहुँचता हूँ। फिर मुरादाबाद चलेंगे। वह ख़ुशी-ख़ुशी चला गया। उसने सोचा कुढफतेहगढ़ थाने पर ही मुझसे निपटेगा फिर मैं साइकिल से एक दूसरे रास्ते से चन्दौसी नगर पहुँचा। वहाँ से बस से मुरादाबाद गया। वहाँ एस.पी. देहात से मिला वह नौजवान थे, नाम था रंजन द्विवेदी। उन्होंने मेरे शिकायती पत्र को जब छात्र-युवा संघर्ष वाहिनी के पैड पर देखा तो जेपी आन्दोलन की बात होने लगी मैं कार्यवाही की आशा में लौट आया उन्होंने कार्यवाही तो की लेकिन उसका असर थाने पर इतना पड़ा कि उन्होंने आगे लालपुर वालों से कुछ नहीं कहा लेकिन उनके अत्याचार इलाक़े में जारी रहे। अब हमने इलाक़े में होने वाले पुलिस के जुल्मों की घटनाएँ इकट्ठी करवायीं। हर घटना का एक पोस्टर बिलारी से हमारी युवा टीम ने बनाया। और एक दिन हम 40 पोस्टरों को लगाकर पुलिस कार्यालय मुरादाबाद में धरने पर बैठ गये। शाम के समय एस.पी. (देहात) आये और सब कुछ जानकर उन्होंने हमें गाँव पहुँचने का टाइम दिया। दो दिन बाद वह लालपुर चेंचरी गाँव में पहुँचे। गाँव वालों की मीटिंग ली और कहा अगर किसी भी गाँव के व्यक्ति को पुलिस वाला नजाय़ज़ परेशान करे तो वह

मुझे पोस्ट कार्ड लिखे। उस समय फ़ोन नहीं चलते थे। बात फैल गयी थाने वाले डर गये और इलाक़े में लालपुर चेंचरी के मास्टर साहब एक बड़े नेता हो गये। शिकायतें आने लगीं! समाधान कराया जाता! पंचायतें होने लगीं! धीरे-धीरे हमारी युवा टीम के कई साथी भी वहाँ जाकर रहने लगे। अब इलाक़े के सामन्ती तत्त्व मास्टर साहब व हम लोगों के निपटाने की योजना बनाने लगे। धमकियाँ आने लगीं जवाब में हम स्थानीय बदमाशों और सामन्तों के पीछे अपने आदमी लगाकर उन्हें बिलारी आने पर घेर लेते। तहसील हेडक्वार्टर व केन सोसायटी होने से उन्हें यहाँ आना ही होता था। यहाँ हम उन्हें समझा देते अगर हमारे किसी साथी पर हमला हुआ तो उनका बिलारी आना बन्द, साथ ही उन्हें जवाब भी दिया जायेगा। धीरे-धीरे 70-80 गाँव में हमने "हमारे गाँव में हमारा राज" चरितार्थ किया। लगभग 6 माह बाद एक दिन कुढफतेहगढ़ में मास्टर बलराम को पकड़ लिया गया। रात में उनके एनकाउंटर की योजना थी। सूचना मिलने पर हमने चन्दौसी जाकर सी.ओ. को सूचित किया। और मैं व अशोक सिरोही मोटरसाइकिल से कुढफतेहगढ़ थाने पर पहुँचे। उस समय पुलिस वाले मास्टर बलराम को थाने से हथकड़ी डालकर एनकाउंटर के लिए ले जाने की तैयारी में खड़े थे। हमारे पहुँचने पर उन्होंने अशोक सिरोही की पर्सनाल्टी व बुलेट मोटरसाइकिल को देखकर उसे अधिकारी समझा। इस तरह एनकाउंटर की पुलिस की रणनीति फेल हो गयी।

कुछ दिन बाद ही तो पुलिस ने मास्टर बलराम व उनके साथ ठाकुरद्धारे से आये मित्र धर्मपाल को व हमारे युवा साथी देवेन्द्र गांधी को गिरफ़्तार कर लिया। सूचना मिलने पर आगामी सुबह थाना घेरने का सन्देश गाँव वालों को भेजा। लेकिन सुबह 7 बजे जब मैं बिलारी बस स्टेंड पर पहुँचा तो तीनों साथियों का चालान करके दूध की एक गाड़ी में उन्हें मुरादाबाद भेज दिया गया। हमें वह बिलारी में दिख गये। योजना समाप्त। दो दिन बाद कुढफतेहगढ़ के किसानों के साथ हमनें गिरफ़्तारी के ख़िलाफ़ मुरादाबाद में जुलूस निकालकर ज्येष्ठ पुलिस अधिकारी से मुलाक़ात की। उन्होंने जाँच का आश्वासन दिया। जमानत पर साथी मास्टर बलराम। छूट गये परन्तु उन पर विभागीय कार्यवाही की गयी। उनका ट्रांसफर फिर ठाकुरद्धारा के उनके पुराने क्षेत्र में कर दिया गया। इस प्रकार प्रशासन ने हमारे आन्दोलन को कमज़ोर किया लेकिन इस क्षेत्र के किसानों के साथ हमारा रिश्ता जारी रहा।

इस प्रकार हमारे सघन क्षेत्र में एक प्रमुख घटना हुई जिसके लिए आज भी पौड़ाखेड़ा आन्दोलन का नाम क्षेत्र में चर्चित है। भारतीय संविधान और लोकशाही

से परे हमारे क्षेत्र में क़िले वालों का राज चलता था। ज़मीनें भी रानी की रसीद पर लोग अपनी मान लेते थे और उन पर मकान व दुकानें बन जाते थें। यह सभी ज़मीन कभी यहाँ की झील के सूखने से या उसमें भराव डालकर सुखाने से मकान बनाने लायक बन जाती थी। आज भी आधी बिलारी उसी पर बसी है। 1980 में इन्दिरा गांधी जब दुबारा सत्ता में आ गयी तो उ.प्र. चुनाव में भी कांग्रेस की सरकार बन गयी। नारायणदत्त तिवारी मुख्यमन्त्री बने। उनके मन्त्रिमण्डल में हमारे क़िले की राजकुमारी मन्त्री बन गयी। वह मुख्यमन्त्री के साथ हैलीकॉप्टर में बैठकर किले में आती थीं। इसी काल में मन्दिर पौड़ाखेड़ा के विशाल मैदान पर अपना क़ब्ज़ा कर बेचने की योजना बनायी। जब वह पौड़ाखेड़ा मन्दिर की ज़मीन पर दुकानें बनवाने के लिए नींव खुदवा रही थीं। नगर के लोगों ने विरोध किया, शाहबाद तिराहे पर रास्ता रोक दिया गया तब पुलिस ने रात में जब लोग कम हो गये लगभग 11 बजे लाठीचार्ज कर लोगों को तितर-बितर कर दिया। नगर के कई सभ्रान्त लोग लाठियों से पीटे गये, उनको चोटें आयीं। नगर में भय का माहौल था बाहर से पी.ए.सी. बुला ली गयी थी। चर्चा थी कि 132 लोगों के नाम एफ.आई.आर. है, सभी गिरफ़्तार होंगे। एफ.आई.आर. में हमारे संगठन के भी कुछ लोगों के नाम हैं यह भी पता चला था। बाद में ज्ञात हुआ 27 लोगों के नाम एफ.आई.आर. में खुले हैं और 100 लोगों को देखकर पहचाने जाने की बात है। इन 27 लोगों में डॉ. तिलक राज आहूजा, सोरन सिंह, श्रवण कुमार सुच्चल, व्यापारी कमलेश कुमार रेली, अनिल कुमार छुट्टू, देवकीनन्दन, नन्द किशोर रामदर्शन, एडवोकेट हरिदर्शन, पत्रकार सुरेश रस्तोगी, पौड़ाखेड़ा ट्रस्ट अनूप सिंह, मन्दिर के पुजारी कमलेश शर्मा एवं हमारे संगठन के देवेन्द्र गांधी, भूपेन्द्र कुमार और विचित्र सक्सेना का नाम था। एफ.आई.आर. में जिन लोगों के नाम थे वह लोग अपनी गोपनीय रूप से अपनी मीटिंगें कर रहे थे। नगर के राजनैतिक लोग भी चुपचाप गोपनीय मीटिंगें आपस में कर रहे थे। अगले दिन शाम को मुझे एक मीटिंग में बुलाया गया और आन्दोलन चलाने के बारे में पूछा गया। मैंने अपनी राय दो टूक रखते हुए कहा अगर आप लोग जेल भरो आन्दोलन को तैयार हो तो हम आन्दोलन चलायेंगे। अगले दिन शाम को मुझे बुलाकर उन्होंने मेरी राय स्वीकार करके आन्दोलन की रूपरेखा बनाने को कहा। तय हुआ कि जिन लोगों के नाम एफ.आई.आर. में हैं वह गमादेवस (ग्राम देवता) पर निर्धारित दिन एकत्रित होकर वहाँ से थाने में गिरफ़्तारी देने जायेंगे इस रास्ते पर नगर का पूरा प्रमुख

मार्ग पड़ता था। मन्दिर परिसर पर पी.ए.सी. का कैम्प था और मन्दिर पर व नगर में धारा 144 लगा दी गयी। नगर में इसकी घोषणा लाउडस्पीकर से करवा दी गयी थी। आन्दोलन का निर्णय हो जाने पर प्रथम क़दम के रूप में हमारे युवा साथियों ने मन्दिर में रामायण करने की ठानी और मैं कामरेड अशोक व रामनिवास शर्मा के साथ मन्दिर में रामायण पाठ की अनुमति हेतु दरख़्वास्त लेकर तहसील पहुँचा और तहसीलदार चन्द्रा ने थाने के लिए दरख़्वास्त मार्क करके हमें दे दी। हम उसे लेकर कोतवाल बब्बन सिंह के पास पहुँचे। हमने उनसे तुरन्त उत्तर देने को कहा। यह कोतवाल राजकुमारी लखनऊ से ट्रांसफर करवाकर बिलारी में अपना रुतवा क़ायम करने में मदद के लिए लायी थीं। वह पढ़े-लिखे थे जानते थे मन्दिर परिसर में 144 लगाना सम्भव नहीं है अत: उन्हें उत्तर लिखने में पसीना छूट गया। उन्होंने पानी मँगवाया, पानी पिया, हमें भी पिलाया और हमारा परिचय प्राप्त किया तथा अच्छे से बात की फिर अनुमति लिख दी। बब्बन सिंह से लम्बी वार्ता होकर एक बौद्धिकता का रिश्ता क़ायम हो गया। रामायण पढ़ने की अनुमति के बाद भी कोई मन्दिर पर जाने को तैयार नहीं था इसलिए पहले हमारे संगठन के नौजवान तिलकराज चाँदना, रजनीश असलम, विजय आलम, काशीराम, नवीन गुप्ता इत्यादि गये उसके बाद मन्दिर पर जाने से डर रहे नगरवासी धीरे-धीरे वहाँ पहुँचने लगे। अब निर्धारित दिन पर गमादेवस पर ज़्यादा से ज़्यादा लोगों को एकत्र करना था। अगले दिन पूरी ताक़त लगाकर भी बहुत थोड़े लोग इकट्ठे हुए ज़्यादातर हमारे संगठन के लड़के थे लेकिन नगर के सर्वप्रतिष्ठित डॉ. तिलकराज आहूजा के नेतृत्व में पत्रकार सुरेश रस्तोगी वकील, हरिदर्शन गुप्ता, व्यापारी श्रवण कुमार, अनिल कुमार छुट्टू, इत्यादि 11 लोगों ने गिरफ़्तारी देने को प्रस्तुत किया। मन्दिर पर उनका स्वागत किया गया, हार पहनाये गये, टीके लगाये गये। फिर वह आगे-आगे और हम लोग उनके पीछे-पीछे चले। नगर के लोग भावपूर्ण ढंग से हमें देख रहे थे लेकिन भय के चलते हमारे जुलूस में शामिल नहीं हो रहे थे। थाने से कुछ दूर पहले ही पुलिस हमें रोकने लगी। लेकिन भीड़ चलती रही हम आगे बढ़ते रहे अन्तत: हम लोग थाने तक पहुँच गये। जिन साथियों के ख़िलाफ़ रिपोर्ट थी उन्होंने गिरफ़्तारी दे दी। इस गिरफ़्तारी से पूरे नगर में उत्तेजना फैल गयी। अगले दिन तीन लोग थे रामनिवास शर्मा, देवेन्द्र गांधी, भूपेन्द्र कुमार लेकिन जब हमारा जुलूस गमादेवस से आगे बढ़कर नगर के बीच पहुँचा तो बहुत से लोग हममें शामिल होने लगे। 500 के लगभग लोग थाने तक गये। फिर अगले दिन गिरफ़्तारी के वक़्त नगर के दो हज़ार लोग साथ थे, अब वह नगर का जन आन्दोलन बन गया। इस तरह एफ.आई.आर. में नाम दर्ज सभी लोगों

ने अपनी गिरफ़्तारी दे दी। तीन दिन में पूरा नगर क़िले वालों के ख़िलाफ़ आन्दोलित हो गया था। रात में 8 बजे रायसती मन्दिर पर नगर की आम सभा होने लगी जिससे नगर के अगले दिन के कार्यक्रम बनते, ज़िम्मेदारी बाँटी जाती। कुछ लोग नगर के मोहल्ले-मोहल्ले मीटिंग करते, कुछ लोग जेल जाने वालों को तैयार करते, कुछ केवल क़िला समर्थकों की गतिविधियों पर निगाह रखते। विजय आलम रोज़ आन्दोलन के समाचार बनाकर मुरादाबाद अख़बारों के लिए ले जाते। रात 11 बजे मीटिंग समाप्त होने के बाद रात में हम ज्ञान सिंघल के घर कामरेड अशोक व उनके साथ बैठते। आन्दोलन के लिए मिलने वाले चन्दे व अन्य सूचनाओं का आदान-प्रदान करते कार्य योजना को अन्तिम रूप देते। इसके बाद मैं अपने घर पहुँचकर जहाँ पर हमारे संगठन के सभी नौजवान साथी जगते हुए मिलते। फिर उनके साथ कार्य बाँटे जाते, सब वहीं सोते, सुबह उठकर ही कार्य पर लग जाते। जब एफ. आई.आर. में दर्ज नाम लोगों में से सभी गिरफ़्तार हो गये तथा अन्ततः सवाल यह पैदा हुआ कि एफ.आई.आर. में नाम दर्ज तो केवल 27 लोग थे आगे गिरफ़्तारियों का क्या करें? अब हमने सोचा धारा 144 में गिरफ़्तारी दी जाये इस प्रकार 144 में गिरफ़्तारी देने की योजना बनी। अब जुलूस गमादेवस से पौडाखेड़ा मन्दिर जाना था। रात में योजना के क्रियान्वयन के लिए प्रातः मैं अकेले बब्बन सिंह के घर पहुँच गया, उन्हें तैयार किया, जो जगह विवादित मानकर उस पर 145 बनायी गयी है उस स्थान पर वह 144 में गिरफ़्तारी कर लेंगे। इस गिरफ़्तारी से नगर में गिरफ़्तारी देने का उत्साह बन गया। पूरे ज़िले के राजनैतिक लोग बिलारी आने लगे। जेल में बड़े-बड़े नेता मिलने पहुँचने लगे। राजकुमारी के पुत्र ने अपनी माँ के इस कार्य का विरोध किया और फल लेकर जेल पहुँच गये। जेल में मिलने सैकड़ों लोग पहुँचने लगे। चौ. रामकुँवर सिंह कांग्रेस में थे। लेकिन क़िले के विरोधी थे। वे बसों में भरकर लोगों को लखनऊ ले गये वहाँ जाकर मुख्यमन्त्री निवास पर प्रदर्शन किया। लखनऊ में जगह-जगह पोस्टर लगाये गये। कांग्रेस के अन्य नेता जीरात सिंह मौर्य चन्दौसी से बिलारी आते थे वह भी इन्द्रा मोहनी के विरोधी थे। उनके साथ भी कुछ लोग लखनऊ चले गये और हमारे आन्दोलन के बारे में कांग्रेस के बड़े नेताओं के साथ इस आन्दोलन की चर्चा करते रहे। इस प्रकार बिलारी से लेकर लखनऊ तक पौड़ाखेड़ा आन्दोलन की गूँज हो गयी। तब राजकुमारी को मन्त्री पद से हटा दिया गया। हम जीत चुके थे। और प्रशासन की यह योजना भी फेल हो चुकी थी कि लोग जमानत करा कर बाहर आ जायें इसलिए प्रशासन की ओर से जेल में आन्दोलन के नेता डॉ. तिलकराज से बिना शर्त रिहा करने की बात करने अधिकारी पहुँचे। तभी

अधिकारियों के समक्ष कुछ लोगों ने नादानीपूर्वक अपनी जमानत स्वीकार किये जाने की बात रख दी। अब अधिकारी पीछे हट गये और प्रशासनिक षड्यन्त्र में फँसे लोगों की जमानत करवाकर रिहा करवा दिया गया। यहाँ से आन्दोलन का उतार शुरू हुआ लेकिन हमने जमानत पर रिहा होने वाले लोगों का स्वागत भी नगर में ढोल बाजों के साथ उन्हें घुमाकर किया ताकि नगर इसे भी हमारी विजय के रूप में माने। प्रशासन ने एक नये आई.ए.एस. को बिलारी का नया एस.डी.एम. बनाया और उनसे आन्दोलनकारियों की वार्ता डाकबँगले में सम्पन्न हुई। हमने अपने क्षेत्र में ज़मींदारी उन्मूलन अधिनियम के तहत समस्त भूमियों की जाँच का उन पर दबाव बनाया। उनके नेतृत्व में एक टीम बनी। उसने अपनी रिपोर्ट बनायी लेकिन उसे लागू हम नहीं करवा पाये क्योंकि अब आन्दोलन समाप्ति की ओर बढ़ गया था और एस.डी.एम. बलवेन्द्र कुमार का ट्रांसफर बिलारी से करवा दिया था। जिसके बाद जाँच की पूरी प्रक्रियाएँ रुक गयीं। पौड़ाखेड़ा की ज़मीन पर व्यवहार रूप में पुराने ट्रस्ट का क़ब्ज़ा मान लिया गया। राजशाही ने उस ज़मीन पर अपना दावा छोड़ दिया। इस संघर्ष की सफलता के बाद हमारे क्षेत्र में स्वतन्त्रता की एक ऐसी लहर पैदा हो गयी जिससे राजपरिवार से स्वतन्त्र होकर भी कई राजनैतिक केन्द्र बन गये। इस समय पूरी बस्ती व इलाक़ा मेरे साथ था केवल क़िला समर्थकों को छोड़कर। ज़िले की राजनीति में अब हम व हमारा संगठन भी एक प्रमुख स्थान रखने लगे थे।

अन्य सघन क्षेत्र

उत्तर प्रदेश छात्र-युवा संघर्ष वाहिनी ने लखनऊ में लखनऊ यूनिवर्सिटी के छात्रों के बीच कार्य को ही सघन क्षेत्र माना। लखनऊ के साथ ही राजीव जी निरन्तर लखनऊ यूनिवर्सिटी के छात्रों के बीच सक्रिय रहे और बाद में उन्होंने युवा भारत नामक संगठन यूनिवर्सिटी में बनाया जिसकी गतिविधियाँ विशेषकर सती प्रथा का विरोध इत्यादि देश भर में चर्चित हुए। इलाहाबाद यूनिवर्सिटी को भी सघन क्षेत्र माना गया और यहाँ राम धीरज जी द्वारा सैकड़ों छात्र-युवा संघर्ष वाहिनी से जुड़ते रहे। बाद में यहीं से आज़ादी बचाओ आन्दोलन नाम का देशव्यापी आन्दोलन पैदा हुआ जिसमें छात्र-युवा संघर्ष वाहिनी के राम धीरज ने प्रमुख भूमिका निभाई। वैचारिक रूप से यहाँ साथी विमल नौजवानों को प्रशिक्षित करते रहते थे और एक साथी विजय चितौरी थे, किसानों के बीच में भी अपनी पहचान बनायी और कई आन्दोलन किये।

गाजीपुर में ओमप्रकाश अरुण और दिग्विजय के नेतृत्व में छात्र-युवा संघर्ष वाहिनी ने न्याय के लिए लड़ने वाले ताक़तवर संगठन के रूप में ज़िला स्तर पर

अपनी पहचान क़ायम की बाद में यहाँ के साथी ईश्वर चन्द्र द्वारा ग्रामीण क्षेत्रों में कार्य करते हुए कई संघर्ष किये गये और रचनात्मक कार्य करते हुए स्कूल वग़ैरह की स्थापना की।

उत्तर प्रदेश के इन सघन क्षेत्र के प्रमुख साथियों की पहचान आज भी अपने-अपने क्षेत्र में अन्याय के ख़िलाफ़ लड़ने वाले साथियों के रूप में स्थापित है।

हम वाहिनी की लड़कियाँ

मीनाक्षी 'सखी'

गांधी जी के सेवाग्राम और विनोबा जी के पवनार आश्रम के बीच गोपुरी नामक परिसर है। जमनालाल बजाज के पुत्र राधाकृष्ण बजाज और पुत्रवधू अनुसूया बजाज द्वारा स्थापित अनेक उपक्रम इस परिसर में चलते हैं, इनमें से एक ग्राम सेवा मण्डल नामक संस्था में मेरे पिताजी गोविन्द राव कार्यरत रहे। वे कार्यालय और कैशियर का कार्य सँभालते थे। सर्व सेवा संघ का प्रधान कार्यालय भी इसी परिसर में था। 1974 के छात्र आन्दोलन का नेतृत्व जयप्रकाश जी द्वारा सँभालने के बाद सर्व सेवा संघ के नेताओं के कुछ प्रमुख लोगों ने इस आन्दोलन के समर्थन में कार्य करना शुरू किया। कुछ अन्य लोग विनोबा जी के कारण आन्दोलन के प्रति उदासीन रहकर इन्दिरा सरकार के समर्थन में बने रहे। जयप्रकाश जी ने छात्र आन्दोलन को सम्पूर्ण क्रान्ति की दिशा में मोड़ने का प्रयत्न किया। देशभर के बुद्धिजीवी, लेखक, छात्र-छात्राओं द्वारा आन्दोलन की सम्पूर्ण क्रान्ति विचारधारा को समझने-समझाने के क्रम में आन्दोलन ने तेज़ गति पकड़ ली थी। इससे इन्दिरा सरकार डर गयी और उसने देश में आपातकाल घोषित कर दिया। आपातकाल के दौरान अनेक नेताओं, बुद्धिजीवियों, वकीलों, कलाकारों यहाँ तक कि नाबालिग छात्रों को भी जेल में डाल दिया गया, अख़बार और प्रेस को बन्द करवा दिया गया। विनोबा जी ने आपातकाल को 'अनुशासन पर्व' कहकर इन्दिरा जी की सरकार के समर्थन की भूमिका निभाई। ब्रह्म विद्या मन्दिर की कई विदुषी बहनें तो इन्दिरा जी के इतना निकट हो गयीं कि इन्दिरा जी की सहेलियों की फ़ेहरिस्त में शामिल हो गयीं।

सन् 1975 में आपातकाल का काला पन्ना लिखा गया। इसलिए हमें याद है। दूसरी ओर अन्तरराष्ट्रीय महिला वर्ष को मनाने की घोषणा के बाद महिलाओं के लिए समान अवसर, समान वेतन व खेल और शिक्षा आदि में लड़कियों को

भागीदारी के लिए प्रोत्साहित किया। यह भी हमें याद है। 1 जनवरी 1975 को जयप्रकाश जी द्वारा छात्र-युवा संघर्ष वाहिनी की स्थापना भी हमें याद है। भ्रष्टाचार, काला धन, महँगाई, परिवार नियोजन के नाम पर ज़बरन नसबन्दी आदि से त्रस्त जनता ने 1977 के चुनाव में इन्दिरा सरकार को उखाड़ फेंका।

जानकी देवी बजाज के साइंस कॉलेज में पढ़ते हुए, मैं अपने प्राध्यापक किशोर वानखेड़े के सम्पर्क से छात्र-युवा संघर्ष वाहिनी से जुड़ गयी। सर्व सेवा संघ के ठाकुरदास बंग और सुमन ताई बंग के बुलावे पर मैंने भांदक में महिलाओं के राज्य स्तरीय प्रशिक्षण शिविर में भाग लिया। इस शिविर में शान्ति सेना से जुड़े युवाओं की भी भूमिका थी यामिनी चौधरी को मैंने शिविर में सुना और उनके व्यक्तित्व और विचारों से प्रभावित हो गयी। विवाहित स्त्री के प्रतीक चिह्न, परिवार और समाज में स्त्री दमन की संस्कृति, नैतिकता के दोहरे मापदण्ड, रूढ़ि और परम्पराओं के पितृसत्तात्मक मूल्यों को चुनौती देने का उनका अपना अन्दाज़ था। इस शिविर की चर्चाओं ने मेरा दृष्टिकोण बदल दिया, और मेरा व्यक्तित्व व विचार आकार लेने लगा।

मैं सेवाग्राम मेडिकल कॉलेज के एंट्रेंस की तैयारी कर रही थी लेकिन प्राइवेट मेडिकल कॉलेज की फ़ीस देने लायक मेरी पारिवारिक स्थिति नहीं थी। इसलिए मैंने दूसरे रास्ते तलाशने शुरू किये और नागपुर के आयुर्वेदिक कॉलेज में प्रवेश ले लिया। समाज कल्याण विभाग के मुक्ताबाई हॉस्टल में मैं रहने लगी। छात्र-युवा संघर्ष वाहिनी का राष्ट्रीय कार्यालय मेरे हॉस्टल के काफ़ी निकट था। एक दिन किशोर वानखेड़े सर मेरे हॉस्टल पर आये और मुझे अपने साथ छात्र-युवा संघर्ष वाहिनी के राष्ट्रीय कार्यालय पर ले गये। वाहिनी के वरिष्ठ साथियों की मदद से मैं अपने हॉस्टल में चर्चाओं का आयोजन करने लगी। यह चर्चा स्त्री-पुरुष समानता, अन्धविश्वास निर्मूलन, जातिवाद, साम्प्रदायिकता इत्यादि पर होती थी।

संघर्ष वाहिनी के अधिकतर साथी मध्यम वर्गीय की पृष्ठभूमि से आते थे लेकिन उन्हें दलितों, समाज और गाँव में जाकर कार्य करना सक्रिय सदस्य बनने के लिए अनिवार्य था। धूलिया ज़िले के साथी भीमराव मस्के आदिवासी पृष्ठभूमि से आये थे। इस ज़िले में हमारा सघन कार्यक्षेत्र था। तहसील शिरपुर में इसका कार्यालय था। राजेन्द्र मानव, शुभा शमीम, जतिन और कुंजबिहारी ने शिरपुर कार्यालय में डेरा डाला हुआ था। दलित आदिवासियों के अलावा यहाँ रोज़गार गारंटी योजना के अन्तर्गत कार्य करने वाले मज़दूरों की स्थिति पर संघर्ष हो रहा था। कॉलेज की छुट्टियों के दौरान मैं इस क्षेत्र में आती-जाती रही।

जलगाँव और भुसावल के साथी शेखर सोनालकर, वासन्ती, अरुणा तिवारी, रत्ना, रजिया पटेल, रमेश बोरोले आदि साथियों ने मुस्लिम महिलाओं की सिनेमा बन्दी के फ़तवे के मुद्दे पर एक आन्दोलन छेड़ा था। 80 मुस्लिम महिलाओं ने इस फ़तवे के विरोध में एक साथ जाकर सिनेमा देखा था। इसके बाद उनका टकराव कट्टरपन्थियों से हो गया और रजिया पटेल को धमकियाँ मिलने लगी थीं। ऐसी स्थिति में रजिया को घर छोड़ना पड़ा और वह शेखर बासन्ती के घर शिफ्ट हो गयी। यह घर सिनेमा बन्दी आन्दोलन का कार्यालय बन गया। औरंगाबाद के साथी प्रदीप खैरुलकर, श्रीकान्त, श्रीराम जाधव, शोभा, अमर हबीव आदि इस आन्दोलन में शामिल रहे। मुस्लिम महिलाओं के इस आन्दोलन में संघर्ष वाहिनी के साथियों के हस्तक्षेप ने उन्हें काफ़ी चर्चित बना दिया। इस आन्दोलन ने महाराष्ट्र में अनेक दलित मुस्लिम प्रखर नेता पैदा किये। वाहिनी की लड़कियों का जाति, धर्म की दीवारें फाँद कर जीवन साथी चुनना इसी चेतना से सम्भव हुआ। रजिया का श्रीकान्त के साथ और अरुणा का अनवर के साथ सहजीवन की घोषणा करना कोई आसान निर्णय नहीं था, यह जोड़ियाँ आज भी सनातनी हिन्दुओं और मुसलमानों से टक्कर ले रही हैं।

इसी क्रम में अन्धश्रद्धा निर्मूलन के आन्दोलन और संगठन निर्माण में वाहिनी के साथी और पत्रकार श्याम मानव की भूमिका उल्लेखनीय है। इस आन्दोलन में नितिन और यामिनी चौधरी के साथ नागपुर वाहिनी के साथी जुड़े, उनमें मैं भी सक्रिय रही। महाराष्ट्र में नरेन्द्र दाभोलकर, कलबुर्गी जी, गौरी लंकेश जैसे पत्रकार और प्रखर तार्किक बुद्धिवादी साथी इस आन्दोलन से उभरे। जिन्होंने पुणे के सनातनी हिन्दुओं को चुनौती खड़ी कर दी। कालान्तर में इन साथियों की हत्या में सनातनी संस्थाओं का षड्यन्त्र उजागर होने के बावजूद कोई कार्यवाही अभी तक नहीं हुई है। जबकि उनकी चर्चा और आन्दोलन पूरे देश में चले। महाराष्ट्र विधानसभा में अन्धश्रद्धा विरोधी विधेयक लाकर क़ानून बनाने में यह आन्दोलन सफल हुआ। और देश में ढोंगी बाबाओं का पर्दाफ़ाश कर यह आन्दोलन देश भर में एक नयी चेतना के जागरण का अग्रदूत बना।

नागपुर में अनेक महिला संगठन कार्यरत थे। दहेज विरोधी मुहिम की प्रोफ़ेसर रूपा कुलकर्णी, स्त्री हिंसा विरोधी मंच की सीमा साखरे आदि के साथ वाहिनी की हम लड़कियाँ सड़कों पर उतर जाते थे। छात्र-युवा संघर्ष वाहिनी की लड़कियों के काम करने के तरीक़े से लड़कियों के जीवन में किस तरह बदलाव आया इसकी एक कहानी मैं आपको बताती हूँ। यामिनी, नेत्रा, प्रतिभा और मैं मोहपा नाम के

गाँव में एक स्कूली छात्रा पर उसके अध्यापक द्वारा हुए रेप केस के सिलसिले में सक्रिय हुए। छात्रा के 6 महीने के गर्भवती होने के बाद यह प्रकरण सामने आया था। इस प्रकरण को रेप केस की धारा में दर्ज करने से लेकर लड़की के मानसिक, शारीरिक स्वास्थ्य की समस्या के साथ हम लोग लम्बे समय तक जुड़े रहे। उसको श्रद्धानन्द अनाथालय में न्यायालय द्वारा भेज दिया गया था जहाँ उसने एक बच्चे को जन्म दिया। अनाथालय के भ्रष्ट प्रशासन से भी हमें लड़ना पड़ा। अनाथ आश्रम के प्रशासन से वह युवती छुटकारा पाना चाहती थी। हम अनाथालय के प्रशासन से मिले, तो उन्होंने 10,000 रुपये का बिल हमें बता दिया। हम लोग तुरन्त बिल जमा करने की स्थिति में नहीं थे। कुछ दिनों बाद सूचना मिली कि वह लड़की अनाथालय की दीवारें फाँद कर भाग गयी है। यह सलाह शायद उसे नेत्रा ने दी थी। उसने हमसे सम्पर्क किया। हम लोगों ने मेयो मेडिकल कॉलेज के नर्स ट्रेनिंग सेंटर में उसे दाख़िला दिला दिया, यामिनी के प्रयास से उसे प्रवेश मिल गया। ट्रेनिंग करने के बाद उसे सरकारी नौकरी मिल गयी। और वह स्वावलम्बी हो गयी। ख़ुशी की बात यह है कि कुछ समय पश्चात संघर्ष वाहिनी के एक लेक्चरर साथी से कोर्ट मैरिज करके वह उनके साथ जीवन का सफ़र जारी रखे हुए है। संघर्ष वाहिनी के नागपुर वर्धा के सभी साथी उसके संघर्ष के सहभागी रहे। अक्सर रेप केस को उजागर करने से लोग डरते हैं क्योंकि उससे सामाजिक स्थिति ख़राब होती है। लोग मानते हैं कि लड़की का जीवन बर्बाद हो गया है, लेकिन इस केस में युवती का जीवन एक मुकाम तक पहुँचाने में हमारी दृष्टि और काम करने की पद्धति उजागर होती है, जो अपने आप में विशिष्ट है, जो हमें अन्य संगठनों से पृथक् बनाती है। ऐसी ही एक कहानी और है। एक थी लता कामत, 1974 के आन्दोलन के समय उसके पिता ने उसे जेपी के निवास पर छोड़ दिया था। चरखा समिति की यूनिट के साथ में वह कई महीने रही। आन्दोलन में उसने सक्रिय भागीदारी की, आन्दोलन के उतार के दौरान उसको अमेरिका जाने का मौक़ा मिला। अमेरिका से काउंसलिंग की ट्रेनिंग लेकर वह नागपुर लौट कर आ गयी थी। नागपुर के यशवन्त स्टेडियम की दुकानों में इलेक्ट्रॉनिक सामान की दुकान चलाने वाले एक मित्र के साथ उसका प्रेम विवाह हुआ। लता कामत का ससुराल आर.एस.एस. के साथ जुड़ा हुआ था। ससुराल में तनाव और प्रताड़नाओं के माहौल में उसने एक मानसिक विकलांग बच्चे को जन्म दिया। उस परिवार के साथ उसे एडजस्ट करना मुश्किल था, इसलिए बाद में उनके रिश्ते ख़राब हो गये और बात तलाक़ तक पहुँची लेकिन लता के ससुराल वालों ने तलाक़ नहीं बल्कि नलीफिकेशन ऑफ़ मैरिज का केस न्यायालय में डाला।

इसका मतलब था शादी रद्द होना। अब बच्चे के पिता के नाम का सवाल खड़ा हो गया। उसके पति की इस गिरी हुई हरकत से हम अपमानित महसूस कर रहे थे, इसलिए साथियों ने उसके पति के साथ दुकान पर जाकर मिलने का प्रोग्राम रखा। लेकिन बातचीत के दौरान हमारी साथी नेत्रा उत्तेजित हो गयी और लड़के की कॉलर पकड़कर उसे पीट दिया। इस हंगामे के बाद नेत्रा और श्याम मानव पर एफ.आई. आर. दर्ज की गयी। इस घटना के बाद अख़बारों में स्त्री और क़ानून विषय पर सार्थक चर्चा शुरू हो गयी। लता कामत की क़ानूनी लड़ाई लगभग 10 वर्ष तक चली। ज़िला न्यायालय से लेकर सुप्रीम कोर्ट तक लड़ाई चली। हॉस्टल छोड़ देने के बाद मैं सेवा सदन की प्राचार्य कमला सारडे के घर शिफ्ट हो गयी थी। लता का घर पास में ही था। जब वे कोर्ट की तारीख़ों पर अपने बच्ची को स्कूटर पर लेकर जाती थी तो मैं अक्सर उसके साथ जाती थी। लता के ससुर बार एसोसिएशन के अध्यक्ष थे। कोर्ट में बहस के दौरान स्त्री के चरित्र हनन को अपना हथियार बनाना और स्त्री विरोधी भाषा का इस्तेमाल करना आम बात थी। इसे बर्दाश्त करते-करते लता एंजायटी और डिप्रेशन का शिकार हो रही थी। मैं कोर्ट के कैम्पस में गाना गाकर लता के बच्चे का मनोरंजन करती रहती थी इससे लता ख़ुश हो जाती थी। जब सुप्रीम कोर्ट में मुक़दमा पहुँचा तो मैं दिल्ली में थी, लता के वकील कामेश्वर से राकेश परिचित थे। हम लोगों के सहयोग से उसने दो वर्ष तक सुप्रीम कोर्ट की लड़ाई लड़ी।

लड़की बड़ी हो गयी थी और ओवरवेट भी थी, लता उसे पीठ पर लेकर चलती थी। पुरुष सत्ता को चुनौती देते हुए उसका सड़क पर इस तरह चलना मुझे तो अच्छा लगता था। लेकिन बहुत सारे लोगों को यह अप्रिय दृश्य लगता था। इस तरह से बेटी को पिता का नाम मिलने का अधिकार उसे हासिल हुआ। लता का यह केस कोर्ट के इतिहास में एक मील का पत्थर साबित हुआ। कोर्ट के माध्यम से बाद में लता ने मेंटेनेंस भी हासिल किया। इस पूरे अनुभव पर लता ने एक किताब 'लावा' भी लिखी जो साधना प्रकाशन, पुणे से प्रकाशित हुई। अमरावती विद्यापीठ ने एम.ए. के पाठ्यक्रम में इस पुस्तक को शामिल किया।

मेंटेनेंस मिलने के बाद लता की अपने पति के साथ तलखियाँ कम होने लगीं, वह उसके घर आने लगा। वाहिनी के साथियों को यह अच्छा नहीं लग रहा था उसके पति को भी वाहिनी के लोगों का आना-जाना पसन्द नहीं था। फिर भी दिल्ली से नागपुर जाने पर मैं लता के घर पर ही रुकती थी। उसके पति से हम लोगों का आमना-सामना हो जाता था। लता की बेटी के साथ और मेरी बेटी झरना के साथ भी उसे खेलना पसन्द था। एक बार झरना के बर्थडे पर वह केक और फ्रॉक लेकर

आये, इस अनपेक्षित हस्तक्षेप से हम लोग सकपका गये। लेकिन उसने शान्ति से केक कटवाया और उसके बाद चला गया। कुछ साल पहले लता की हार्ट अटैक से मौत हो गयी। उसके बाद उसकी लड़की समता को वह अपने घर ले गया, वहीं उसका पालन-पोषण हो रहा था। एक दिन उसकी कॉल अचानक मेरे पास आयी। मैंने नहीं उठाई और ना ही अपनी तरफ़ से फ़ोन किया लेकिन नागपुर जाने के बाद मुझे पता चला कि समता की डैथ हो गयी है। मुझे इस बात का बहुत अफ़सोस है कि मैंने उस दिन उसकी कॉल नहीं उठाई। अपनी डॉक्टरी की पढ़ाई पूरी करने के बाद मैंने संघर्ष वाहिनी में एक साल के लिए पूर्णकालिक कार्यकर्ता बनने का निर्णय लिया क्योंकि अपनी पढ़ाई के दौरान मेरी सक्रियता की सीमा थी और नौकरी करने के बाद तो समय निकालना सम्भव ही नहीं होता। इस समय मुझे संगठन का महाराष्ट्र का संयोजक चुना गया। संघर्ष वाहिनी में राष्ट्रीय समिति में महिला साथियों को कॉपट करने का प्रावधान था। जिससे लड़कियों को निर्णय की प्रक्रिया में शामिल होने का अवसर मिलता था। इससे हममें जोख़िम उठाने का और देश भर में अकेले घूमने का आत्मविश्वास पैदा होता था। संयोजक के रूप में मैंने महाराष्ट्र के उन सभी क्षेत्रों का भ्रमण किया जहाँ पर संघर्ष वाहिनी के साथी कार्य कर रहे थे। इसी दौरान मेरा बोधगया जाना भी हुआ जहाँ संघर्ष वाहिनी का एक बड़ा आन्दोलन चल रहा था। यहाँ बोधगया के महन्त के क़ब्ज़े से हज़ारों एकड़ ज़मीन को मुक्त कराने की लड़ाई वाहिनी के साथी कई साल से लड़ रहे थे। जब मैं यहाँ गयी तो एक प्रदर्शन की तैयारी चल रही थी। मैं यहाँ के साथी कारू जी के साथ यहाँ के कई गाँव में घूमी, यहाँ गाँव में खेतों के बीच बनी पगडंडियों के टेढ़े-मेढ़े रास्तों से चलते हुए मेरे पैरों में सूजन आ गयी थी, इस सूजन को सूअर की चर्बी से मालिश करके उतारना रामबाण उपाय बताया गया। कारू जी की पत्नी ने कहीं से सूअर की चर्बी का जुगाड़ किया और रात में मेरे पैरों की मालिश कर दी। सुबह मैं चलने-फिरने लायक हो गयी। अगली सुबह हम प्रदर्शन के लिए निकल पड़े। कारू जी खेतों की मेंड़ों से गुज़रते हुए ही लोगों को आवाज़ लगा देते थे लेकिन घरों से लोग निकलते हुए नहीं दिख रहे थे। कारू जी ने कहा हम धीरे-धीरे चलते हैं लोग समय पर पहुँच जायेंगे। लगभग 12 किलोमीटर चलने के बाद पीछे मुड़कर देखा तो पीछे मेंड़ों पर स्त्री-पुरुषों की क़तारें नज़र आ रही थीं। ग्रामीणों को कचहरी जाने के लिए दौड़ने की आदत थी। धीरे-धीरे चलने पर उन्हें दोपहर से शाम हो जाती। हमारे पहुँचने से पहले ही ग्रामीण कचहरी में पहुँच चुके थे। लौटते समय चाँद की रोशनी में कारू जी गीत गाते हुए चल रहे थे, इन गानों से बोधगया के लोगों का दुख-सुख, सपने

और चुनौतियाँ समझना सहज था। भूमिहीनों में ज़मीन वितरण के आदेश के बाद भी बोधगया के साथी ज़मीन के पट्टे महिलाओं के नाम पर भी हों इस बात पर अड़े हुए थे। कालान्तर में यह माँग पूरी हुई। देश भर के भूमि संघर्ष में ऐसी मिसाल और कहीं नहीं है। हमने बुनियादी परिवर्तन को घटित होते हुए देखा है।

नागपुर महानगर पालिका द्वारा झुग्गी झोंपड़ियाँ को तोड़ने का ऑर्डर हुआ इसके विरुद्ध हमने झोंपड़पट्टी बचाओ संघर्ष समिति बनाकर आन्दोलन का सूत्रपात किया। इस आन्दोलन के दौरान स्थानीय साथियों के साथ मुझे भी अरेस्ट किया गया था। मेरी जेल यात्रा बहुत छोटी थी लेकिन इस यात्रा में हमारे मध्यमवर्गीय संस्कारों से मुक्त होने की शुरुआत होती है। इस काल में सावित्रीबाई फुले स्मारक समिति बनाकर महिलाओं के बीच कार्य करने का भी मैंने प्रयास किया। कमला ताई सारडे इस संस्था की अध्यक्ष थीं, यामिनी, शैल जैमिनी और मैं इसके प्रमुख सदस्य थे। ओबीसी समाज से कई महिलाएँ संगठन से जुड़ीं, नागपुर नगर पालिका में सन्तरा मार्केट के गेट पर सावित्रीबाई फुले की प्रतिमा लगाने का प्रस्ताव भेजा गया। सावित्रीबाई का एक कट आउट बनाकर हमने गेट पर लगा दिया और सन्तरा मार्केट में बोझ उठाने वाली महिलाओं से हमने मिलना-जुलना शुरू किया। वाहनों से फल और सब्ज़ियों की टोकरियाँ उठाकर मार्केट तक ले जाने में उन्हें बहुत कम मज़दूरी मिलती थी। यह काम सुबह-सुबह बहुत तेजी से करना होता था। 10:00 बजे तक विक्रेता आना शुरू हो जाते थे, इस भागदौड़ गें मज़दूर महिलाएँ अक्सर गिर जाती थीं, लेकिन ठेकेदार ना तो उनका इलाज कराते थे और ना ही पूरी मज़दूरी का भुगतान करते। हमने उनके रोज़गार से जुड़े सवालों पर काम करना शुरू किया। लेकिन यह कार्य आगे जारी नहीं रह सका क्योंकि मध्यमवर्गीय महिलाओं की मानसिकता महान स्त्रियों के जन्म उत्सव बनाने तक की समिति रहती थी।

राकेश रफीक से सहजीवन की घोषणा के उपरान्त दो वर्ष बाद मैंने नागपुर छोड़ दिया। और मुरादाबाद ज़िले का बिलारी क़स्बा मेरा स्थायी निवास हो गया। बच्चों की ज़िम्मेदारी के निर्वाह के लिए मैंने अपनी प्रैक्टिस शुरू कर दी। कभी-कभार राष्ट्रीय मुद्दों पर सम्मेलनों में शिरकत करने के अलावा मैं ज़्यादा कुछ कार्य नहीं कर पायी। भारतीय किसान यूनियन के आन्दोलन में राकेश जी की सक्रियता के कारण मेरा सहभाग बना रहा, महिला मुद्दों पर मैं यहाँ भी मुखर रही और स्थानीय स्तर पर सक्रिय रहां। संघर्ष वाहिनी के पुराने साथी 30 साल के हो गये थे और नये साथी जुड़ नहीं रहे थे। धीरे-धीरे संघर्ष वाहिनी में बिखराव हो रहा था। 21वीं सदी की शुरुआत में वाहिनी के कुछ पुराने साथियों के द्वारा संवाद प्रक्रिया शुरू की गयी।

इससे जुड़कर मैं फिर सक्रिय हो गयी। युवा भारत नामक संगठन के निर्माण में मेरी सक्रिय भूमिका रही और मैं इसके तीन संगठकों में से एक बनी, इस संगठन ने देश के पटल पर परिवर्तन की राजनीति में अपनी छाप छोड़ी।

संगठन बनते-बिगड़ते रहे लेकिन परिवर्तन की धारा में शामिल होकर बहुत से अच्छे-बुरे अनुभवों से गुज़रते हुए हम परिपक्व होते चले गये। 1975 के आपातकाल के आन्दोलन से शुरू हुआ सफ़र भाजपा सरकार के फ़ासीवादी आपातकाल के विरोध तक जा पहुँचा है। वर्तमान में मोदी सरकार के ख़िलाफ़ आन्दोलन में लोकतान्त्रिक राष्ट्र निर्माण अभियान के साथ हम फिर से मैदान में उतरे हैं लेकिन सवाल है जिस कांग्रेस के लोकतन्त्र विरुद्ध होने पर हमने विरोध किया था क्या आज उसका समर्थन करना हमारी मजबूरी है।

सत्ता और राजनीति की दमनकारी नीतियाँ, कारपोरेट पूँजी का खेल, जातिवादी, साम्प्रदायिक ताक़तें और महिला विरोधी नेता, सभी राजनीतिक दलों का अनिवार्य चरित्र हो गया है। स्त्री हिंसा की बढ़ती अमानवीय घटनाओं से स्त्री समाज सड़कों पर उतर आया, सत्ता परिवर्तन से क्या इस समस्या का हल सम्भव है? विकल्प क्या है? हमारी धारा के साथियों को रास्ते तलाशने होंगे।

आन्दोलन का व्यापक असर पड़ा

अशोक प्रियदर्शी

बिहार आन्दोलन के बारे में दावे करने वाले अनेक बयान मौजूद हैं। परन्तु बिहार आन्दोलन आज़ादी के 27 सालों के बाद ऐसा आन्दोलन था जिसने भारत के पूर्वी हिस्से से शुरू करके देश के ज़्यादातर भाग को प्रभावित किया। आन्दोलन अगर अपना अर्थ रखता है तो इसके गर्भ में से अनेक धाराएँ निकलती हैं। बिहार आन्दोलन के 50 साल पूरे हुए। 51वें वर्ष में हम लोग प्रवेश कर गये हैं। बिहार आन्दोलन से शुरू हुई अनेक धाराएँ हैं और कई यशस्वी संगठन हैं जो अब अपनी 50वीं वर्षगाँठ मनाने जा रहा है। इनको कई शीर्षकों में पहचाना जा सकता है। इन पर हम बिन्दुवार बात कर सकते हैं।

जेपी के साथ जस्टिस डीएम तारकुण्डे ने मिलकर आपातकाल के उत्तरार्ध में मानवाधिकार की कई पहल को आधार दिया।

तारकुण्डे 42वें संविधान संशोधन पर देशभर में विमर्श के लिए लोगों के साथ सभाओं से जुड़े। पीपल्स यूनियन फार सिविल लिबर्टी बैनर है जिसने 1977 के बाद के परिवेश में, मानवाधिकार के मुद्दों को अन्तरराष्ट्रीय घोषणापत्र या किताबों से निकालकर ज़मीन पर उतारा।

बिहार आन्दोलन की समाप्ति की घोषणा कभी भी नहीं की गयी। बिहार आन्दोलन के बैनर छात्र संघर्ष समिति या इसकी संचालन समिति, बाद में कभी नहीं बैठी, न इसने इस संगठन को समेटने का कोई निर्णय किया। बिहार आन्दोलन से ही जयप्रकाश नारायण के आह्वान के बाद निर्दलीय संगठन छात्र-युवा संघर्ष वाहिनी का गठन एक जनवरी 1975 को हुआ। 14 वर्ष से 30 वर्ष तक के युवतियों और युवकों को छात्र-युवा संघर्ष वाहिनी की सदस्यता दी जाती थी। जाति जैसी बीमारी के ख़िलाफ़ बग़ावत के रूप में इस संगठन के सदस्य प्राथमिक शर्तों में से एक पर

बहुत कटिबद्ध थे कि जाति और जाति-सूचक चिह्न को न मानेंगे न अपनायेंगे। यह निर्दलीय संगठन था और छात्र-युवा संघर्ष वाहिनी को यूनिवर्सिटी, कालेज-यूनियन का चुनाव लड़ने से रोक दिया गया था।

मंगल तालाब परिसर पटना सिटी की जनसभा में जयप्रकाश नारायण ने 1 जनवरी 1975 को छात्र-युवा संघर्ष वाहिनी की स्थापना की घोषणा की थी।

छात्र-युवा संघर्ष वाहिनी की उम्र सीमा थी 30 वर्ष। यह संगठन दो दशक तक बहुत प्रभावी बना रहा। इस निर्दलीय संगठन के युवकों और युवतियों ने देश के कम से कम 10 राज्यों में ग़रीब वर्गों से शुरू करके अनेक ऐसे प्रगतिशील प्रयोग को नेतृत्व दिया, जो सम्पूर्ण क्रान्ति को विचारधारा के रूप में परिभाषित करने का आधार बनती है। जयप्रकाश नारायण ने 1977 के बाद युवक-युवतियों को गाँव की तरफ़ मोड़ने में सफलता पायी थी। गाँव में भी ग़रीब वर्गों का संघर्ष और वर्ग संघर्ष की अपरिहार्यता को स्वीकार करने वाले पर्यवेक्षक भर न रहकर संघर्ष वाहिनी का नेतृत्व अनेक पॉकेट क्षेत्र में जनता के बीच और ग़रीब वर्गों के बीच सघन क्षेत्र बनाकर दशकों तक काम करता रहा।

छात्र-युवा संघर्ष वाहिनी ने 8 अप्रैल 1978 को बोधगया मठ के सामने एक विशाल प्रदर्शन करके किसानों में भूमि बांटने का आग्रह किया था। मठ से यह कहना एक औपचारिकता थी कि मठ अपने फर्ज़ी-बेनामी और ग़ैर क़ानूनी क़ब्ज़े की भूमि को उनके वास्तविक हक़दार खेत मज़दूर में वितरित कर दें। इस तरह के संघर्ष को जयप्रकाश नारायण शान्तिमय वर्ग-संघर्ष का व्यापक सत्याग्रही रूप देने का विश्वास युवकों-युवतियों से कर रहे थे।

गया ज़िला के पाँच प्रखण्ड क्षेत्र के कुछ सौ गाँवों में छात्र-युवा संघर्ष वाहिनी भूमिहीन ग़रीब परिवारों को, उनके स्त्री-पुरुषों को संगठित करने में लग गयी थी।

अवैध क़ब्ज़े की कुछ हज़ार एकड़ ज़मीन को जोतने से रोक देने के लिए शंकराचार्य मठ की सभी 22 कचहरियों पर लोग सत्याग्रह करने लगे। मठ के क़ब्ज़े की ज़मीन को प्रति-कर देने का अभियान 1989 के जुलाई-अगस्त में तेज़ हो गया। आगे यह आन्दोलन जारी रहा और 1980 में जुलाई-अगस्त में इनमें से कुछ ज़मीनों पर भूमिहीन परिवारों ने मिलकर खेती भी की।

इन फ़सलों को काट लेने से मज़दूरों को रोकने के लिए पैरा-मिलिट्री फोर्स के 11 कैम्प, बना दिये गये। इंडियन एक्सप्रेस ने इस पर प्रथम पृष्ठ में लिखा कि 'गया में पुलिस-राज।' 1980 के बाद दोबारा बनी कांग्रेस सरकार ने बोधगया आन्दोलन पर दमनचक्र चलाया। परन्तु जनता ने इस क्षेत्र में बनी हुई मठ की सभी 22

कचहरियों में से धीरे-धीरे सभी को ध्वस्त कर दिया। 1986 आते-आते सुप्रीम कोर्ट ने भी स्पेशल लीव पिटिशन को ख़ारिज करके मठ की 18 में से 17 ट्रस्टों को रद्द करने की सरकारी पहल को मान्यता दे दी। इस तरह 87 में विजय मार्च निकालकर आन्दोलन ने अपना पहला दौर पूरा किया।

बोधगया आन्दोलन की सफलता ने, देश भर के वाहिनी के लोगों को प्रेरित किया। और इस तरह कई राज्यों में सघन पॉकेट क्षेत्र बनाकर बुनियादी विचारों को परिभाषित करने में लोग जनता के बीच चले गये। बोधगया आन्दोलन की सफलता से इस आन्दोलन के पहले के कम्युनिस्ट और नक्सलवादी आन्दोलन ने भी सबक लिया और इस तरह से भूमि-संघर्षों का नया उभार आ गया। और अब चम्पारण को छोड़कर बिहार में भूमि सत्ता का केन्द्र कहीं नहीं बचा है।

आन्दोलन के लिए हिंसा और कई जगह बहुत छोटे मक़सद से की गयी हिंसा के गतिरोध में भूमि-सत्ता विरोधी आन्दोलन की धाराएँ सिमट गयी थी।

उनकी अनेक तरह की ग़लतियों को दोहराये बग़ैर बोधगया में संघर्ष वाहिनी ने भूमि संघर्ष का जो अध्याय लिखा उससे पुरानी धाराओं को भी सबक मिला।

आरम्भ में तो शान्तिमय संघर्ष का दूसरा क्षेत्र बना शिरपुर धुलिया महाराष्ट्र। बिहार आन्दोलन का गहरा असर जिन दूसरे राज्यों पर पड़ा, महाराष्ट्र उनमें सबसे ऊपर है। समाजवादी आन्दोलन बिखर भी गया था, परन्तु समाजवादी आन्दोलन से जो यशस्वी नेतृत्व उभरा उन्होंने जेपी का साथ दिया और जेपी की बातों पर ध्यान दिया। शिरपुर में मज़दूर संघर्ष-वाहिनी ने महाराष्ट्र के सबसे सामन्ती, ज़िला धुलिया में, न्यूनतम मज़दूरी के लिए खेतिहर मज़दूर के आन्दोलन से लेकर कई आन्दोलन चलाये और अन्त में 'पठानी वाचमैन' जैसी सामन्ती ग़ैर-सरकारी आर्मी को समाप्त करने में सफलता पायी। यह भाड़े के और हिंसक लड़ाकू थे।

अन्य संगठन युवक क्रान्ति दल-राष्ट्र सेवा दल जैसे समूह के प्रभाव क्षेत्र से नयी धारा निकली।

पॉकेट क्षेत्र में महाराष्ट्र में मिट्टी खेड़ा–यवतमाल, और म्हसवड सतारा में पॉकेट बना और 'किमान वेतन क़ानून' (न्यूनतम मज़दूरी क़ानून) हासिल किया गया।

महाराष्ट्र मॉडल साल भर रोज़गार की गारंटी करता था और इससे सीख कर देश में 100 दिन के रोज़गार गारंटी की योजना बनी। महाराष्ट्र में अन्य कई प्रयोग क्षेत्र बने और मुम्बई के लोगों के लिए झोंपड़पट्टियाँ, दहिसर बस्ती और शान्ति नगर बस्ती प्रयोग क्षेत्र रहा।

उड़ीसा का सघन क्षेत्र है गन्धमर्दन। गन्धमर्दन सुरक्षा युवा परिषद में छात्र-युवा संघर्ष वाहिनी के लोग थे ही समाजवादी युवजन सभा के लोग भी साथ में थे। यह संगठन विकास नीति के विवेकीकरण के प्रयासों में आज तक एक प्रस्थान बिन्दु की तरह है और इसने आरम्भिक सफलता पायी भी थी। लोग अर्ध-सरकारी संगठन बाल्को के द्वारा बाक्साइट की खुदाई से पूरे पहाड़ के हज़ारों लोगों के रोज़गार और जीवन पर पड़ने वाले बुरे प्रभावों के ख़िलाफ़ एकजुट हो गये थे।

1988 में बाल्को कम्पनी को दिया गया 87 साल का करार सरकार ने वापस ले लिया। उड़ीसा विधानसभा ने इसकी घोषणा कर दी। कहा और माना यह गया कि नन्दन पहाड़ के झरनों, जलस्रोतों और यहाँ की जड़ी-बूटियों से और अन्य से लगभग 50,000 लोगों को रोज़गार मिलता है। बाक्साइट की खुदाई के नाम पर यह सब बर्बाद नहीं करने देंगे। आन्दोलन की सफलता और अपने संगठन को बनाये रखने के दिवस 1 जनवरी और 15 अगस्त को गन्धमर्दन क्षेत्र में लोग जमा होते हैं।

उत्तर प्रदेश का दून मार्च

दून मार्च बिहार आन्दोलन की उत्तर-गाथा है। इस मार्च में लगाये गये एक नारे ने इसे बहुत असरदार मार्च बनाकर नारे को बहुत व्यापक बना दिया। 'राष्ट्रपति की बेटी हो, या हो भंगी की सन्तान, सब की शिक्षा एक समान।'

उत्तर प्रदेश के इलाहाबाद जनपद में घूरपुर इलाक़े में किसान आन्दोलन उत्तर प्रदेश संघर्ष वाहिनी का प्रयोग क्षेत्र बना। इस आन्दोलन को पुलिस दमन का शिकार होना पड़ा और अन्त में शासन की मंशा सफल हुई। इलाहाबाद जनपद का एक दूसरा क्षेत्र भी है। इलाहाबाद जनपद की पश्चिम दक्षिण उपत्यका और पहाड़ी है। यहाँ के लोगों ने शंकरगढ़ के राजा कहे जाने वाले की फर्ज़ी ज़मींदारी को ख़त्म करवाया।

सिल्क निकालने का एकाधिकार, शासक दल समर्थित घराने के हाथ से निकल गया और लोगों के हाथ आया। यह शंकरगढ़ आन्दोलन क्षेत्र के रूप में जाना गया।

चिपको आन्दोलन के बारे में सभी जानते हैं। बिहार आन्दोलन से एक धारा बनी उत्तराखण्ड संघर्ष वाहिनी। इसने उत्तराखण्ड के पर्यावरण को ख़त्म करने वाली कम्पनियों के साथ लगातार संघर्ष किया। आधुनिक विकास योजनाओं के विवेकीकरण का आन्दोलन है और यह उत्तराखण्ड संघर्ष वाहिनी के रूप में बिहार आन्दोलन की उत्तर गाथाओं में एक है। दक्षिण बिहार जो बाद में झारखण्ड प्रदेश बना, यहाँ पुनर्वास के मसले पर संघर्ष हुआ। झारखण्ड के सिंहभूम ज़िले में

स्वर्णरेखा नदी पर बन रहे बड़े बाँध के विवेकीकरण और बाँध में जो परिवार डूब रहे थे उनके लिए पुनर्वास की स्पष्ट नीति प्राप्त करने का यह आन्दोलन, अपने आरम्भिक मक़सद में सफल रहा और यह जारी है।

बाँध के अन्दर टूरिज़्म और कोऑपरेटिव फिशरीज के लिए भी विस्थापितों के कोआपरेटिव को ही मान्यता मिली है और इस काम में लगे लोगों को सरकारी संरचना की सहायता अन्ततः देनी पड़ी। गुजरात में सरदार सरोवर परियोजनाओं के विरोध में संघर्ष वाहिनी और आर्च वाहिनी नाम से बग़ावत को संगठित किया गया। बाँध के काम को ज़रूरत पड़ने पर रोक दिया गया। विस्थापितों के लिए पुनर्वास की लड़ाई जारी रही।

इस आन्दोलन की वजह से भारत में सर्वश्रेष्ठ और प्रगतिशील महत्त्व की पुनर्वास-नीति बनी। संघर्ष वाहिनी ने डूब क्षेत्र जाने वाले गुजरात के परिवारों के पुनर्वास की निगरानी रखी। नर्मदा बचाओ आन्दोलन से इस क्रम में मतभेद हुआ। परन्तु इस लेख में इस सन्दर्भ में विस्तार नहीं दिया जा सकता।

आन्दोलन की वजह से ट्रिब्यूनल यानी पंचाट की सहमतियों के अनुसार गुजरात का दायित्व है कि महाराष्ट्र और मध्य प्रदेश के विस्थापित यदि चाहें तो उन्हें गुजरात में ज़मीन देनी होगी। गुजरात नर्मदा बाँध का प्रमुख लाभ पाने वाला राज्य है और गुजरात वाहिनी के नेतृत्व में गुजरात के बाहर के विस्थापितों के लिए भी मदद की भावना और चिन्ता धारा बनी रही।

संघर्ष वाहिनी के इस आन्दोलन के वजह से ही अब भारतवर्ष में लोगों को उजाड़ देना आसान नहीं रहा है। कई मायनों में तो असम्भव सा बन गया। भारतवर्ष में विस्थापन के ख़िलाफ़ देश भर में हुए विरोध की वजह से समुचित पुनर्वास के लिए यूपीए 2 शासन काल में नया क़ानून बनाना पड़ा और जब एनडीए नरेन्द्र मोदी की सरकार ने इस क़ानून को बदलने की कोशिश की तो विरोध के कारण पीछे हटना पड़ा। बिहार आन्दोलन ने 1977 के बाद शासन-प्रशासन और कल्याण व्यवस्था के जनतान्त्रिकरण के लिए कई प्रयोग किये और कई परम्पराएँ स्थापित कीं। इन प्रभावों की चिन्ता आज की प्रमुख चिन्ता धारा बनी हुई है।

असम आन्दोलन असमिया आबादी की पहचान का आन्दोलन बना। आज़ादी के बाद और ख़ास तौर पर 1962 के भारत-चीन युद्ध के बाद असमिया आबादी का असन्तोष, केन्द्र सरकार के ख़िलाफ़ बन रहा था।

असम आन्दोलन को बिहार आन्दोलन की परम्परा में तो नहीं रखेंगे परन्तु इस आन्दोलन को सबसे मज़बूत समर्थन जेपी के लोगों और छात्र-युवा संघर्ष वाहिनी

से मिला। जब 1982 के बाद आन्दोलन को दबा दिया गया था तब संघर्ष वाहिनी ने असम के आन्दोलन के नेतृत्व, AASU के नेताओं को राष्ट्रीय स्तर पर दिल्ली में जोड़ा।

असम आन्दोलन समर्थक अखिल भारतीय छात्र-युवा सम्मेलन ने आसु के नेतृत्व से भी दस्तावेज़ पर सहमति प्राप्त की। उससे एक रास्ता बना था। इन्दिरा गांधी के समय केन्द्र शासन इस बात पर लड़ा था कि 1971 के बाद आये बांग्लादेशी नागरिकों को रि-पोर्ट करेंगे, वापस बांग्लादेश भेजेंगे।

मुसलमानों की माँग 1951 के बाद आये हुए लोगों को वापस करने की थी। छात्र-युवा संघर्ष वाहिनी द्वारा जो दस्तावेज़ सम्मेलन में प्रस्तुत किया गया उसमें यह बात थी कि 1961 के बाद के लोगों को वापस करेंगे या असम से हटाकर दूसरी जगह विस्थापित करेंगे।

असम आन्दोलन जब उत्थान पर था तब केन्द्र सरकार से उसके नेतृत्व की वार्ता टेबल पर होती थी। कोई समझौता नहीं होता था और केन्द्र सरकार की तरफ़ से प्रेस में यह बात उड़ा दी जाती थी कि 1951 या 1971 के बीच 1961 पर सहमति बन जायेगी। परन्तु आपसी विश्वास के अभाव में कभी भी टेबल पर यह बात नहीं आयी थी। केन्द्र सरकार ने उस रास्ते को तब ध्यान में लिया जब राजीव गांधी शासन में आये और उन्होंने अपनी माँ इन्दिरा गांधी के समय के कुछ गतिरोधों को समाप्त करने की कोशिश की। उस समय पटना से गुवाहाटी तक चार दर्जन लोगों का पैदल मार्च एक ब्रिज की रचना कर सका था। जिससे आसु के नेतृत्व को फिर से ताक़त मिली थी।

असम समझौता लगभग उसी दस्तावेज़ पर हुआ था जिसे छात्र-युवा संघर्ष वाहिनी ने अखिल भारतीय सम्मेलन में पारित करवाया था। छात्र नेताओं के बीच से पारित किया गया वह दस्तावेज़ छात्र-युवा संघर्ष वाहिनी द्वारा प्रस्तावित था।

1978 के बाद के परिवेश में भारत के नारीवादी समूहों ने व्यापक आधार प्राप्त किया। फिर यहाँ कहना होगा कि 1977 के बाद के परिवेश में, भारत के जनतन्त्र को और उसके आधार को मज़बूत करने वाली अनेक धाराओं को, उदार समर्थन मिल रहा था। आज भी जो लोग बिहार आन्दोलन को सही ढंग से नहीं समझ पा रहे वे यह भूल जाते हैं कि अभी सबसे ज़्यादा ज़रूरत है समाज के अन्दर एक जनतान्त्रिक और उदार वातावरण बनाने की। आज़ादी के तीन दशकों के बाद बिहार आन्दोलन के प्रभावशाली होने की वजह से फिर से ऐसा वातावरण बना था।

बिहार आन्दोलन इसके लिए एक आदर्श परिवेश देता है।

उस समय मथुरा बलात्कार काण्ड पर अदालती ट्रायल की वजह से नारीवादी समूह मुखर हुए थे। इसके पहले सामाजिक और राजनीतिक संघर्षों में मुख्य रूप से सेवा, सहायता, नर्सिंग आदि भूमिका में स्त्रियाँ आगे रहती थीं। स्त्री-पुरुष समता और नारीवाद विमर्श के विषय थे। परन्तु नारीवाद एक या दो संगठनों की मर्यादा से, किताबों से बाहर निकलकर आम जन अभियान बना।

आपातकाल के दौरान सामूहिक बलात्कार करने वाले दोषी थाना के कर्मी जब इसलिए सज़ा मुक्त कर दिये गये थे, कि पीड़ित महिला के ऊपर जो हुआ उसे बलात्कार साबित नहीं किया जा सका।

तब मामला कस्टोडियन रेप में न्यायिक प्रक्रिया पर चर्चा शुरू करने के लिए आगे बढ़ गया। ऊपर जाकर फ़ैसला बदलता गया।

थाना, अस्पताल या कस्टडी में सामूहिक बलात्कार के मामले में अपराध साबित करना बलात्कार पीड़िता के ऊपर नहीं बल्कि उस पर बना दिया गया जिस पर प्राथमिक रूप से आरोप लगाया गया है। यानी बलात्कार की पीड़िता की जिम्मेदारी नहीं रह गयी, बल्कि जिस पर आरोप था उन्हें ही अपने को निर्दोष साबित करना था।

भारत में नारीवादी संघर्षों की कहानी बहुत आगे तक तब बढ़ती गयी अब पीछे नहीं जाया जा सकता। परन्तु फिर से समाज में एक उदार वातावरण का तक़ाज़ा है। और बाद में बोधगया भूमि संघर्ष ने भारत के नारीवाद को एक विशिष्ट अर्थ दे दिया।

भू-स्वामियों की सरप्लस ज़मीन (वितरण योग्य स्वीकार किये जाने के बाद), जिन परिवारों को दिया जाना था, उस परिवार का मुखिया पुरुष ही हो इसे बोधगया आन्दोलन के बाद के दिनों में चुनौती दी गयी ज़मीन का पर्चा दिया जाना था, उनका मुखिया पुरुष ही होगा, इस बात को बोधगया आन्दोलन से चुनौती मिलने लगी।

महिलाओं के नाम से भूमि अधिकार हासिल करने में, कुछ समय लगा। लेकिन अन्त में यह निश्चित हुआ कि पुनर्वितरित ज़मीन के दस्तावेज़ या परवाना-पर्चा पर स्त्री और पुरुष दोनों को परिवार के मुखिया के रूप में दर्ज करके ज़मीन दी जायेगी। इस बात की भी, विश्व स्तर पर सराहना मिली थी। और बाद में कोटपूतली राजस्थान से दिल्ली तक 10 दिनों तक का महिलाओं के पैदल मार्च के दस्तावेज़ महिलाओं के नैरोबी कॉन्फ्रेंस तक प्रभाव में रहे।

1974 आन्दोलन के समय ही चुनाव सुधार की बात को जयप्रकाश नारायण प्रमुखता से कहते थे। उन्होंने संथानम के नेतृत्व में चुनाव सुधार विषय पर अपनी सिफ़ारिश देने के लिए एक नागरिक समिति बनायी। व्यवहार में जस्टिस विट्ठल

मनोहर तारकुण्डे ने इस समिति के काम को जारी रखा और चुनाव सुधार की सिफ़ारिश दी। इस दस्तावेज़ की समीक्षा करेंगे तो भारतवर्ष में जितने भी सुधार के किये गये, सब इस दस्तावेज़ में सुझाये गये थे। आगे इन सुधारों के बाद जो गतिरोध बन रहे हैं, उनके लिए उदार जनतान्त्रिक विचार वाले आन्दोलन धाराओं की तरफ़ से चुनाव सुधार की समितियाँ बन रही हैं।

भाग-3
संघर्ष के विविध आयाम

बिहार का छात्र आन्दोलन और भ्रष्टाचार

रामशरण

बिहार जो कभी भारत का इतिहास रचता था, जहाँ भगवान महावीर और भगवान बुद्ध जैसे चिन्तक पैदा हुए, आज़ादी के बाद आन्दोलनों की जन्मभूमि बन गया है। सच कहा जाए तो गांधी जी ने भी भारत में आन्दोलन की शुरुआत बिहार के चंपारण से ही की थी। इसका सबसे बड़ा कारण है बिहार बंगाल पर अंग्रेज़ों का प्रत्यक्ष शासन और ज़मींदारों द्वारा किसानों का भयंकर शोषण। यहाँ तक कि किसान लोग भारी ज़मींदारी टैक्स से बचने के लिए अपनी ज़मीन ही ज़मींदार को सौंपने लगे थे। इसके अलावा बुनकरों आदि कुटीर उद्योगों के विनाश ने दलितों और अल्पसंख्यकों को विशेष रूप से बर्बाद कर दिया। भयंकर ग़रीबी और बेरोज़गारी के कारण बिहारी लोग स्थायी रूप से विदेश में जाकर बसने को तैयार हो गये। सांस्कृतिक रूप से बिहार के लोग नम्र और मेहनती थे। पर जाति व्यवस्था मज़बूत थी और दलितों पिछड़ों को काफ़ी अत्याचार का सामना करना पड़ता था। शिक्षा व्यवस्था बेहद कमज़ोर थी और उसका लाभ सिर्फ़ बड़े लोग ले सकते थे। शिक्षा के सन्दर्भ में बंगाल की स्थिति अच्छी थी। इस सबके बावजूद बिहार बंगाल में अंग्रेज़ों के ख़िलाफ़ कई आन्दोलन हुए, जिनकी शुरुआत 1857 के पहले से हो गयी थी। आज़ादी के बाद शिक्षा का प्रचार होने लगा जिसने समता की आकांक्षा को मज़बूत बनाया। लोग शोषण दमन का विरोध करने लगे। आज़ादी के बाद बिहार में समाजवादी और मार्क्सवादी विचारधारा का प्रचार विशेष रूप से हुआ। इससे बिहार में तार्किकता और चेतना का विकास हुआ। इसलिए यहाँ परिवर्तन की आकांक्षा तीव्र होती गयी।

आज़ादी के वक़्त बिहार का प्रशासन अच्छा था। छोटानागपुर में, जो तब बिहार में शामिल था, कई उद्योग लगे थे और खानों से भी आय होती थी। लेकिन आज़ादी

के बाद बिहार पर लम्बे समय तक एक ही जाति के नेताओं ने शासन किया। इस काल में नेताओं, अधिकारियों और ठेकेदारों ने भाई भतीजावाद का सहारा लेकर बिहार को खूब लूटा। बिहार में भ्रष्टाचार के प्रति काफ़ी आक्रोश को देखते हुए अय्यर कमीशन का गठन किया गया। इसमें कई बड़े नेता आरोपित हुए पर उनका मूल चरित्र नहीं बदला। इसलिए 1967 में डॉ. लोहिया के नेतृत्व में विपक्षी दलों ने, जिसमें जनसंघ, समाजवादी और मार्क्सवादी भी शामिल थे संयुक्त मोर्चा बना कर चुनाव लड़ा। इस चुनाव में पहली बार बिहार बंगाल आदि कई राज्यों में कांग्रेस को सत्ता से बाहर जाना पड़ा। पहली बार कांग्रेस की जड़ उखड़ने का कारण भ्रष्टाचार ही था। कांग्रेस में करीब बीस साल के शासन के दौरान भ्रष्ट और अपराधी लोगों का जमावड़ा हो चुका था और ईमानदार कार्यकर्ता महत्त्वहीन हो गये थे। लेकिन विपक्षी दलों की सरकार भी कोई उल्लेखनीय काम नहीं कर पाये। एक मुख्यमन्त्री को तो भ्रष्टाचार के कारण जेल भी जाना पड़ा। ऐसी स्थिति में फिर कांग्रेस की सरकार बन गयी। इससे आम लोगों में काफ़ी निराशा फैल गयी और लोकतन्त्र पर से ही विश्वास उठने लगा और हिंसक आन्दोलन बढ़ने लगे। इन्ही परिस्थितियों जयप्रकाश जी ने लोकतन्त्र की रक्षा के लिए "यूथ फार डेमोक्रेसी" का आह्वान जारी किया। जयप्रकाश जी चीन की सांस्कृतिक क्रान्ति से प्रभावित थे, पर हिंसा के विरोधी थे। इसलिए उन्होंने भारतीय सांस्कृतिक क्रान्ति का नारा दिया था। वे जानते थे कि सिर्फ़ राजनैतिक और आर्थिक परिवर्तन से भ्रष्टाचार समाप्त नहीं हो सकता है।

यूथ फार डेमोक्रेसी आह्वान के बाद ही गुजरात में छात्रों ने नवनिर्माण आन्दोलन शुरू किया, जिसका मूल कारण मंहगाई थी। यह आन्दोलन राजनैतिक दलों के शिकंजे में नहीं था, इसलिए जल्द ही काफ़ी लोकप्रिय हो गया। यहाँ तक कि इंदिरा गांधी को अपना मुख्यमन्त्री बदलना पड़ा। इस आन्दोलन की सफलता ने बिहार के युवाओं को भी प्रेरणा दी। बिहार के विपक्षी दलों के युवा और सर्वोदय से जुड़े कार्यकर्ताओं ने आपस में संवाद की प्रक्रिया चलायी और 18 मार्च 1974 को विधानसभा के घेराव की घोषणा कर दी। लेकिन भाजपा के युवा संगठन ने 12 फ़रवरी को ही हर ज़िले में सांकेतिक उपवास आयोजित कर लिया। इंदिरा गांधी द्वारा बैंकों का राष्ट्रीयकरण और राजाओं का प्रिवी पर्स समाप्त करने के कारण वामपन्थियों का एक हिस्सा इस आन्दोलन का विरोधी था। समाजवादी युवा बड़ी संख्या में थे, पर ज़्यादातर युवा गैर दलीय थे। बिहार में आन्दोलन के मुद्दे अनेक थे पर, मुख्य मुद्दे भ्रष्टाचार, मंहगाई, बेरोज़गारी और कुशिक्षा थे। आपातकाल के बाद हुए चुनाव में कांग्रेस की भारी पराजय हुई, लेकिन दक्षिण और पूर्वी राज्यों में

ज़्यादा असर नहीं पड़ा। शायद भाषा के कारण आन्दोलन का प्रभाव अहिन्दी भाषी राज्यों पर कम पड़ा।

बिहार छात्र आन्दोलन के ज़्यादातर कार्यकर्ता ग़ैर दलीय थे, पर अधिकांश नेता विपक्षी राजनैतिक दलों से जुड़े हुए थे। इनमें से कुछ नेताओं पर चन्दा का पैसा खाने का भी आरोप लगा था। ये लोग पूरी तरह से जयप्रकाश जी की बात नहीं मानते थे। उनके लिए अपने-अपने राजनैतिक दलों का हित महत्त्वपूर्ण था। इसलिए जयप्रकाश जी ने आन्दोलन के दौरान ही "छात्र-युवा संघर्ष वाहिनी" का गठन किया था। वाहिनी के सदस्यों से उम्मीद की जाती थी कि वे राजनैतिक दलों से दूरी बनाए रखें और चुनाव की होड़ में न पड़े। वाहिनी तो आपातकाल के पहले ही बन गयी थी, पर आपातकाल के दौरान जेल में बन्द ग़ैर दलीय युवाओं ने इसमें विशेष रुचि ली। जनसंघ से जुड़े युवा इसके विरोधी थे। जेल में इनका अच्छा प्रशिक्षण हुआ। इसी कारण जब सरकार बनी तो वाहिनी के अधिकांश कार्यकर्ता जनता पार्टी में शामिल नहीं हुए।

चुनाव के बाद वाहिनी का पुनर्गठन किया गया और इसने जयप्रकाश जी के मार्गदर्शन में बोधगया में मठ के ख़िलाफ़ शान्तिपूर्ण आन्दोलन चलाया और दस हज़ार एकड़ से अधिक ज़मीन को मुक्त करा कर भूमिहीनों में बंटवाया। भागलपुर ज़िले में गंगा नदी पर कायम ज़मींदारी के ख़िलाफ़ आन्दोलन किया और सफलता हासिल की। इसी आन्दोलन के चलते पूरे बिहार और झारखण्ड की नदियों को परम्परागत मछुआरों के लिए नि:शुल्क घोषित किया गया। इसने गंगा प्रदूषण और फरक्का बराज के ख़िलाफ़ भी आवाज़ उठायी। बिहार में वाहिनी ने आरक्षण आन्दोलन को मज़बूत समर्थन दिया। वाहिनी से जुड़े साथी पूरे देश में पर्यावरण आन्दोलन, किसान आन्दोलन आदि में प्रमुख सहयोगी बने।

जब जनता पार्टी की सरकार अपने लक्ष्यों को पाने में असफल रही तथा जयप्रकाश जी का निर्देश मानने से भी इंकार कर दिया तो वाहिनी ने जनता पार्टी का समर्थन करना बन्द कर दिया, लेकिन कांग्रेस के साथ भी नहीं गयी। बल्कि वी पी सिंह ने जब बोफोर्स भ्रष्टाचार के ख़िलाफ़ आन्दोलन चलाया तो वाहिनी के प्रमुख साथियों ने वी पी सिंह से संवाद बैठक की और संतुष्ट होने पर आचार्य राममूर्ति के नेतृत्व में जनमोर्चा को खड़ा करने में ठोस मदद की। लेकिन जब जनमोर्चा का जनता पार्टी में विलय कर दिया गया तो वाहिनी के साथी जनमोर्चा से अलग हो गए। इसी प्रकार जब अन्ना हज़ारे ने भ्रष्टाचार के ख़िलाफ़ आन्दोलन प्रारम्भ किया तो वाहिनी के बहुत से साथियों ने इसमें प्रमुख भूमिका निभाई। लेकिन चुनाव के बाद आम आदमी पार्टी में शामिल नहीं हुए।

आज भी भ्रष्टाचार देश का मुख्य संकट बना हुआ है। जयप्रकाश जी भ्रष्टाचार की गंगोत्री को समाप्त करना चाहते थे, पर बीमारी के कारण उन्हें समय नहीं मिला। आज चुनाव में इतना पैसा ख़र्च होता है कि ईमानदार आदमी चुनाव लड़ ही नहीं सकता है। राजनैतिक दलों द्वारा भी बड़ी-बड़ी कम्पनियों से करोड़ों अरबों रुपये चन्दा लिया जाता है। इसके बदले सरकार ऐसी नीतियाँ बनाती है जिनसे इन कम्पनियों को फायदा हो, भले ही जनता को दुर्दशा झेलनी पड़े। इलेक्टोरल बाण्ड इसका अच्छा उदाहरण है। कार्यपालिका (प्रशासन) और विधायिका (संसद और विधानसभा) आज रबर स्टाम्प बन के रह गये हैं। मेन स्ट्रीम मीडिया भी विज्ञापन के लालच और पूंजीपतियों के दबाव में सरकारी भोंपू बन गया है। ले देकर न्यायपालिका बची है, पर वहाँ भी भ्रष्ट न्यायाधीश सरकार और उद्योगपतियों की मदद करते हैं। जनता तो निचली अदालतों के भ्रष्टाचार से पिसी रहती है। आज भी वाहिनी के साथी लोकतन्त्र को बचाने के प्रयास में जुटे हुए हैं।

इमरजेंसी में 'प्रतिरोध' पत्रिका!

राजेन्द्र चौधरी

सत्तर का दशक संविधान प्रदत्त अधिकारों के हनन का था जिसके ख़िलाफ़ छात्रों-नौजवानों ने जेपी की अगुवाई में लोकतन्त्र बहाली के सपने को साकार करने का संघर्ष किया। आज की चुनौती और बड़ी है। तब भी नागरिकों के अधिकार छीन लिए गए थे और आज भी नागरिक अधिकारों को समाप्त करने का षडयन्त्रकारी प्रयास जारी है। संविधान संकट में है, भारत की विविधता पर खतरा मंडरा रहा है।

पर आज से पचास साल पहले 1975 में जब देश में आपातकाल लगा था तो संविधान प्रदत्त नागरिक स्वतन्त्रता और अभिव्यक्ति के मौलिक अधिकार का हनन हुआ था। आपातकाल लगते ही विपक्ष के नेताओं को क़ैद कर लिया गया था। अख़बारों पर भी सेंसरशिप लगा दी गयी। चारों ओर दहशत और आतंक का माहौल था, न अपील न वकील, न दलील। जेल में यातनाओं का दौर। आज भी उस दिन की याद कर मन में सिहरन उत्पन्न हो जाती है। आपातकाल लगने के कुछ घण्टे पहले लोकनायक जय प्रकाश नारायण की दिल्ली के रामलीला मैदान की सभा में मैं अपने सहयोगियों के साथ शामिल हुआ था। उस समय के हालात क्या थे आज की पीढ़ी का बड़ा हिस्सा नहीं जानता है।

इमरजेंसी लगने के बाद अनेक अंडरग्राउंड पत्र पत्रिकाओं का प्रकाशन चोरी छिपे हो रहा था। जिनमें जनवाणी, प्रतिरोध, युवा संघर्ष और रेजिस्टेंस प्रमुख पत्र/पत्रिकाएँ थीं। उस समय मैं भारतीय लोकदल के युवा संगठन का महासचिव था और आरिफ़ मोहम्मद खान अध्यक्ष थे। उसी दौर में मैंने और केसी त्यागी ने 'प्रतिरोध' पत्रिका का सम्पादन किया। इसका विवरण 'ऑपरेशन इमरजेंसी' नामक पुस्तक में ब्योरेवार दिया गया है। प्रतिरोध के कुछ अंक निकलने के बाद इस पर प्रतिबन्ध लगा दिया गया और पुलिस ने इसके अंक जब्त कर लिए। एक दिन ऐसा

हुआ कि हम प्रतिरोध की कापियाँ छपवाकर एक ऑटो से राष्ट्रपति भवन चौराहा पर पहुँचे, तभी प्रधानमन्त्री श्रीमती इंदिरा गांधी का काफिला उधर से गुजरा। हम लोगों को लगा कि अब गिरफ़्तारी तय है क्योंकि पुलिस चप्पे-चप्पे पर थी और हर एक को देख रही थी। कुछ वाहन चेक भी किए गए। मैं और केसी त्यागी आटो में थे, प्रतिरोध पत्रिका का बण्डल साथ था। इंदिरा गांधी का काफिला गुज़र रहा था। तब इतना ट्रैफिक भी नहीं होता था और इस इलाक़े में वैसे भी काफ़ी सुरक्षा रहती थी। साफ़ हो गया कि आज गिरफ़्तारी होगी और प्रतिबन्धित पत्रिका के साथ पकड़े जाने पर पुलिस दमन भी करेगी। वह तो गनीमत थी कि तब पुलिस ने चेक नहीं किया। अन्यथा जो प्रताड़ना मिलती उसके बाद आज हम यह कहानी बता पाते कहना मुश्किल ही था। ऐसे ख़तरनाक दिन थे वे। हम किस तरह इमरजेंसी में 'प्रतिरोध' का प्रकाशन कर रहे थे यह भी बहुत मशक्कत का काम था। पत्रिका के लिए पैसे का इन्तज़ाम करना। सामग्री जुटाना और उसका सम्पादन कर प्रेस पहुँचाना बहुत मुश्किल काम था। तब आज की तरह कम्प्यूटर तो था नहीं, हाथ से लिखने का दौर था और छोटे-छोटे प्रिंटिंग प्रेस भी पुराने जमाने के थे। कोई मेल जैसी व्यवस्था तो थी नहीं ऐसे में हर जगह ख़ुद जाना पड़ता। प्रकाशन के बाद 'प्रतिरोध' को राजनीतिक लोगों तक पहुँचाना भी अलग समस्या थी। दिल्ली में तब कनॉट प्लेस स्थित काफ़ी हाउस भी हमारा एक अड्डा था। इस अड्डे में सतपाल मालिक, रमाशंकर सिंह, सुधीर गोयल, राजकुमार जैन से लेकर केसी त्यागी आदि होते थे। वह बैठते और एक-दूसरे को गोपनीय तरीके से पत्रिका झोले से निकाल कर दे देते। फिर भी गिरफ़्तारी की आशंका बनी रहती। उस दौर में काफ़ी हाउस में समाजवादियों और वामपन्थियों के अलग-अलग खेमों का अड्डा जमता था। वामपन्थियों में एमएल धारा के लोग ज़्यादा थे जो अपनी पत्रिका 'लिबरेशन' का प्रचार-प्रसार करते थे। काफ़ी हाउस से लगी थियेटर कम्यूनिकेशन बिल्डिंग थी जिसमें चन्दशेखर की 'यंग इंडिया' पत्रिका निकलती थी। ख़ैर हम 'प्रतिरोध' पत्रिका को दिल्ली, हरियाणा और पश्चिमी उत्तर प्रदेश के कुछ हिस्सों तक पहुँचाते थे। यह करोलबाग से कुछ दूर स्थित बाबूलाल दोषी की प्रेस में प्रकाशित होती थी। बाबूलाल दोषी भी क्रान्तिकारी धारा के समर्थक थे और वे अपनी भूमिगत पत्रिका को प्रकाशित करते थे। बाद में उनकी प्रेस पर भी छापा पद पड़ा और वे भी पकड़े गए। एक बार तो हमारे इस 'प्रतिरोध' के चक्कर में पूर्व प्रधानमन्त्री लाल बहादुर शास्त्री के पुत्र सुनील शास्त्री भी फंसते-फंसते बच गए। हम गाजियाबाद में पत्रिका लेकर गुज़र रहे थे तभी हमारी टैक्सी ख़राब हो गयी। हरसाउ गाँव के पास एक बैंक में सुनील शास्त्री नौकरी करते

थे। हम उनके पास गए और उनकी गाड़ी माँगी और उसमें 'प्रतिरोध' पत्रिका लेकर गए। उन्हे कुछ नहीं बताया था। अगर हम पुलिस के हत्थे चढ़ते तो सुनील शास्त्री भी फंसते ही क्योंकि उनकी कार का इस्तेमाल किया गया था।

हम आपातकाल के विरोध में जब एक दर्जन साथियों के साथ गाजियाबाद में प्रदर्शन कर रहे थे। तब हमें पुलिस ने गिरफ़्तार कर मेरठ जेल में रखा। हथकड़ी लगाई, तब जो लोग मेरे साथ गिरफ़्तार हुए उसमें केसी त्यागी भी थे। सभी को हथकड़ी लगाई गयी। हालाँकि तब तक हम एमए एलएलबी कर चुके थे। इससे पूर्व मैं 1974 में गाजियाबाद विधानसभा से चुनाव भी लड़ चुका था। चौधरी चरण सिंह ने हमें टिकट दिया था। इमरजेंसी के बाद 1977 में मैं वहीं से चुनाव जीतकर विधानसभा भी पहुँचा, तब तक अपनी पहचान एक छात्र नेता के रूप में हो चुकी थे।

देश में आज भी असंवैधानिक अघोषित आपातकाल का दौर चल रहा है। अभिव्यक्ति की आज़ादी पर हमला हो रहा है। असहिष्णुता चरम पर है। लोकतान्त्रिक व्यवस्था को केन्द्र और राज्य सरकारें कमज़ोर कर रही है। भाजपा सरकार लोकतन्त्र का गला घोंटने में लगी है। ईमानदार पत्रकारों का जीवन असुरक्षित हो गया है। नौजवानों का भविष्य अन्धकार के गर्त में ढकेला जा रहा है। संवैधानिक संस्थाओं की विश्वसनीयता पर आंच आई है। उन्हें लगातार कमज़ोर किया जा रहा है। सरकार अधिनायकशाही जैसा बर्ताव कर रही है। सरकारी नीतियों में तानाशाही के संकेत है। समाज भय और अराजकता के वातावरण में जीने को मजबूर है। यह इतिहास की पुनरावृत्ति है।

समाजवादी शुरू से ही अन्याय के विरुद्ध संघर्षरत रहते है। लोकतन्त्र, समाजवाद और नागरिक अधिकारों की सुरक्षा के लिए भी वह प्रतिबद्ध है। अगस्त 1942 की क्रान्ति में भी समाजवादियों ने अग्रणी भूमिका निभाई थी। जब आपातकाल लगा तो जयप्रकाश नारायण जी, मोरारजी देसाई, अटल बिहारी बाजपेयी, चौधरी चरण सिंह, चन्द्रशेखर और राजनारायण को रातोंरात गिरफ़्तार कर लिया गया था। तमाम नेताओं को जेल यातना सहनी पड़ी थी। जब संविधान संशोधन कर लोकसभा की अवधि बढ़ाई गयी तो मधुलिमये, जार्ज फर्नांडिस, आडवाणी आदि नेताओं ने संविधान बचाने की लड़ाई लड़ी थी।

(सन्दर्भ-बीएम सिन्हा की 1977 में प्रकाशित पुस्तक 'आपरेशन इमरजेंसी')

जेपी आन्दोलन के कुछ फलितार्थ!

विजय प्रताप

जेपी आन्दोलन की उपलब्धियों पर चर्चा के समय उसमें शामिल उपधाराओं को चरित्र और मूल्यबोध के स्तर पर एक मान लेने के कारण बहस बहुत सतही हो जाती है। उपधाराओं के विस्तार में विश्लेषण बग़ैर भी इनके बारे में मोटे तौर पर स्पष्ट समझ होना ज़रूरी है। जेपी आन्दोलन में समाजवादी कार्यकर्ता बहुत उत्साह से एवं शुरू से ही शामिल हुए, अक्सर अपने राष्ट्रीय नेताओं के आदेश/दिशा-निर्देश के इन्तज़ार बग़ैर जेपी आन्दोलन के प्रारम्भकाल में समाजवाद के प्रति प्रतिबद्ध कार्यकर्ता मुख्यत: तीन दायरों में बटे थे। उत्तर प्रदेश के बहुसंख्यक कार्यकर्ता राज नारायण जी के नेतृत्व में चौधरी चरण सिंह के लोकदल में शामिल हो गए थे। जॉर्ज फर्नांडिस, मधु लिमये, एस एम जोशी, मधु दंडवते जैसे नेताओं को मानने वाले सोशलिस्ट पार्टी में थे, जिसके अध्यक्ष श्री जॉर्ज फर्नांडिस एवं महामन्त्री सुरेन्द्र मोहन थे। तीसरा खेमा चुनावी राजनीति के लिहाज से हाशिए पर था। यह खेमा लोहिया विचार मंच के नाम से काम करता था। इसमें प्रखर समाजवादी चिन्तकों श्री किशन पटनायक, श्री केशव जाधव के अतिरिक्त श्री राम इकबाल बरसी (उर्फ़ पीरो के गांधी), सुश्री इन्दुमती, श्रीपाद केलकर, ओम प्रकाश दीपक आदि शामिल थे। शीर्ष पर एवं सांगठनिक रूप से तीनों खेमों के नेता चाहे अलग-अलग दिखें लेकिन ज़मीनी स्तर के आम कार्यकर्ता उपरोक्त सभी नेताओं को अपना मानते थे और सम्मान करते थे। यही कारण है कि जेपी आन्दोलन जब बिहार एवं देश के अन्य हिस्सों में जन-आन्दोलन की शक्ल लेने लगा तो सभी खेमों के समाजवादी उसमें स्वत: स्फूर्त ढंग से शामिल हो गए।

संगठित दलों में दूसरी धारा चरण सिंह एवं मोरारजी देसाई जैसे नेताओं के साथ कांग्रेस से अलग हुए नेता एवं कार्यकर्ताओं की थी। लोकदल एवं संगठन कांग्रेस

इनके दल थे। जेपी चूकि सभी दलों के नेताओं के साथ सर्वोदय के वरिष्ठ नेताओं को जोड़कर लोक संघर्ष समितियों का गठन कर रहे थे, इसलिए इन दोनों दलों के साथ-साथ राष्ट्रीय स्वयं संघ के राजनीतिक दल जनसंघ जो कि भारतीय जनता पार्टी की पूर्ववर्ती पार्टी है को मजबूरन इन लोक संघर्ष समितियों में शामिल होना पड़ा। कारण साफ़ था जेपी के आहान पर आम लोग ख़ास कर नौजवान बड़ी संख्या में आन्दोलन में शामिल होने लगे थे। यह सभी दल एवं इनसे जुड़ी युवा जमातें इस नई उभरती शक्ति से अलग- थलग रहने की बजाय इनसे जुड़ने के लिए छात्र संघर्ष समितियों एवं लोक संघर्ष समितियों में शामिल हुए।

लोकदल एवं संगठन कांग्रेस के पास प्रशिक्षित एवं संगठित युवा शक्ति न थी। अलबत्ता आरएसएस के पास हिन्दुत्व में दीक्षित एक अच्छी ख़ासी जमात अखिल भारतीय विद्यार्थी परिषद के नाम से संगठित थी। दिल्ली के उदाहरण से यह स्पष्ट नजर आता है कि संघ अपने नौजवानों को जेपी आन्दोलन में शामिल नहीं होने देना चाहता था। जेपी सम्पूर्ण क्रान्ति के काम के लिए छात्रों से एक वर्ष का समय माँग चुके थे। देश के तमाम हिस्सों में छात्र संघर्ष समिति का गठन शुरू हो चुका था। समाजवादियों के युवा संगठन समाजवादी युवजन सभा के साथी 9 अगस्त 1974 को क्रान्ति दिवस मनाना चाहते थे। हमारी ओर से साथी रामशंकर ने विद्यार्थी परिषद के शीर्ष नेताओं से साझा छात्र संघर्ष समिति बनाने का प्रस्ताव रखा जिस पर उनका ढुलमुल रवैया था, कोई स्पष्ट उत्तर नहीं आया लेकिन सयुस (समाजवादी युवजन सभा) जेपी के आवाहन की अनदेखी कैसे कर सकती थी। सयुस की पहल पर छात्र संघर्ष समिति गठित हुई और मुझे उसका संयोजक बनाया गया। छात्र संघर्ष समिति ने दिल्ली विश्वविद्यालय के मुख्य कन्वोकेशन हॉल में सम्मेलन बुलाया। लेकिन तत्कालीन उप कुलपति ने सीपीआई की युवा शाखा के आह्वान पर हमारे द्वारा आरक्षित हाल पर ताला लगवा दिया एवं विश्वविद्यालय में 3 दिन का अवकाश घोषित कर दिया। उसके बाद हमारी छात्र संघर्ष समिति ने कैसे-कैसे विरोध प्रकट किया एवं उसका क्या परिणाम निकला, वह एक अलग, लम्बी एवं रोचक कथा है। यहाँ केवल इतना ही जान लेना प्रसांगिक है कि इसके बाद अभाविप दिल्ली की साझी छात्र संघर्ष समिति बनाने के लिए सहमत हो गयी। तत्कालीन छात्र संघ के महासचिव हेमन्त बिश्नोई संघर्ष समिति के संयोजक एवं सयुस की ओर से मैं सचिव बना।

साझी लोक संघर्ष समितियाँ एवं छात्र संघर्ष समितियाँ तो बन रही थी लेकिन इनके माध्यम से लोक शक्ति का सृजन साझा काम कितना मिल-जुल कर हो

रहा था यह स्थानीय नेतृत्व की क्षमता और प्रतिबद्धता पर निर्भर था न कि राष्ट्रीय नेताओं के दिशा निर्देश पर। अब दिल्ली का ही उदाहरण लें–12 जून 1975 के दिन इलाहाबाद उच्च न्यायालय में न्यायाधीश जगमोहन लाल सिंह ने श्री राजनारायण की चुनाव याचिका पर फ़ैसला सुनाते हुए श्रीमती इंदिरा गांधी के रायबरेली से लोकसभा चुनाव को अवैध घोषित किया। इस फैसले के बाद उसी दिन मेरी एवं सयुस के दूसरे साथी सुधीन्द्र भदौरिया एवं मार्कण्डेय सिंह की पहल पर मुट्ठी भर लोग श्रीमती इंदिरा गांधी के निवास स्थान पर पहुँचे। वहाँ दुनिया भर के मीडिया के समक्ष श्रीमती अंबिका सोनी के आक्रामक व्यवहार के कारण इस छोटे से प्रदर्शन की तस्वीर पूरी दुनिया के मीडिया में प्रमुखता से छपी। 12 जून इलाहाबाद हाई कोर्ट का निर्णय आना है यह पहले से सभी को मालूम था, लेकिन इसको लेकर कोई सामूहिक तैयारी न थी।

नई उभरती युवा शक्ति एक महत्त्वपूर्ण परिघटना थी। युवजनों की यह ताक़त चिन्तनशील-संवेदनशील थी और आन्दोलन की चिन्तनधारा के प्रति सम्मान एवं सीखने का भाव रखती थी। इसका एक उदाहरण देना चाहूँगा। 18 जून 1975 को कांस्टीट्यूशन क्लब के लॉन में प्रतिपक्षी दलों की एक सभा में साथी रमाशंकर और मैं शामिल हुए थे। सभा समाप्त हुई थी कि मैंने देखा कि जगजीवन राम कांस्टीट्यूशन क्लब से बाहर निकल रहे हैं। मेरी तुरत बुद्धि में आया कि उनसे 'भ्रष्ट' नेतृत्व से अलग होने, इस्तीफ़ा देने की माँग की जाए। मैंने क्लब के दरवाज़े पर, अन्य नौजवान जो प्रतिपक्षी दलों की सभा से अभी लौट ही रहे थे के साथ, उनका रास्ता रोका और उन्हें सरकार से इस्तीफ़ा देने की अपील की। उनके सहयोगियों ने हमें समझा बुझा कर बाहर खुले लान में बात करने का झांसा दिया। हम सभी मान गए, खुले लॉन में आए और बाबू जी अपनी गाड़ी में बैठ गए और गाड़ी चला दी गयी। मैं उनकी गाड़ी के सामने कूदने लगा तभी एक पुलिस अधिकारी ने मेरी दायीं टांग पर अपने डण्डे से वार किया और मैं लड़खड़ाकर गिर पड़ा। जब मैं खड़ा हुआ तो उस पुलिस अधिकारी को नौजवानों ने घेर लिया था और वे उससे बहुत रोषपूर्ण एवं आक्रामक ढंग से बात कर रहे थे। मैं किसी अनहोनी को सोच सहम गया, तभी मुझे आन्दोलन का नारा "हमला चाहे जैसा हो, हाथ हमारा नहीं उठेगा" याद आया। मैंने दो-तीन बार ही वह नारा लगाया और सभी नौजवान जो ग़ुस्से में हाथापाई पर उतारू दिख रहे थे, सब शान्त हो गए। पुलिस अधिकारी ने हमें समझाने की कोशिश की कि यदि वह डण्डा मार कर मुझे न गिराता तो बाबूजी की कार से दुर्घटना हो सकती थी। ख़ैर पुलिस की इस लाठी से मेरे दाएँ घुटने की हड्डी टूट गयी और मेरी

मित्र अदिति गुप्ता (अब अदिति देसाई) ने अपने कार से ले जाकर बाड़ा हिन्दूराव अस्पताल में एक्सरे आदि करवा कर टांग पर प्लास्टर करवाया। उसी प्लास्टर में 4 जुलाई 1975 को मेरी गिरफ़्तारी हुई और 5 जुलाई को मुझे दिल्ली की तिहाड़ सेंट्रल जेल के अस्पताल में भर्ती करवाया गया। छोटी अवधि की जेल तो पहले भी हुई थी लेकिन लगभग 20 महीने जेल प्रवास के दौरान समझ में आया राजनैतिक बन्दियों के साथ जेल का अनुभव वह सब सिखाता है जो समाज में सामान्य रूप से समझना मुश्किल है। नेताओं के साथ जेल एक अलग क़िस्म का विश्वविद्यालय है। लेकिन कभी किसी और मौके पर इस सवाल पर सविस्तार चर्चा करेंगे। अभी तो मुख्य बात है जेपी आन्दोलन से लोकतन्त्र के लिए नई ऊर्जा कैसे और कहाँ-कहाँ प्रस्फुटित हुई।

जेपी आन्दोलन में आम जन की भागीदारी से सम्बन्धित अध्ययन बिहार आर्काइव्ज़ ने चार खण्डों में छापा है। यह आन्दोलन में जन भागीदारी के बारे में सबसे प्रामाणिक सन्दर्भग्रन्थ है। जेपी ने युवा शक्ति को छात्र-युवा संघर्ष वाहिनी के रूप में संगठित किया।

शान्तिमय संघर्ष के कार्यकर्ता निर्माण के इस ऐतिहासिक प्रयोग के बारे में सुचिन्तित लेखन से आने वाली पीढ़ियों को भी प्रेरणा मिलेगी। यहाँ हम वाहिनी से सम्बन्धित कुछ महत्त्वपूर्ण बातों का उल्लेख भर कर देना चाहते हैं। जेपी चाहते थे कि भारत की युवा शक्ति दलीय राजनीति के माध्यम से सत्ता परिवर्तन के बजाय निर्दलीय ढंग से अपने को जनता के सरोकारों और संघर्ष से सीधा जोड़ें।

इसलिए संघर्ष वाहिनी से ज़ुड़े साथियों में यह बहस आज भी जिन्दा है कि निर्दलीयता रणकौशल है या मूल्य निष्ठा। यह बहस दलीय लोकतन्त्र वाली राजनीति में कभी भी निर्णायक सर्वानुमति के अंजाम पर नहीं पहुंचेगी। अलबत्ता आज जब इस दायरे के प्राय: सभी लोग लोकतन्त्र और संविधान को लेकर ख़तरे के बारे में चिन्तित हैं। ऐसे में आमतौर से अधिसंख्य साथी किसी न किसी लोकतन्त्रवादी दल का समर्थन करना या फिर स्वस्थ दलीय औजार के लिए काम करना अपना राजनीतिक कर्तव्य मानते हैं।

वाहिनी की संगठन संस्कृति में विचारधारा और उससे उपजे कार्यक्रमों को बहुत गम्भीरता से लिया जाता रहा है। ज्वलन्त वैचारिक सवालों एवं परिवर्तन के एजेंडे पर अध्ययन टीमें बनाकर गहन विचार-विमर्श की शैली रही है। लिंग भेद के मामले में, औरत-मर्द की बराबरी को लेकर अनेकों ठोस काम और उपलब्धियाँ संघर्ष वाहिनी के नाम है। अन्तरजातीय, अन्तरधार्मिक, दहेज रहित एवं आडम्बर

रहित शादियाँ छात्र युवा संघर्ष वाहिनी के कार्यकर्ताओं में आम बात थी। बोध गया भूमि मुक्ति संघर्ष की सफलता के बाद खेतिहर मज़दूरों के नाम जो पट्टे बने उसमें महिलाएँ बराबर की भागीदार थी।

वाहिनी में बरसों-बरस एक साथ काम करने के बाद भी साथी एक-दूसरे की जाति के बारे में बेख़बर रहते थे। हो भी क्यों न! जेपी आन्दोलन के प्रारम्भिक दिनों में जेपी ने जनेऊ छुड़वाने का अभियान शुरू किया था। उसके परिणाम स्वरूप लाखों नौजवान कुलीनवादी - जातीय संस्कारों से मुक्त हुए यह अलग बात है कि जेपी के न रहने पर इस जमात के विस्तार और निरन्तरता की गति अवरुद्ध हो गयी। संगठन के बतौर यह धारा क्यों सूख गयी, इसको वाहिनी बनने के 50 साल बाद निस्प्रह ढंग से सोचना होगा। जन-आन्दोलन एवं उससे उपजे संगठनों के आपसी रिश्तों के बारे में सामूहिक चिन्तन कर लोकतन्त्र की वाहक निर्दलीय और दलीय दोनों उपधाराओं को सशक्त बनाने की योजना बना उसे अमली जामा पहनाने के लिए आज अनेकों व्यक्ति एवं समूह नए रास्ते तलाश रहे हैं, विरासत को खंगाल रहे हैं एवं पुराने बने बनाये रास्तों की जांच-परख कर रहे हैं।

लखनऊ विश्वविद्यालय के अद्भुत प्रयोग!

अमिताभ

चौहत्तर आन्दोलन ने देश भर में एक ऐसी ऊर्जा पैदा कर दी थी जिसने समाज में जागरूकता के लिए एक चुम्बकीय शक्ति का काम किया और अपनी व्यक्तिगत महत्त्वाकांक्षाओं को तिलांजलि देकर उस आन्दोलन में तब कूदे युवाओं की प्रखरता, प्रतिबद्धता और उनकी नैतिक आभा के सम्पर्क में बाद में भी आये नौजवानों को बदलने का काम करके एक शानदार श्रृंखला बनाई जिसने ग़ैरदलीय स्तर पर सक्रिय एक सशक्त और मुखर नागरिक समाज की संरचना और सशक्तिकरण में महत्त्वपूर्ण योगदान दिया।

सामाजिक सक्रियता की ऐसी कड़ियाँ बनाने की कोशिशों में ही एक अस्सी के दशक में लखनऊ में घटित हुई जिसने विश्वविद्यालय से लेकर शहर तक के स्तर पर भागीदारी से एक नयी कहानी लिखी। उस कहानी के केन्द्र में एक तरफ़ ईमानदार, जज़्बाती, जोशीले, नातजुर्बेकार नौजवानों की एक खेप थी तो दूसरी तरफ़ जेपी मूवमेंट से निकले और छात्र-युवा संघर्ष वाहिनी से जुड़े रहे अनुभवी कार्यकर्ता थे जिनकी वैचारिक ज़मीन पुख्ता थी और सामाजिक-राजनैतिक कर्म का दायरा भी बड़ा था।

1984 की उस दोपहर हमारे इलेक्ट्रॉनिक्स के प्रोफ़ेसर ने पढ़ाने के बीच बेहद संजीदा स्वर में ऐलान किया कि प्रधानमन्त्री को गोली मार दी गयी है। सब बन्द हो गया था। ख़बर से हकबकाये, घबराये, बेचैन जब हम लोग घर के लिए निकले तो सड़कों पर तनाव में लिपटा सन्नाटा पसरा हुआ था। 31अक्टूबर की उस तारीख़ के बाद देश में बहुत कुछ बदल गया था। इस बदलाव की चपेट में हम भी आ गए थे। हमारे बदलने की शुरुआत वहीं से हुई थी। समाज में अपने आसपास जो कुछ भी घट रहा हो, उसके प्रति सजग रहने और प्रतिक्रिया करने की सोच-समझ गहराने

की शुरुआत वहीं से हुई थी जिसने आगे चलकर अस्सी के दशक के उत्तरार्ध में लखनऊ विश्वविद्यालय के स्तर पर सक्रियता से लेकर लखनऊ शहर, प्रदेश, देश और अन्तरराष्ट्रीय स्तर पर घटनाओं पर अलग-अलग तरह से प्रतिक्रियाओं और भागीदारी की शक्ल अख़्तियार की।

पीछे मुड़कर देखता हूँ तो बहुत रोमांचक लगता है कि खांटी मध्यवर्गीय माहौल में पले-बढ़े पढ़ाकू क़िस्म के लड़कों की हमारी छोटी सी मण्डली कैसे सामाजिक-राजनीतिक-सांस्कृतिक विषयों पर सक्रिय ज़मीनी दखल देने वाले युवाओं की जोशीली टीम में बदल गयी। हमारी इस यात्रा में इंदिरा गांधी की हत्या एक महत्त्वपूर्ण प्रस्थान बिन्दु या ट्रिगर साबित हुआ। इसे एक इत्तेफाक भी कह सकते हैं और हमारी खुशकिस्मती भी कि इंदिरा गांधी की हत्या और उसके बाद दिल्ली और देश के तमाम इलाक़ों में भड़की साम्प्रदायिक हिंसा, सिख विरोधी दंगों की वजह से गरमाये माहौल में "बहुत गड़बड़ हो रहा है, हमें कुछ करना चाहिए, क्या कर सकते हैं" वाली हमारी बेचैनी को एक ठिकाना तब मिला जब हमारी मुलाक़ात लखनऊ यूनिवर्सिटी में सक्रिय संगठन लखनऊ यूनिवर्सिटी थिंकर्स काउंसिल के कर्ताधर्ता अंबरीश कुमार से हुई। अंबरीश जी न सिर्फ़ यूनिवर्सिटी में हमारे सीनियर थे, बल्कि सकारात्मक तरह की छात्र राजनीति में सक्रिय थे, विश्वविद्यालय छात्र संघ में पदाधिकारी रह चुके थे और जेपी-लोहिया वाली समाजवादी राजनीति की धारा से और छात्र युवा संघर्ष वाहिनी से जुड़ाव रखते थे। उनके सम्पर्क में आने पर हमें यूनिवर्सिटी में लम्बे समय तक सक्रिय होने का मौक़ा मिला और सामाजिक-राजनीतिक समझ की सफ़ाई के रास्ते भी खुले। उसी सक्रियता के चलते मुलाकात हुई राजीव हेमकेशव से, जो उत्तर प्रदेश में छात्र-युवा संघर्ष वाहिनी के एक महत्त्वपूर्ण नाम थे। यूँ एक सक्रिय राजनीतिक-सामाजिक कर्म की दुनिया में हमारा दाख़िला हुआ।

इन जुड़ावों ने हमारी ज़िंदगी बदल कर रख दी।

इससे पहले कि आगे बढ़ें, इस सर्वनाम 'हम' में समाहित व्यक्तियों से परिचय करा देता हूँ। मैं अमिताभ, देवेन्द्र, मसूद, धर्मेंद्र जयनारायण एक साथ लखनऊ के कॉल्विन ताल्लुकेदार्स कॉलेज से निकलकर बस एक सड़क पार करके कॉल्विन से लखनऊ यूनिवर्सिटी में दाखिल हुए थे। हम स्कूल के दिनों के साथी थे और साथ पढ़ते-पढ़ते धीरे-धीरे दोस्त बन गये थे। यूपी बोर्ड के हाईस्कूल के इम्तिहान में हम नम्बरों के लिहाज़ से पूरे प्रदेश के सबसे मेधावी छात्रों में गिने गये थे। अख़बारों में हमारी तस्वीरें छपी थीं, हमारे स्कूल के बाहर हमारे बड़े-बड़े पोस्टर लगे रहते थे जिन्हें दूसरे छात्रों को प्रेरित करने के लिए इस्तेमाल किया जाता था। हमें

स्कॉलरशिप मिलती थी। हमारी छवि 'अच्छे बच्चों' वाली थी और उस दौर के तमाम माता-पिता की तरह हमारे मध्यवर्गीय परिवारों को भी हमसे पारम्परिक क़िस्म की वो सभी उम्मीदें थीं कि हम पढ़-लिख कर एक अच्छा, सुखद, सुरक्षित और सम्मानित जीवन बिताएँगे और घर-परिवार में अपनी ज़िम्मेदारियाँ निभाएँगे। उन दिनों कोर्स की किताबों के दायरे से बाहर की पढ़ाई में हमारे लिए प्रेमचंद के अलावा इन्द्रजाल कॉमिक्स से लेकर गुनाहों का देवता जैसी किताबें थीं। राजनीतिक पढाई, प्रशिक्षण से कोई नाता नहीं था। महात्मा गांधी, जवाहर लाल नेहरू, लाल बहादुर शास्त्री, सुभाष चन्द्र बोस, सरोजिनी नायडू, राम मनोहर लोहिया, जय प्रकाश नारायण, इंदिरा गांधी वग़ैरह के बारे में स्कूल की किताबों, अपने अध्यापकों या बुज़ुर्गों से सुनकर जितना मालूम था, उससे ज़्यादा की न तो जानकारी थी, न उस वक़्त बहुत दिलचस्पी। वो बचपन से किशोरावस्था वाले दिन थे और उस दौर में हमारी दिलचस्पियाँ भी उस उम्र के तमाम बच्चों की तरह ही थीं।

बहरहाल, जैसा कि पहले बताया, स्कूल वाला दौर छोड़कर कॉलेज आते ही हमारे भीतर बदलाव एक झटके में आया। यूनिवर्सिटी में दाख़िल होने पर लखनऊ यूनिवर्सिटी थिंकर्स काउंसिल (संक्षेप में एलयूटीसी) से जुड़ाव के बाद हमारी इस मण्डली का विस्तार हुआ और धीरे-धीरे और साथी भी जुड़ते गये–रमन पन्त, राजेन्द्र तिवारी, धीरज पाण्डे, कर्णिमा, अपर्णा माथुर, निपूर्ण गुप्ता, शालिनी, रहना, प्रीति, संदीप सक्सेना, संजय श्रीवास्तव, राजेन्द्र बहादुर सिंह और भी बहुत लोग जुड़े। सब एक साथ नहीं, अलग-अलग तरह से तो यह हुए 'हम'। एक बहुत बढ़िया टीम बनी जो यूनिवर्सिटी कैम्पस से लेकर शहर की सड़कों तक पर ज़मीनी तौर पर सक्रिय थी। सामाजिक-सांस्कृतिक-राजनैतिक हर स्तर पर हम यूनिवर्सिटी की टैगोर लाइब्रेरी के सामने लॉन पर खुले स्टडी सर्किल चलाते थे, यूनिवर्सिटी की दीवारों पर, अलग-अलग फैकल्टी में जा-जा कर कविता पोस्टर लगाते थे जिनमें दुष्यन्त कुमार की ग़ज़लों के अलावा मुक्तिबोध, रघुवीर सहाय, श्रीकांत वर्मा, विष्णु खरे, सर्वेश्वर दयाल सक्सेना, उदय प्रकाश जैसे तमाम कवियों की कविताएँ होती थीं। छात्रों से संवाद का यह तरीक़ा उन दिनों बहुत लोकप्रिय था।

ग़ालिब का एक शेर है–

चलता हूँ थोड़ी दूर हर एक तेज़ रौ के साथ
पहचानता नहीं हूँ अभी राहबर को मैं

इससे मिलतीजुलती भाव-भूमि पर मुक्तिबोध की कविता है–

मुझे क़दम-क़दम पर
चौराहे मिलते हैं
बाँहें फैलाए!
एक पैर रखता हूँ
कि सौ राहें फूटतीं,
मैं उन सब पर से गुज़रना चाहता हूँ,
बहुत अच्छे लगते हैं
उनके तजुर्बे और अपने सपने...
सब सच्चे लगते हैं,
अजीब-सी अकुलाहट दिल में उभरती है,
मैं कुछ गहरे में उतरना चाहता हूँ,
जाने क्या मिल जाए!

हमारा हाल बिल्कुल ऐसा ही था। मार्क्स, लेनिन से लेकर गांधी-लोहिया-जेपी तक सब को पढ़ने, समझने की अकुलाहट थी उन शुरुआती दिनों में। धीरे-धीरे समझ आया कि देश में मध्यमार्ग ही दीर्घकालीन राजनीति के तौर पर व्यापक स्वीकृति पा सकता है। इसे आत्मश्लाघा न समझा जाए लेकिन अब पीछे मुड़ कर देखते हुए एक सन्तोष ज़रूर होता है कि देश के मिज़ाज को पहले ही भाँप लिया था हमने।

इस बदलाव का एक तुरन्त असर यह हुआ था कि हम सब, कम से कम हमारी कोर टीम के हम सब दोस्त करियर की चिन्ता छोड़ सामाजिक कर्म की तरफ़ मुड़ गये थे। हमारे घरवाले इससे ख़ुश तो नहीं थे लेकिन एक सन्तोष उन्हें ज़रूर था कि हमारी हरकतों में वैसी कोई आवारगी नहीं थी जिसके लिए अक्सर मध्यवर्गीय घरों के बच्चों के माता-पिता परेशान या शर्मिंदा होते हैं।

राजीव गांधी की सरकार ने नयी शिक्षा नीति का मसौदा जारी किया और उसे नाम दिया "शिक्षा को चुनौती"। हमने उस मसौदे के विरोध में विश्वविद्यालय परिसर में जुलूस निकालने से लेकर सेमिनार आयोजित करने और शहर में हस्ताक्षर अभियान के जबरदस्त कार्यक्रम किये। हमारी सक्रियता के चलते कैम्पस में हंगामा हो गया था। छात्रों से लेकर शिक्षकों तक के बीच हमारी धाक जम गयी थी कि ये कुछ "अलग टाइप" के लोग हैं। "नेता टाइप" लोग भी हमसे सम्पर्क करने के लिए उत्सुक रहते थे और कैम्पस में पढ़ने-लिखने वाले अंग्रेज़ी भाषी लड़के-लड़कियों के समूह भी, जिन्हें "खाये पिये अघाये" सुविधासम्पन्न वर्ग का हिस्सा कहा जा

सकता है लेकिन जो बेहद भले, मिलनसार थे और कुछ अच्छा करने की प्रबल चाह रखते थे। इस वर्ग की ऊर्जा और प्रतिभा को हमने बड़े सकारात्मक तरीक़े से बिना उनको किसी राजनीति में घसीटे, सकारात्मक रचनात्मक कामों में इस्तेमाल किया।

यूनिवर्सिटी कैंपस में एलयूटीसी के अलावा हम लखनऊ शहर में "क्षितिज" और "युवा भारत" संगठनों के जरिये भी सक्रिय थे। "क्षितिज" की भी अपनी एक अलग कहानी है। सामाजिक सक्रियता के बहुत शुरुआती दौर में हमारी जो कोर टीम थी, उससे कुछ ऐसे लोग जुड़े जिनकी राजनीतिक समझ साफ़ न होते हुए भी उनमें समाज के लिए कुछ करने का जज़्बा बहुत जबरदस्त था। चर्चाओं के क्रम में हमारी सामूहिक ऊर्जा ने एक ऐसे संगठन के रूप में आकार लिया जिसका उद्देश्य था लखनऊ शहर की झुग्गी बस्तियों में लोगों को स्वास्थ्य, शिक्षा, सफ़ाई की स्थितियों को बेहतर करने के लिए काम करना। इस संगठन का चरित्र अराजनीतिक था। लखनऊ में हैदर कैनाल के दोनों सिरों पर झुग्गी बस्तियों की एक अच्छी ख़ासी आबादी तब भी थी, अब भी है। हमने बीड़ा उठाया कि हम जहाँ तक मुमकिन होगा इन बस्तियों में लोगों का टीकाकरण करवाएँगे, बस्तियों की सफ़ाई करवाएँगे और वहाँ बच्चों, महिलाओं और बुज़ुर्गों की पढाई-लिखाई का कुछ अनौपचारिक, ग़ैर सरकारी तरीक़ा निकालेंगे ताकि उनकी जागरूकता का स्तर बेहतर किया जा सके और अपनी स्थिति सुधारने के लिए ने ख़ुद कुछ करने के लिए तैयार हो सकें। इसमें सफ़ाई और टीकाकरण के काम ऐसे थे जो सरकारी मदद से आसानी से हो सकते थे। हम नगर महापालिका के दफ़्तर जाते, वहाँ स्वास्थ्य अधिकारियों से मिलते, किसी बस्ती में टीकाकरण के काम का शेड्यूल बनाते और फिर उसके मुताबिक काम को अन्जाम देते। इसी तरह सफ़ाई के लिए गैमेक्सीन का छिड़काव कराते और वहाँ के निवासियों को साफ़-सुथरे ढंग से रहने की, सेहत पर ध्यान देने की हिदायतें देते, अपने काम का फ़ॉलो अप करने के लिए उन बस्तियों में बार-बार जाते और नयी बस्तियों का भी रुख करते। मुझे याद है कि इस तरह की कोशिशों से हमने बाराबंकी से सटी सीमा वाले लखनऊ के झुग्गी इलाक़ों से लेकर शहर की बेहद पॉश कॉलोनियों के किनारे बसी बस्तियों और सीतापुर, कानपुर की सीमाओं से सटे इलाक़ों में भी काफ़ी काम किया। नगर महापालिका के अफ़सर इस बात पर हैरान होते थे कि ये कौन लड़के-लड़कियाँ हैं जो जब-तब आ जाते हैं झुग्गियों के मुद्दे लेकर। यूनिसेफ़ के लोगों ने भी अपने कामों के प्रसार के लिए हमारी ऊर्जा का इस्तेमाल किया। इन तमाम कामों के लिए जो पैसे लगते थे, वह भी हम ख़ुद ही जुटाते थे।

एक बहुत अनोखा काम हुआ था झुग्गियों में पढ़ाने का। हमने 'पाठशाला' नाम से कार्यक्रम तैयार किया जो अपने आप में एक नयी पहल तो थी ही, शायद एक सीमित शहरी दायरे में अपने समय से आगे की भी बात थी। हम बच्चों और बुज़ुर्गों को पढ़ाने जाते थे। इस अनौपचारिक शिक्षा कार्यक्रम के लिए सेलेबस हमने ख़ुद तैयार किया था जो हमारे लिए भी एक बहुत नया अनुभव था। मुझे याद है कि हम चार-पाँच दोस्त–मैं, देवेन्द्र, मसूद, रमन, राजेन्द्र साइकिल पर साक्षरता मिशन के कार्यालय जाते थे जो मुख्य शहर से काफ़ी दूर, हवाई अड्डे के नजदीक हुआ करता था। वहाँ से कुछ अपने मतलब की सामग्री लेकर वापस अपने काम पर लौटते थे। एक दिन में लगभग 40-50 किलोमीटर साइकिल चलाते थे। लखनऊ के मशहूर ला मार्टीनियर कॉलेज के पास कॉलेज के संस्थापक कर्नल क्लॉड मार्टिन के नाम पर ही एक गाँव बसा हुआ है मार्टिन पुरवा। जिस समय हम वहाँ पढ़ाने जाते थे वह मण्डल-कमण्डल के राजनैतिक प्रभाव से पहले का था। तब तमाम वर्गीय, धार्मिक और जातीय विभेदों के बावजूद एक अलग तरह की मासूमियत, मेलजोल, सादादिली थी समाज में। नेता भी आज की तरह मुफ़्त की सुविधाओं का पिटारा नहीं खोलते थे। मार्टिनपुरवा गाँव अब भी अपनी उसी जगह पर है हालाँकि तमाम झुग्गी बस्तियों की तरह अब उसका भी कायाकल्प हो चुका है। मार्टिन पुरवा में खुले मैदान में हम बच्चों को पढ़ाते थे। यह याद करना बहुत दिलचस्प है कि एक बहुत बड़े शिक्षण संस्थान के ऐन पड़ोस में बसे गाँव में बच्चे पढ़ने के लिए हम जैसे कच्चे और कामचलाऊ क़िस्म के मास्टरों का इन्तज़ार करते थे, उनके घर वाले हम पर भरोसा करते थे कि हम उनके बच्चों को पढ़ने में मदद करेंगे।

आदर्शवाद से परे इन तमाम कामों की अपनी व्यवहारिक चुनौतियाँ थीं। समूह की महिला सदस्यों की सुरक्षा एक बडी चिन्ता होती थी। कार्यक्रमों की उपयोगिता को लेकर हमारे बीच आपस में काफ़ी बहसें हुआ करती थीं। सवाल उठते थे कि कहीं हम अपना वक़्त और ऊर्जा बर्बाद तो नहीं कर रहे? इन कामों का समाज के बदलाव में कोई दीर्घकालीन प्रभाव पड़ेगा या नहीं? रचनात्मक काम और संघर्ष के बीच क्या चुनना चाहिए? हमारे सामने महात्मा गांधी, लोहिया, जेपी जैसे महापुरुषों के अपनाये तौर-तरीके भी थे और मार्क्स-लेनिन के सिद्धान्त भी। अपनी समझ साफ़ करने के क्रम में हम धूल के कणों जैसे ब्राउनियन मोशन में इन तमाम रास्तों से गुज़रते थे। समता और/या स्वतन्त्रता के बुनियादी लिटमस टेस्ट के जरिये पहचानने की कोशिश करते थे कि कौन किस वैचारिक खेमे में खड़ा है। लोहिया की मेधा कैसे गांधी, मार्क्स और समाजवाद के अध्ययन के जरिये सप्तक्रान्ति के स्वप्न तक

ले गयी और जय प्रकाश नारायण कैसे अगस्त क्रान्ति के नायक से युवाओं के प्रेरणा स्रोत बने, यह सब हमारी चर्चाओं के विषय हुआ करते थे। गांधी के रचनात्मक कार्यक्रमों, लोहिया की सप्त क्रान्ति और जेपी की सम्पूर्ण क्रान्ति के अध्ययन और उससे जुड़े विचार विमर्श ने बाद के जीवन में हमारी निजी और सार्वजनिक नैतिकता, जीवन मूल्यों और जीवन दृष्टि को आकार देने में काफ़ी मदद की।

मशहूर लेखक-पत्रकार-विचारक आर्थर कोएस्लर की एक बहुत चर्चित किताब है—द योगी एंड द कमिसार। इस किताब में कोएस्लर उस दुविधा की तरफ़ इशारा करते हैं जो एक न्यायपूर्ण समाज की स्थापना के लिए सक्रिय तमाम आन्दोलनों को झेलनी पड़ती है। कोएस्लर शुरुआत में कम्युनिस्ट थे लेकिन स्टालिन की नीतियों के विरोध में पार्टी छोड़कर बाद में जीवन भर सर्वसत्तावादी विचारधारा के ख़िलाफ़ खुल कर लिखते रहे। अपनी किताब में कोएस्लर ने यह बताने की कोशिश की है कि योगी की नैतिकता और पवित्रता कैसे अच्छे होने के बावजूद व्यापक सामाजिक बदलाव के सफर में नाकाम साबित होती है और दूसरी तरफ़ कमिसार यानी कम्युनिस्ट अधिकारी का सख्त शासन कैसे एक दमनकारी सर्वसत्तावादी व्यवस्था की तरफ़ ले जाता है।

यह दुविधा तमाम बड़े-बड़े विचारकों, समाजसुधारकों और सामाजिक-राजनैतिक नेताओं कार्यकर्ताओं की भी रही है कि बदलाव के लिए सही रास्ता कैसे चुना जाए। मार्क्स जहाँ व्यवस्था परिवर्तन की बात करते हैं, गांधी एक क़दम आगे बढ़कर व्यक्ति परिवर्तन की भी बात करते हैं। जय प्रकाश नारायण के जीवन और उनके राजनैतिक कर्म में इस संश्लेषण की तरफ़ कोशिश दिखाई देती है। जेपी ने लोहिया की सप्त क्रान्ति से भी आगे बढ़कर सम्पूर्ण क्रान्ति की बात की थी। सत्तर पार की उम्र में उन्होंने नौजवानों जैसा जोश और हिम्मत दिखाई थी और लोकनायक कहलाये थे।

हमारी लखनऊ मण्डली के तमाम युवा साथियों ने जेपी को तो देखा नहीं था लेकिन उनके राजीव हेमकेशव जैसे चेले सामाजिक जीवन और कर्म में हमारे मार्गदर्शक बने। उसका असर यह हुआ कि एक तरफ़ हम यूनिवर्सिटी के स्तर पर एलयूटीसी से जुड़े रहकर परिसर के भीतर स्वच्छ और सकारात्मक राजनीतिक माहौल के लिए लड़े तो दूसरी तरफ़ क्षितिज जैसे संगठन के जरिये अपने रचनात्मक काम जारी रखे और इससे अलग हटकर "युवा भारत" की स्थापना करके हमने शहर के स्तर पर राजनैतिक-सामाजिक-सांस्कृतिक मुद्दों पर अपनी ज़मीनी मौजूदगी दर्ज करानी शुरू की। इस टीम में थिंकर्स काउंसिल और क्षितिज के कुछ साथियों

के अलावा विश्वविद्यालय में प्राध्यापक डॉ. प्रमोद और आलोक जोशी, हरजिंदर, गुरजीत और अन्य कई लोग जुड़े। युवा भारत के बैनर तले सती प्रथा के विरोध के मुद्दे पर निकाला गया जुलूस ऐतिहासिक था जिसमें हिन्दी पत्रकारिता के शिखर पुरुष और जनसत्ता के प्रधान सम्पादक प्रभाष जोशी को भी नहीं बख़्शा गया था क्योंकि उनके अख़बार का स्वर कहीं न कहीं उसके समर्थन में था। मल्टीनेशनल कम्पनियों के विरोध में हमने बहिष्कार के लिए प्रतीक के तौर पर दो उत्पाद चुने थे–कोकाकोला और बाटा का जूता। राजनीति के अपराधीकरण के ख़िलाफ़ लखनऊ में अस्सी के उत्तरार्ध में 'युवा भारत' ने जबरदस्त अभियान चलाया और बाकायदा सड़क पर उतर कर जुलूस के जरिये विरोध जताया।

उस दौर की सक्रियताओं ने आगे के जीवन के लिए कुछ बुनियादी नैतिकताएँ तय कर दी थीं, जिनसे हमारा विचलन नहीं हुआ, भले ही हम सब बाद में अलग-अलग रास्तों पर चले गये। आज राजीव हेमकेशव हमारे बीच नहीं हैं, लेकिन जो कुछ उस दौर में उनसे और बाक़ी वरिष्ठों से सीखा, उसने एक सजग नागरिक और संवेदनशील इनसान बने रहने में हम सबकी बहुत मदद की यह मैं पूरे यकीन के साथ कह सकता हूँ। इस अर्थ में हम भले ही बहुत सीमित भूमिका में और सीमित समय के लिए ही सही, जय प्रकाश नारायण के उस रास्ते पर चले, 2025 में जिसके पचास साल पूरे हो चुके हैं।

इमरजेंसी में संघ तो इन्दिरा के आगे दंडवत था!

आनन्द कुमार

आपातकाल लागू होने पर राष्ट्रीय स्वंयसेवक संघ के सरसंघचालक बाला साहब देवरस ने प्रधानमन्त्री इन्दिरा गांधी को कई बार पत्र लिखकर आरएसएस के बिहार आन्दोलन में किसी भूमिका से इनकार करते हुए संघ पर से प्रतिबन्ध हटाने का अनुरोध किया था। यही नहीं उन्होंने सरकार के साथ सहयोग की भी बात कही थी। सर्वोदय के संस्थापक आचार्य विनोबा भावे को भी इस तरह का पत्र लिखा गया था। आरएसएस के राष्ट्रीय कोषाध्यक्ष रामकुमार बटर ने अगस्त 1975 में दल से इस्तीफ़ा देते हुए आरएसएस जैसे 'साम्प्रदायिक' संगठनों को प्रतिबन्धित करने और सरकार के प्रगतिशील कार्यक्रमों के समर्थन वाला बयान दिया था। उत्तर प्रदेश की जनसंघ ने 25 जून 1976 को सरकार को पूर्ण समर्थन का प्रस्ताव पारित किया। मध्य प्रदेश और उत्तर प्रदेश के 34 विधायकों ने कांग्रेस की सदस्यता ग्रहण कर ली। जम्मू-कश्मीर, पंजाब, हरियाणा, चंडीगढ़ और दिल्ली के संघचालक और दिल्ली के पूर्व नगर प्रमुख हंसराज गुप्ता ने इन्दिरा गांधी को पत्र लिखकर राष्ट्र निर्माण के कार्यक्रमों में सहयोग का प्रस्ताव किया। जेल से रिहा होने के लिए विद्यार्थी परिषद के दिल्ली विश्वविद्यालय के तीन छात्र नेताओं श्रीराम खन्ना, बलबीर पुंज और प्रभु चावला ने 20 सूत्रीय कार्यक्रम के समर्थन में हस्ताक्षर किये। सांसद माधव राव सिन्धिया की भूमिका भी इसी तरह थी वे निर्दलीय सांसद थे और इमरजेंसी का समर्थन भी किया था।

इमरजेंसी के दौरान देश-विदेश में प्रतिरोध का नेतृत्व करने वाले सुब्रमण्यम स्वामी के मुताबिक़ ख़ुद अटल बिहारी वाजपेयी ने इन्दिरा गांधी को क्षमा याचना के पत्र लिखे थे। ख़ास बात यह है कि अटल बिहारी वाजपेयी इमरजेंसी के दौरान ज़्यादातर समय परोल पर रहे। जनसंघ के कई नेताओं को 'अच्छे आचरण' के चलते जेल से छोड़ दिया गया था। अकाली नेता सुरजीत सिंह बरनाला की पुस्तक में यह सब ब्योरा दिया गया है।

पर साथ ही उन्होंने यह लिखा कि संघ के सभी नेता आत्मसमर्पण की भूमिका में नहीं थे। माधव राव मुले, दत्तोंपन्त ठेंगड़ी और मोरोपंत पिंगले जैसे अपवाद भी रहे। माधव राव मुले ने ही नवम्बर 1976 को डॉ. स्वामी को विदेश निकल जाने की सलाह दी थी क्योंकि आरएसएस द्वारा जनवरी 1977 तक आत्मसमर्पण की तैयारी हो रही थी। (देखें, सुब्रमण्यम स्वामी-2000, अनलरंट लेसन्स ऑफ़ इमरजेंसी, द हिन्दू, 13 जून 2000)

इस सन्दर्भ में विद्यार्थी परिषद के महामन्त्री और बिहार आन्दोलन के एक सूत्रधार राम बहादुर राय की 31 दिसम्बर 1976 को अटल बिहारी वाजपेयी से हुई चर्चा का उल्लेख भी प्रासंगिक है। यह मुलाक़ात वाजपेयी के निवास 1 फ़िरोज़ शाह रोड में हुई थी। राम बहादुर राय के अनुसार अटल बिहारी वाजपेयी ने कहा कि अखिल भारतीय विद्यार्थी परिषद को देशभर में हुई अराजकता और सार्वजनिक सम्पत्ति की क्षति की ज़िम्मेदारी लेते हुए सरकार से क्षमा माँगनी चाहिए। जिससे सरकार इमरजेंसी हटाने के बारे में सोच सके। इसका जब राम बहादुर राय ने प्रतिवाद किया तो वाजपेयी ने कहा, ऐसा रुख़ राय जैसे कार्यकर्ता अपना सकते हैं लेकिन उनके जैसे बुज़ुर्ग लोग एक लोकतान्त्रिक व्यवस्था को प्राथमिकता देना चाहेंगे। वरिष्ठ पत्रकार और जनसत्ता के प्रधान सम्पादक रहे प्रभाष जोशी के अनुसार जनसंघ और आरएसएस के ज़्यादातर लोग इमरजेंसी में 'माफ़ीनामा' देकर रिहा हुए थे। (देखें, उल्लेख एनपी-2017 'द अनटोल्ड वाजपेयी' गुड़गाँव पेंगुइन/वाइकिंग, पृ. 79-80)

इन्दिरा गांधी से समझौते के बारे में अपने नरम रुख़ के कारण ही चौधरी चरण सिंह इमरजेंसी के मध्य में ही 7 मार्च 1976 को ही रिहा कर दिये गये थे। उन्होंने और बीजू पटनायक ने मोहम्मद युनूस और ओम मेहता के साथ 4 दिसम्बर 1976 को वार्ता शुरू की। इस क्रम को आगे बढ़ाने के लिए 1 जनवरी 1977 को बीजू पटनायक ने गृह राज्य मन्त्री ओम मेहता को एक बहुचर्चित पत्र भी लिखा। कांग्रेस संगठन के अध्यक्ष अशोक मेहता ने जन कांग्रेस के नेता हरेकृष्ण महताब के माध्यम से प्रधानमन्त्री इन्दिरा गांधी से सम्पर्क स्थापित किया। जिसके बाद कांग्रेस के दोनों धड़ों के विलय की सम्भावना पर चर्चा होने लगी। द्रविण मुनेत्र कषगम के नेता एम. करुणानिधि भी इमरजेंसी राज के सहयोग के लिए सहमत हो चुके थे। (देखें, क्रिस्टोफ़ जाफरलों व प्रतिनव अनिल-2021, 'इंडियाज फर्स्ट डिक्टेटरशिप' नोयडा, हार्पर कालिन्स, पृ. 367-383)

(सन्दर्भ : आनन्द कुमार की पुस्तक 'इमरजेंसी राज की अन्त:कथा', पृ. 94-96)

वाहिनी के आन्दोलन और राजीव!

अंबरीश कुमार

राजीव से पहली मुलाक़ात कब हुई ठीक से याद नहीं पर लखनऊ विश्वविद्यालय छात्र संघ का मैं चुनाव लड़ रहा था। वर्ष 1977-78 का दौर था। चुनाव में एक नारा चल रहा था 'आम छात्र को ताक़त दो' इसे अंग्रेज़ी में 'पावर टु साइलेंट मेजारिटी' कहा गया। इसी नारे के साथ जुड़े मित्रों के ज़रिये राजीव से मुलाक़ात हुई। (तब वे सिर्फ़ राजीव लिखते थे। बाद में राजीव हेम केशव नाम लिखने लगे। जयप्रकाश आन्दोलन की कोख से निकली छात्र-युवा संघर्ष वाहिनी से जब जुड़े तो जाति सूचक नाम हटा दिया, माँ-पिता का नाम जोड़ दिया)। लखनऊ के काल्विन तालुकेदार से निकले और आईआईटी जैसे प्रतिष्ठित संस्थान की पढ़ाई छोड़कर जयप्रकाश आन्दोलन से जुड़ गये।

वे राजीव ही थे जिन्होंने मुझे आन्दोलनों से जोड़ा, आन्दोलनकारियों से जोड़ा। छात्र-युवा संघर्ष वाहिनी से जोड़ा। बिहार का बोधगया आन्दोलन हो या गंगा मुक्ति आन्दोलन या फिर ओडिसा के जन आन्दोलन सभी जगह वे अस्सी के दशक में मुझे लेकर गये। किशन पटनायक जैसे समाजवादियों से मिलवाना हो या फिर सिद्धराज ढड्ढा या ठाकुर दास बंग जैसे गांधीवादियों से परिचय कराना हो सभी राजीव ने किया।

उन्होंने कई संगठन बनाये। जिनमें से कई का नेतृत्व मैंने ही किया जिसमें युवा भारत प्रमुख था। वे संगठन बनाते और कार्यकर्ता तैयार करते पर ख़ुद कोई पद नहीं लेते थे। लम्बी यात्रा उन्होंने मुझे भी करवाई। मद्रास के गुडवांचरी आश्रम में वाहिनी के शिविर में लेकर गये जहाँ मेरी मुलाक़ात जयप्रकाश नारायण के सहयोगी शोभाकान्त दास से हुई। वे मद्रास में जड़ी-बूटियों के सबसे बड़े कारोबारी थे और उनके घर के बग़ल में ही रामनाथ गोयनका का घर था जो उनके मित्र थे। शोभाकान्त

जी गांधी के आह्वान पर आज़ादी की लड़ाई में कूदे और गिरफ़्तार होकर सरगुजा की जेल में रहे। वे जेल से भाग कर फिर भूमिगत आन्दोलन में शामिल हो गये। ऐसे लोगों से राजीव की वजह से ही मिलना हुआ।

लखनऊ में दिग्गज समाजवादी सर्वजीत लाल वर्मा से मिलना हो या फिर चन्द्रदत्त तिवारी के विचार केन्द्र तक जाना सब उन्हीं की वजह से हुआ। वे ट्यूशन पढ़ाते थे और लगभग सारा पैसा राजनीतिक कार्यकर्ताओं पर ख़र्च करते थे। बाद में 'राजीव फिजिक्स' नाम से कोचिंग शुरू की और वह काफ़ी चली जिसके लगभग सारे संसाधनों का इस्तेमाल राजनीतिक कार्यकर्ताओं के लिए हुआ। छात्र-युवा संघर्ष वाहिनी के कार्यकर्ताओं की आर्थिक मदद वे लगातार करते रहे। अन्ना आन्दोलन के बाद राजीव बाबा रामदेव और राजीव दीक्षित दोनों के साथ सामाजिक बदलाव की दिशा में कुछ करना चाहते थे। वह आगे नहीं बढ़ा पर राजीव लगातार बदलाव की उम्मीद में सक्रिय रहे। 1978-79 में जब मैं लखनऊ विश्वविद्यालय छात्रसंघ में था तभी उन्होंने हम सब को जोड़ कर कई पहल कीं। अरुण त्रिपाठी, हरजिन्दर, पुनीत टण्डन, अतुल सिंघल जैसे बहुत से लोग जुड़ते गये। मैंने लखनऊ यूनिवर्सिटी थिंकर्स काउंसिल और छात्र भारती जैसा संगठन उन्ही की मदद से खड़ा किया। आलोक जोशी, अमिताभ श्रीवास्तव, राजेन्द्र तिवारी, देवेन्द्र उपाध्याय, मसूद, निलय कपूर, शाहीन, अपर्णा, शिप्रा दीक्षित जैसे बहुत से छात्र-छात्राएँ इन्हीं मंचों से निकले।

हमने लखनऊ वर्ष 1985-86 में छोड़ दिया पर राजीव जमे रहे। सम्पर्क सम्बन्ध बना रहा। 2024 लोकसभा चुनाव से ठीक पहले वे राजीव गांधी फ़ाउंडेशन के मुखिया के साथ मिलने आये थे। उसके बाद मुलाक़ात नहीं हुई। उनकी भांजी रामगढ़ में रहती हैं उन्हीं से सूचना मिली तो पता किया। उनकी स्थिति बिगड़ चुकी थी। सुबह-सुबह ओमप्रकाश ने बुरी ख़बर दी तो 45 साल का सम्बन्ध सामने आ गया।

एक कार्यकर्ता के तौर पर उन्होंने मुझे भी गढ़ा। पहली बार जब बोधगया शिविर गया तब खाना खाने के बाद अपना बर्तन ख़ुद साफ़ करने की बारी आयी तो बहुत झिझका था, क्योंकि ऐसा कभी किया नहीं था। फिर पटना से लेकर मद्रास शिविर तक हमारे भी संस्कार बदल गये और हम भी एक कार्यकर्ता में बदल चुके थे। राजीव के पढ़ाये लोग कहाँ से कहाँ पहुँच गये। साथियों को उन्होंने संस्कार दिये तो दूसरी पीढ़ी को पढ़ाया भी। मेरे दोनों बेटे भी उनसे पढ़े हैं। बहुत याद आयेंगे राजीव।

बदलाव की पाठशाला ने बदला जीवन

आलोक जोशी

आज पीछे मुड़कर देखें तो यक़ीन करना मुश्किल होता है। कुछ नाम शायद मैं भूल गया हूँ, मगर जो याद हैं वो कम नहीं हैं। जिन लोगों से रोज़ मुलाक़ात और तर्क-वितर्क होते थे। हरजिंदर, अंबरीश, अनूप, अमिताभ, राजेन्द्र, देवेन्द्र, मसूद, रमन, गुरजीत, और काफ़ी हद तक अशोक, सुधीर, प्रभात और जैनेन्द्र। बाद वाली लिस्ट के ज़्यादातर लोग अपने-अपने कामों में पहले व्यस्त हो गये और मुलाक़ातें कम होने लगीं। लेकिन यह अपने आप में सोच का विषय है कि लखनऊ जैसे शहर में किसी एक दौर में चार-पाँच साल के दौरान साथ जुड़े क़रीब दर्जन भर लोगों में से पाँच तो देश के नामी-गिरामी अख़बारों या चैनलों में सम्पादक की कुर्सी तक पहुंच गये, कुछ प्रोफ़ेसर बन गये और एक तो न्यायपालिका के शिखर तक।

मेरे लिए यह क़िस्सा 1983 के उत्तरार्ध में कहीं शुरू हुआ था। कब, कहाँ और कैसे याद नहीं आता। साल और समय इसलिए याद है क्योंकि 1984 शुरू होते ही, लखनऊ विश्वविद्यालय में टैगोर लाइब्रेरी के बाहर किसी ने एक पैंफलेट नुमा छात्र पत्रिका का ताज़ा अंक पकड़ाया। नये साल पर लेख की शुरुआत थी–"आख़िर ऑरवेल का वह भयावह साल आ ही गया।"

पत्रिका का नाम भी अब याद नहीं है, मगर इतना याद है कि तब विश्वविद्यालय के सीनियर और अब वरिष्ठ पत्रकार, लेखक, प्रोफ़ेसर, पुराने मित्र और अग्रज अरुण त्रिपाठी इसके लेखक थे। लेख मुझे बचपन में पढ़े जॉर्ज ऑरवेल के मशहूर उपन्यास या प्रोपोगेंडा साहित्य 1984 की ओर वापस ले गया। लेकिन साथ ही उसने कहीं चेतन-अवचेतन में एक ख़तरे की घण्टी भी बजा दी कि वह 1984 सिर्फ़ उपन्यास नहीं रहा, अब असलियत बन चुका था। हालाँकि उसके कई साल बाद तक 1984 का बहुत बड़ा हिस्सा ऑरवेल की कल्पना ही रहा, लेकिन अब अगर

पलट कर देखें तो वह कल्पना न सिर्फ़ साकार हो चुकी है बल्कि बात उससे कहीं आगे निकल गयी है। विचार पुलिस की जैसी कल्पना उस उपन्यास में है, वो आज के दौर में बहुत से लोगों को महसूस हो रही है। लेकिन इससे महत्त्वपूर्ण बात यह है कि उस साल की शुरुआत में यह चेतना लखनऊ विश्वविद्यालय के बीच पूरी तरह जाग्रत थी कि कहीं कुछ बहुत ख़तरनाक हो रहा है, और जो हो रहा है उसे पहचानना समझना भी ज़रूरी है और उसके ख़िलाफ़ आवाज़ उठाना या उसे रोकने की कोशिश करना भी। अरुण त्रिपाठी का वह लेख या अंबरीश कुमार और साथियों की वह पत्रिका इसी कोशिश के दस्तावेज़ थे।

यानी ख़तरे की घण्टी सिर्फ़ मेरे दिमाग़ में नहीं बजी, आसपास के बहुत से लोगों को सुनाई दे रही थी, और शायद शहर में भी गूँज रही थी। और जिन लोगों को यह स्वर सुनाई दे रहे थे, वे नीरो की तरह बाँसुरी नहीं बजा रहे थे, आवाज़ उठाने की कोशिश में भी जुटे थे। लखनऊ विश्वविद्यालय के भीतर विचार केन्द्रों और गोष्ठियों का एक ज़बरदस्त सिलसिला पहले से चल रहा था। अंबरीश, अरुण और हरजिंदर के साथ मैं कब और कैसे इस सिलसिले में शामिल हो गया इसकी तफ़सील अब शायद मुश्किल होगी। मगर यह कहना ज़रूरी है कि इन गोष्ठियों और विचार केन्द्रों ने ऐसे बहुत से पाठ पढ़ाये जो आज तक ज़िन्दगी में काम आ रहे हैं। जिस पत्रिका का ज़िक्र मैंने किया, वो अकेली नहीं थी। ऐसी अनेक पत्रिकाएँ उसके पहले निकल चुकी थीं, जिनका नाम एक गौरवशाली परम्परा के तौर पर बार-बार लिया जाता था। और उस वक़्त भी कुछ अन्य संगठन ऐसी पत्रिकाएँ निकाल रहे थे। रास्ते अलग-अलग थे, कुछ विचार भी अलग थे। हर रोज़ जिन लोगों से वहाँ मुलाक़ात होती थी, या जिनके साथ लम्बी-लम्बी चर्चाएँ होती थीं उनके अपने-अपने राजनीतिक झुकाव भी थे, और कुछ तो पूरी तरह प्रतिबद्ध राजनीतिक कार्यकर्ता भी थे। मगर आपस में संवाद था, और एक बुनियादी समझ भी। यह कि हमारे विचार और तरीक़े शायद अलग-अलग हों, मगर हम सब कुछ अच्छा हासिल करना चाहते थे, और उस वक़्त के घटनाक्रम में जो चिन्ताएँ महसूस होती थीं, वो इन सभी को ख़तरे के बादल मँडराने का ही आभास देती थीं।

वो भी कोई आसान वक़्त नहीं था। जयप्रकाश आन्दोलन की सारी ऊर्जा को हजम कर बनी जनता पार्टी की सरकार दो साल के भीतर भरभरा कर गिर चुकी थी, और पीछे छोड़ गयी थी मौक़ापरस्त और कुर्सी के लिए मरने-मारने पर उतारू राजनीतिबाज़ों की एक फ़ौज जिसके अनेक जत्थे अलग-अलग ख़ुद को जेपी का सबसे बड़ा उत्तराधिकारी साबित करने पर तुले थे। जिन लोगों को यह दौर याद नहीं

है, या जिन्होंने इसे देखा ही नहीं, उनके लिए आसान होगा कि वह अन्ना आन्दोलन, आम आदमी पार्टी, केन्द्र सरकार का पतन और उसके बाद के घटनाक्रम को याद करें और जान लें कि ऐसा पहली बार नहीं हुआ, क़रीब-क़रीब 1977 का ही क़िस्सा दोहराया जा रहा था।

लेकिन तब तक जयप्रकाश की फ़ौज हताश नहीं हुई थी। बल्कि देश में बड़ी संख्या में ऐसे नौजवान मौजूद थे, जिन्हें अब भी सम्पूर्ण क्रान्ति के पूरा होने पर विश्वास था, और जो इसमें अपनी भूमिका देखते थे। उनके लिए आन्दोलन का नारा न सिर्फ़ एक नारा बल्कि पूरे देश और समाज के लिए एक सुखद भविष्य की गारंटी भी था। क्योंकि यह उनका अपना दौर होने वाला था। ऐसा ही तो लगता था, जब सुनते थे–"सम्पूर्ण क्रान्ति अब नारा है, भावी इतिहास हमारा है।"

'सम्पूर्ण क्रान्ति' चौहत्तर के छात्र आन्दोलन से लेकर 1977 में सरकार बदलने तक चले आन्दोलन का केन्द्रीय तत्त्व था। माना जा रहा था कि 1947 में देश आज़ाद तो हुआ लेकिन यह आज़ादी अधूरी है। इसीलिए आन्दोलन का लक्ष्य दूसरी आज़ादी था और सतहत्तर की चुनावी जीत को दूसरी आज़ादी माना भी गया। यह और बात है कि कुछ ही समय में सत्ता की राजनीति ने इस सपने को चूर-चूर कर दिया। लेकिन ख़ास बात यह रही कि सरकार चलाने का प्रयोग नाकाम होने के बावजूद कोई देशव्यापी निराशा का भाव नहीं फैला। बहुत से लोग बहुत से लोगों से ठगा हुआ महसूस कर रहे थे। ख़ासकर राजनीतिक दलों और उनके नेतृत्व से। लेकिन ऐसा नहीं था, जैसा पिछले कुछ वर्षों में लगने लगा है। यानी बदलाव की उम्मीद अभी बाक़ी थी। हमारे जैसे अनगिनत नौजवान थे जो जेपी आन्दोलन से सीधे तो नहीं जुड़ सके, लेकिन भावनात्मक जुड़ाव महसूस करते थे। छात्र युवा संघर्ष वाहिनी जैसा संगठन और उससे जुड़ा कार्यकर्ता समूह हमें प्रेरणा भी देता था और उम्मीद भी। आज पलट कर देखें तो शायद संघर्ष वाहिनी के बाद के नेतृत्व पर सवाल भी उठेंगे कि क्यों वह देश में फैली इस युवा ऊर्जा को संचित कर उसे एक दिशा देने में नाकाम रहा। ऐसा होता तो न सिर्फ़ उन नौजवानों और संगठन को ही रास्ता नहीं मिलता। बल्कि भारत में उस विचार का सतत प्रवाह भी जारी रहता जिसकी तब भी ज़रूरत थी और आज तो उससे भी ज़्यादा है।

मेरे साथी अमिताभ उस दौर के विश्वविद्यालय के माहौल को 'बदलाव की पाठशाला' कहते हैं। उस दौर में जिस तरह की गोष्ठियाँ, प्रवचन श्रृंखला, कार्यकर्ता शिविर और वाद-विवाद के अलावा सामाजिक-राजनीतिक सवालों पर पोस्टर, अभियान और बड़े विरोध प्रदर्शन तक के आयोजनों को देखकर यह बात सही

भी लगती है। लेकिन उससे जुड़ी ज़्यादा ज़रूरी और बड़ी बात यह भी है कि इस पाठशाला ने हमें सिर्फ़ बदलाव के पाठ नहीं पढ़ाये। यूँ तो हम सब भी इस पाठशाला में सहपाठी होने के साथ-साथ एक-दूसरे के शिक्षक और छात्र की भूमिकाएँ भी निभाते रहते थे, मगर कुछ ऐसी शख़्सियतें भी थीं जिन्होंने हम सबको न सिर्फ़ प्रभावित किया बल्कि संघर्ष का हौसला देने के साथ-साथ ज़िन्दगी के ज़रूरी पाठ भी पढ़ाये।

चन्द्रदत्त तिवारी जैसे सफ़ेद कपड़े पहनते थे वैसा ही उनका व्यक्तित्व भी था। जिस वक़्त जयप्रकाश आन्दोलन से निकले अनगिनत लोग सरकार में मलाई काटने की होड़ में लगे थे, तब तिवारी जी ने विधानसभा चुनाव के लिए जनता पार्टी का टिकट ठुकरा कर चुनाव लड़ने से इनकार कर दिया। केन्द्र में सरकार बनने के बाद जनता पार्टी के नेताओं और कार्यकर्ताओं के कारनामे देखकर उन्हें इस सर्कस का हिस्सा बने रहना मंजूर नहीं था। लेकिन सामाजिक कार्य से वे कभी दूर नहीं हुए। उन्हीं के कारण इस मण्डली के कुछ साथियों का दुर्गा भाभी, डॉक्टर एमएमएस सिद्धू, सर्वजीत लाल वर्मा या कृष्ण नारायण कक्कड़ जैसे लोगों के साथ भी जीवन्त सम्पर्क बना रहा। लखनऊ विश्वविद्यालय की प्रोफ़ेसर रूपरेखा वर्मा और प्रोफ़ेसर मिर्ज़ा रफीउद्दीन अहमद अपनी पद की ज़िम्मेदारियाँ धर्मपूर्वक निभाते हुए भी नौजवानों को न सिर्फ़ दिशा दिखाते थे बल्कि ज़रूरत पड़ने पर हमेशा कन्धे से कन्धा मिलाकर सीधे अगली पंक्ति में आकर खड़े होते थे। रूपरेखा जी तो आज भी उम्र और स्वास्थ्य की सीमाओं के बावजूद अलख जगा रही हैं। विश्वविद्यालय के अनेक अध्यापकों का इसमें योगदान रहा जिन सबके नाम लेना सम्भव नहीं है। मगर राजनीति शास्त्र के प्रोफ़ेसर रमेश दीक्षित, आशुतोष मिश्र और कान्यकुब्ज कॉलेज के प्रोफ़ेसर भुवनेश मिश्र के नाम लेने ज़रूरी हैं। इन सबके विचार अलग-अलग रहे, मगर चर्चा के लिए इनके दरवाज़े हमेशा खुले रहते थे। पश्चिमी इतिहास विभाग में शोधकर्ता डॉ. प्रमोद कुमार बाद में इसी विभाग के प्राध्यापक और विभागाध्यक्ष बने। लेकिन इतिहास पर ज़बरदस्त काम करते हुए भी उन्होंने देश-दुनिया के तात्कालिक ज़रूरी सवालों से न सिर्फ़ ख़ुद को जोड़े रखा बल्कि आन्दोलनों में भी सक्रिय भूमिका निभाई। सेक्युलर सेंटर बनाने और उसके रास्ते लखनऊ में 'धर्मनिरपेक्ष समाज के लिए राष्ट्रीय सम्मेलन' का आयोजन करने तक में उनकी भूमिका बेहद अहम थी। जिन लोगों ने हमारी मण्डली को हाथ पकड़ कर रास्ता दिखाने का काम किया उनमें प्रमोद जी एक थे।

ऐसी दूसरी शख़्सियत का नाम था राजीव हेमकेशव। एक ऐसा इन्सान जो आईआईटी की पढ़ाई छोड़कर जयप्रकाश आन्दोलन में शामिल हुआ। और 1977 से 1979 के ज़बरदस्त घमासान के बाद भी इस आन्दोलन की आत्मा या संघर्ष के प्रति उनके संकल्प में कहीं कोई कमी नहीं थी। एक फ्रेंड, फिलॉसॉफर और गाइड की भूमिका पूरे तरीक़े से निभाते थे, और न जाने किस-किस के लिए। आप राजनीति से लेकर दुनिया के किसी भी विषय पर उनसे चर्चा भी कर सकते थे और मदद भी माँग सकते थे। यूँ वो भौतिकी पढ़ाते थे और कोचिंग में बच्चों को इंजीनियरिंग या मेडिकल की पढ़ाई में मदद करते थे। लेकिन साथ में लगातार संगठन और समाज का काम भी करते रहते थे। न जाने कितने साथी आये और गये, मगर उनका उत्साह कम नहीं हुआ। यह सिलसिला चल रहा था, और चलता रहता अगर अचानक वो हमारे बीच से चले न गये होते।

कुछ वजह है कि जिसे अमिताभ बदलाव की पाठशाला कहते हैं, उसे मैं जीवन की पाठशाला मानता हूँ। हालाँकि आप इसे हमारी ज़िन्दगी में बदलाव की पाठशाला भी मान सकते हैं। यह एक इन्सान की कहानी भी हो सकती है, एक मण्डली की कहानी भी मानी जा सकती है।

समुद्र में एक बूँद की तरह देख सकते हैं इस क़िस्से को, लेकिन फिर याद रखिए बूँद-बूँद से ही समुद्र बनता है।

ध्यान देनेवाली बात यह है कि लगभग चालीस साल बाद भी इस पूरी मण्डली के लोगों के बुनियादी विचार अपनी जगह पर क़ायम हैं। जो सहमतियाँ तब बनी थीं, उनसे कोई इधर-उधर होता नहीं मिलता है। ज़ाहिर है यह अनायास नहीं है। और ऐसे में बहुत सन्तोष मिलता है जब याद आते हैं उस वक़्त के कविता पोस्टर, जिन पर होती थी दुष्यन्त की कविता–

मेरे सीने में नहीं तो तेरे सीने में सही
हो कहीं भी आग लेकिन आग जलनी चाहिए।

दक्षिण के गांधीवादी सन्त शोभाकान्त दास!

अंबरीश कुमार

पता नहीं आप श्री शोभाकान्त दास को कितना जानते हैं। मेरे जीवन का बड़ा बदलाव उन्हीं की वजह से आया। वे जयप्रकाश नारायण के क़रीबी रहे तो एक्सप्रेस समूह के संस्थापक श्री रामनाथ गोयनका के पड़ोसी और मित्र भी। यह साथ दरभंगा के रिश्ते से शुरू होकर मद्रास तक चला और रामनाथ गोयनका के जीवन तक चला। वे महात्मा गांधी के कहने पर आज़ादी की लड़ाई से जुड़े तो क्रान्तिकारियों के साथ रहे और उसी राह पर भी चले। सरगुजा की जेल फाँद कर क्रान्तिकारियों के समूह से जुड़े रहे तो जेपी जब जेल गये तो उनके लिए टिफिन में पत्र पहुँचाने का भी काम किया। मद्रास में एमजीआर से लेकर करुणानिधि तक का साथ रहा पर सत्ता की राजनीति से दूर रहे। वे अपने बारे में नहीं बोलते। दो साल पहले एक कैमरामैन को लेकर गोपालपुरम स्थित उनके घर गया ताकि जेपी से लेकर गांधी तक के संस्मरण को रिकार्ड कर लूँ पर उन्होंने बड़ी शालीनता से कहा, जाने दीजिए क्या होगा इस सबसे। मेरे जैसे छात्र-युवा संघर्ष वाहिनी के कार्यकर्ता को उन्होंने पत्रकारिता सीखने के लिए ही श्री रामनाथ गोयनका के पास भेजा था। गोयनका जी से मिलने के बाद ही मैं दिल्ली के बहादुर शाह ज़फ़र मार्ग स्थित एक्सप्रेस बिल्डिंग की जो सीढ़ी चढ़ा तो क़रीब तीन दशक तक एक्सप्रेस समूह से जुड़ा रहा। वे शोभाकान्त दास नहीं रहे। बीते शनिवार को काठगोदाम से लखनऊ की ट्रेन में जब फेसबुक देख रहा था तभी पता चला कि सुबह ही उनका निधन हो गया। क़रीब बीस दिन पहले ही प्रकाश से कहा था जब भी घर जायें तो शोभाकान्त जी से फ़ोन पर बात करा दें। उनके पुत्र प्रदीप कुमार के जाने के बाद अपनी हिम्मत ही नहीं हुई कि उनसे बात करने का प्रयास करूँ। अब क्या बात होगी?

याद आया क़रीब दशक भर पहले वर्ष 2013 का अगस्त का महीना शुरू हुआ था। शुक्रवार की शाम चेन्नई के गोपालपुरम में जयप्रकाश नारायण के साथी शोभाकान्त दास जी के यहाँ जब पहुँचा तो वे चरखा से सूत/धागा तैयार कर रहे थे। क़रीब तीस साल से अपना शोभाकान्त जी से सम्बन्ध है जिसकी शुरुआत अस्सी के दशक में तबके मद्रास से एक अख़बार निकालने को लेकर हुई थी। तब मैं लखनऊ से पहली बार वाहिनी की साथी किरण और विजय के साथ मद्रास सेंट्रल के ठीक बग़ल में 59 गोविन्दप्पा नायकन स्ट्रीट पहुँचा था और बग़ल में ठहरने का इन्तज़ाम था। बहुत ही अलग अनुभव था। उनका जड़ी-बूटियों का बड़ा कारोबार स्थापित हो चुका था। शोभाकान्त जी के पुत्र तब तमिलनाडु छात्र-युवा संघर्ष वाहिनी के संयोजक भी थे और उनसे मित्रता हो गयी क्योंकि वे अपनी उम्र के आसपास के ही थे। पत्रिका की योजना बनने से पहले शोभाकान्त जी का निर्देश हुआ कि मैं पत्रिका शुरू करने से पहले तमिलनाडु को समझ लूँ। उन्होंने अपने दफ़्तर को कहा कि पांडिचेरी में अरविन्दो आश्रम के गेस्ट हाउस में हम लोगों के रहने और आने-जाने का इन्तज़ाम कर दिया जाये और ख़र्च के लिए नक़द भी दे दिया जाये। उस दौर में बिहार से रोजाना बहुत से लोग उनके यहाँ आते थे और सबका खाना भी साथ नीचे बैठकर ही होता था। शोभाकान्त जी की पत्नी मैथिली बोलती थीं और उनका आतिथ्य कभी भूल नहीं सकता। अमूमन इडली-वडा-साम्भर आदि का नाश्ता तो पास के होटल से आ जाता था पर दोपहर और रात का खाना वे ख़ुद बनाकर खिलाती थीं चाहे कितने ही लोग न हों।

खाना उत्तर भारतीय होता था बिहार का उसपर प्रभाव भी दिखता था। तब बिहार के सभी वरिष्ठ नेता जो मद्रास आते थे शोभाकान्त जी के ही मेहमान होते थे। एम. करुणानिधि समेत तमिलनाडु के शीर्ष राजनीतिक भी उनके मित्र ही थे। जयप्रकाश नारायण को शोभाकान्त जी ने जो बादामी रंग की फियट दी थी बाद में उससे हमने भी कई यात्रा कीं। पास में ही उनके मित्र और मीडिया के सबसे बड़े और कद्दावर व्यक्तित्व श्री रामनाथ गोयनका का घर था। बाद में दिल्ली से साथ आये वर्ल्ड सोशल फोरम के विजय प्रताप, भुवन पाठक और मुद्गल जी से शोभाकान्त जी की रात के भोजन पर मुलाक़ात हुई तो उन्होंने विजय प्रताप से उलाहना देने के अन्दाज़ में कहा–अंबरीश जी को तो मद्रास से अख़बार निकालने के लिए बुलाया था पर जब इनका मन उत्तर भारत छोड़ने का नहीं हुआ तो रामनाथ गोयनका के पास भेज दिया। तब से आज तक वह अख़बार नहीं निकल पाया। ख़ैर विजय प्रताप से गांधी, जेपी, सुभाष चन्द्र बोस से लेकर धर्मपाल और राजीव गांधी

तक के कई संस्मरण उन्होंने सुनाये। तेरह साल की उम्र में वे आज़ादी की लड़ाई से जुड़ गये थे और जवान होते-होते आन्दोलन और जेल के बहुत से अनुभव हो चुके थे। हजारीबाग जेल में जेपी को क्रान्तिकारियों का पत्र पहुँचाते और उनका सन्देश बाहर लेकर आते। बाद में सरगुजा जेल में ख़ुद रहना पड़ा। जयप्रकाश नारायण की पत्नी प्रभावती देवी के नाम उन्होंने गुडवंचारी में आश्रम बनवाया जिसके ट्रस्ट में तमिलनाडु के सभी महत्त्वपूर्ण लोग शामिल थे और आसपास के तीस गाँवों में इसका काम फैला हुआ था। बिहार से बहुत से लोग मद्रास के वेलूर अस्पताल में इलाज कराने आते तो वे शोभाकान्त जी के घर या बाद में राजेन्द्र भवन में रुकते जो उन्होंने मद्रास शहर के बीच बनवाया हुआ है। कई साल पहले वाहिनी के सम्मलेन में ही शोभाकान्त जी ने जनादेश वेबसाइट की शुरुआत की थी और मुलाक़ात होने पर उसकी भी चर्चा की। अनुपम मिश्र की पुस्तक 'आज भी खरे है तालाब' देखकर बोले–तमिल में इसे छपवा देता हूँ अगर वे इजाज़त दे दें। जयप्रकाश नारायण की कई पुस्तकों को वे तमिल भाषा में प्रकाशित करवा चुके हैं। बाद में तय हुआ पर्यावरण और परम्परागत चिकित्सा पद्धति पर तमिलनाडु में पहल की जाये और इसकी पहली बैठक बुलाने की ज़िम्मेदारी प्रदीप कुमार ने स्वीकार कर ली साथ ही तमिल में लोगों से संवाद की भी। बिहार के लोगों की ख़ासकर चौहत्तर आन्दोलन के साथियों की उन्होंने कितनी मदद की यह बहुत कम लोग जानते हैं।

सब याद आ रहा था। शोभाकान्त जी के पुत्र और अपने मित्र प्रदीप कुमार कुछ महीने पहले ही गुज़र गये। मन उचट गया। अब शोभाकान्त जी भी चले गये। मुझे अभी भी 59 गोविन्दप्पा नेकन स्ट्रीट की बरसात में भीगी हुई गली और वह विशाल घर याद आता है जिसमें न जाने कितनी बार रुकना हुआ। शादी के बाद सविता के साथ पहुँचा तो सबसे ऊपर का कमरा उन्होंने मुझे दे दिया जो प्रदीप जी का कमरा था। रात में ही भारी तूफ़ान आया और लगा वह कमरा उड़ जायेगा। दहशत में हम नीचे या गये। वह अपना दक्षिण का घर था। शोभाकान्त जी को हम भी बाबूजी ही कहते थे अब वे कहाँ मिलेंगे। इस जनादेश वेबसाइट का उद्घाटन उन्हीं ने किया था।

'गांधी' से मिलना हो तो मुम्बई आयें

समाजवादी योद्धा जीजी पारिख के सौ साल का सफ़र

अंबरीश कुमार

अगर आपने महात्मा गांधी को नहीं देखा तो मुम्बई आयें और आज के गांधी से मिलें। ये हैं जीजी पारिख जो गांधी के साथ भी आन्दोलन कर रहे थे और आज भी कर रहे हैं। जीजी इस 30 दिसम्बर को सौ साल पूरे कर चुके हैं। भारत छोड़ो आन्दोलन से लेकर आज़ादी के आन्दोलन तक में वे गांधी के साथ खड़े रहे। और आज़ादी के बाद भी समता, समानता और लोकतन्त्र के लिए लड़ते रहे हैं। ऐसा कोई उदाहरण नहीं मिलेगा जो भारत छोड़ो आन्दोलन से लेकर 74 आन्दोलन तक में महत्त्वपूर्ण भूमिका निभा चुका हो और आज भी मोर्चे पर डटा हो। वे जब 16 साल के थे तभी महात्मा गांधी के वालंटियर के रूप में 1942 के अंग्रेज़ो भारत छोड़ो आन्दोलन में शामिल हुए। भारत छोड़ो आन्दोलन के दौरान अंग्रेज़ों की 10 महीने तक मुम्बई की जेल में रहे। तो इन्दिरा गांधी ने जब इमरजेंसी लगाई तो जीजी को भी जेल भेज दिया गया। वे पत्नी मंगला बेन और बेटी सोनल के साथ इमरजेंसी में जेल गये। ऐसा जुझारू व्यक्तित्व आज देश में कोई दूसरा तो नहीं मिलेगा।

दिग्गज समाजवादी जीजी पारिख जो वर्ष 1942 में भारत छोड़ो आन्दोलन में भाग लेने की वजह से दस महीने तक वर्ली की अस्थायी जेल में रहे। वे अब सौ साल पूरे कर रहे हैं। वे आज भी समाजवादी आन्दोलन की लौ जलाये हुए हैं वे न कभी चुनाव लड़े और न कोई शासकीय पद लिया। जीजी के व्यक्तिव के कई पहलू हैं। कोई उन्हें खांटी समाजवादी के रूप में देखता है तो कोई स्वतन्त्रता संग्राम सेनानी और गांधीवादी मानता है। वे पेशे से डॉक्टर हैं और आज भी लोगों का इलाज करते हैं। पर कई दशक से वे युसूफ मेहर अली सेंटर चला रहे हैं जिसकी स्थापना उन्होंने क़रीब पाँच दशक पहले महाराष्ट्र में रायगढ़ ज़िले के तारा गाँव में की थी।

यह संस्थान भी एक अद्‌भुत मॉडल है। जहाँ बुनियादी शिक्षा से लेकर आत्मनिर्भर बनाने का कौशल भी सिखाया जाता है। यहाँ उर्दू तथा मराठी भाषा में चार स्कूलों का संचालन किया जा रहा है। जिनमें ढाई हज़ार से भी ज़्यादा बच्चे पढ़ते हैं। आसपास के गाँव वालों के लिए नि:शुल्क अस्पताल चलाया जाता है। खादी ग्रामाद्योग केन्द्र भी हैं। इस सेंटर की 11 राज्यों में शाखाएँ काम कर रही हैं।

जीजी ख़ुद खादी के कपड़े पहनते हैं और लोगों को भी प्रेरित करते हैं। सुबह क़रीब चार बजे वे उठ जाते हैं जिसके बाद उनकी दिनचर्या शुरू हो जाती है। लोगों के पत्र पढ़ना और ईमेल से पत्रों के जवाब देना उनकी नियमित दिनचर्या का हिस्सा है।

जीजी पारिख से पनवेल के युसूफ मेहर अली सेंटर में कुछ समय पहले मैंने भी मुलाक़ात कर बातचीत की। उस बातचीत से जीजी पारिख के व्यक्तिव के बारे में कुछ जानकारी ज़रूर मिलेगी। बातचीत के अंश–

सवाल : आप किसी प्रेरणा से भारत छोड़ो आन्दोलन से जुड़े?

–यह उस समय का देश का माहौल था। लोग आज़ादी की बात करते थे। जेल जाने की बात करते थे। इस सबका असर मेरे ऊपर भी पड़ा। गांधी और कांग्रेस की हवा बह रही थी जिसका असर मेरे घर पर भी पड़ा।

सवाल : शुरुआत कहाँ से हुई?

–एआईसीसी का मुम्बई में भारत छोड़ो आन्दोलन का जो सेशन हुआ उसमें एक वालंटियर के रूप में मैं भी शामिल हुआ था। अन्य नेताओं के साथ महात्मा गांधी मंच पर थे। उनके भाषण से प्रभावित हुआ और फिर इस आन्दोलन का हिस्सा बन गया।

सवाल : समाजवादियों की कई बार एकजुटता की कोशिश हुई, कई बार बिखराव हुआ। आप इसे कैसे देखते हैं?

–मैं सोशलिस्ट पार्टी में हमेशा विभाजन के ख़िलाफ़ रहा। इस मामले में डॉ. राम मनोहर लोहिया से भी सहमत नहीं था। हमें जोड़ना चाहिए तोड़ना नहीं।

सवाल : महाराष्ट्र में लम्बे समय से है यहाँ की राजनीति में शिवसेना के उदय को किस तरह देखते है?

–मै ख़ुद गुजरात से हूँ पर पचास-साठ के दशक में मुम्बई के कल कारख़ानों में जिस तरह मराठी लोगों की उपेक्षा हुई उसी से यह सब शुरू हुआ। जो पहल समाजवादियों को करनी चाहिए थी उसे बाल ठाकरे ने किया और वे कामयाब भी हुए। नौकरी में जब स्थानीय लोगों की हिस्सेदारी नहीं होगी तो यह सब होगा। इस

युसूफ मेहर अली सेंटर में अस्पताल है, स्कूल है, लड़कियों का छात्रावास है और बड़ी संख्या में स्टाफ है।

सवाल : इसका ख़र्च कैसे निकलता है?

–इन सब जनहित के कामों में काफ़ी पैसा लगता है कुछ हमारे अपने संसाधनों से मिलता है तो ज़्यादा हिस्सा जनता से माँगता हूँ। हर साल क़रीब दो करोड़ का ख़र्च आता है जो माँग कर इकट्ठा करता हूँ।

सवाल : समाजवादियों की नयी पहल से क्या उम्मीद है?

–जिस तरह लोगों ने यहाँ आकर अपनी बात रखी और समाजवादी आन्दोलन के लिए समय देने का संकल्प लिया है उससे अभी भी बहुत उम्मीद है हमने कई बदलाव देखे हैं और फिर बदलाव होगा।

डॉ. जीजी पारिख को कई तरह से लोग जानते हैं, सन् 42 के भारत छोड़ो आन्दोलन में दस महीने तक जेल में रहने वाले जीजी समाजवादी, स्वतन्त्रता संग्राम सेनानी, गांधीवादी और पेशेवर चिकित्सक के रूप में जाने जाते हैं। उन्हें सबसे ज़्यादा युसूफ मेहर अली सेंटर के संस्थापक के तौर पर जाना जाता है, जिसकी स्थापना उन्होंने 52 साल पहले महाराष्ट्र में रायगढ़ ज़िले के तारा गाँव में की थी। हिन्दी, उर्दू तथा मराठी भाषा में चार स्कूलों का संचालन किया जा रहा है। जिनमें ढाई हज़ार से भी ज़्यादा बच्चे पढ़ते हैं। यहाँ ग्रामीणों के लिए नि:शुल्क अस्पताल चलाया जाता है। खादी ग्रामाद्योग भी स्थापित है। सेंटर की 11 राज्यों में शाखाएँ संचालित की जा रही हैं।

1946 से शुरू हुए 'जनता वीकली' को आज भी सतत रूप से प्रकाशित कर रहे हैं।

सम्पूर्ण क्रान्ति की योद्धा नूतन!

प्रभात

1974 का बिहार आन्दोलन गुजरात आन्दोलन के बाद की कड़ी थी। 1947 के बाद जन्मी नयी पीढ़ी ने इसे देखा और इसमें शरीक हुए, लोकनायक जयप्रकाश नारयण द्वारा नेतृत्व स्वीकार करने के बाद ग़ैर-राजनैतिक युवक-युवतियों की भागेदारी बढ़ी और नूतन जैसी कम उम्र की छात्रा का इस आन्दोलन में प्रवेश हुआ। वे बेगूसराय के एक सामन्ती परिवार के सभी प्रतिबन्धों को तोड़कर आम लोगों के साथ मिल गयीं। यह उस समय की बड़ी परिघटना थी। आन्दोलन में ऐसे समय लड़कियाँ निकली थीं जिन्होंने पुरुषसत्ता के सुरक्षा के घेरे को तोड़ने का ख़तरा मोल लिया था। वे दूसरी लड़कियों के लिए प्रेरणा की स्रोत बनीं। आन्दोलन में लड़कियाँ हिम्मत के साथ भाग लेती थीं और उसमें पहल करती दिखाई देती थीं। ऐसी लड़कियों की भागेदारी से राजनीतिक महत्त्वाकांक्षा के साथ आये राजनैतिक लम्पट लोगों को पीछे हटना पड़ा था। नूतन के साहस से लगता था कि पहल करने और पुरुषों के साथ चलने की हिम्मत उन्हें उनके परिवार से भी मिली थी। कम उम्र में इतनी परिपक्वता बहुत काम लोगों में आती है। वो 1947 आन्दोलन के सभी कार्यक्रमों में भाग लेती रहीं। आपातकाल में बिहार में उनके चाचा एक बड़े पुलिस अधिकारी थे। उनके घर के ऊपरी तल्ला में सर्वोदय के नेता अमरनाथ भाई किरायेदार बनकर रहे। नूतन ने उनके सम्पर्क में रहकर भूमिगत काम किया। कई ज़िलों में प्रवास किया पर चाचा सहित किसी को आपातकाल के दौरान भनक तक नहीं लगी।

उन्होंने निर्दलीय रहकर सम्पूर्ण क्रान्ति के विचार पर काम को आगे बढ़ाया। जहाँ तक मुझे याद है कि उन्होंने बाद में छात्र-युवा संघर्ष वाहिनी को जाँचने-परखने के बाद उसकी सदस्यता ली। वह वैसे संगठन को ज्वाइन करना चाहती थी जहाँ लड़कियों के नेतृत्व को स्वीकार करने का प्रयोग करने का वातावरण हो। 1975 में

जब संघर्ष वाहिनी बनी तो उसमें बड़ी संख्या में लड़कियाँ आयीं और लम्बे समय तक टिक पायीं। गांधी और जेपी के विचारों का प्रभाव उनके व्यक्तित्व में दिखता था।

नूतन का जन्म बेगूसराय ज़िले के शकरपुरा गाँव में 1957 में हुआ था। वे ग़रीबों दलितों को आगे बढ़ाना चाहती थीं। वे समझती थीं शिक्षा लोगों का जीवन बदल सकती है। इसीलिए वे अपने गाँव की दलित बस्ती नियमित जाने लगीं। उनके साथ उनकी छोटी बहन किरण भी रहती थी। वे ग़रीबों को पुस्तक, क़लम, कॉपी, कपड़े और विपत्ति में अनाज से भी मदद करतीं। इसके कारण उन्हें घर के बुज़ुर्गों से डाँट-फटकार सुननी पड़ती थी।

1973 में उनके पिता जी ने पटना के मगध महिला कॉलेज में प्रवेश दिलवाया। यहाँ उन्होंने खादी वस्त्र पहनना प्रारम्भ कर दिया। वो गांधी के विचारों से प्रभावित थीं। उन्हें सन्त कबीर एवं दरिया साहेब ने अध्ययन के दौरान काफ़ी प्रभावित किया। उन्होंने पढ़ाई केवल कॅरियर बनाने के लिए नहीं की बल्कि अपने जीवन में उसे अपनाने का प्रयास किया।

जब 1974 में बिहार छात्र आन्दोलन शुरू हुआ तो वो महिला संघर्ष समिति को मज़बूत करने ज़िले-ज़िले जाने लगीं। भागलपुर, मुंगेर, बेगूसराय, पटना उनका कार्य क्षेत्र था। नूतन जी कभी भी प्रेस बयान देने में विश्वास नहीं करती न ही कोई पद या नाम के लिए आन्दोलन करने गयीं।

वे स्त्री-पुरुष समानता की पैरवीकार थीं। सहजीवन में समता-समानता का व्यवहार पसन्द था। उन्होंने जीवन में हेमन्त के साथ व्यावहारिक प्रयोग किया एवं बाद में उनसे विवाह किया। उन्होंने सादे समारोह में पटना के कोऑपरेटिव हॉल में बिना कर्मकाण्ड के सम्बन्धों की घोषणा की और विवाह का निबन्धन कराया। नूतन ने सिन्दूर को असमानता का प्रतीक माना और जीवन भर धारण नहीं किया।

मुझे पटना की गेट पब्लिक लाइब्रेरी याद है जिसमें उनकी पहल पर महिला शिविर सम्मलेन हुआ था। लोकनायक ने इसका उद्घाटन भी किया था। उनका मानना था कि स्त्रियों को बाँधने के लिए कई मान्यताएँ गढ़ी गयी हैं। शील, पवित्रता, लज्जा सौन्दर्य बेड़ियाँ हैं जिसके ऊपर शोषण की व्यवस्था है। पुरुषों के विधान नियम अलग-अलग हैं। अलग-अलग आधार परम्परा महिलाओं को आगे बढ़ने नहीं देती। समाज के विकास में समान भागेदारी का अवसर नहीं देती। परिवार, राजनीति, शिक्षा, विज्ञान, तकनीक में निर्णायक भूमिका नहीं है। जिस देश में गार्गी और मैत्रेयी जैसी विदुषी पैदा होती हैं उस देश में यह मान्यता है कि महिलाओं को ज़्यादा पढ़ने की ज़रूरत क्या है।

उनका मानना था कि भारत में स्त्रियों की यह स्थिति पहले से नहीं थी। आज की महिलाओं के दोयम दर्जे के लिए मनु की व्यवस्था ज़िम्मेदार है। मनु ने उन्हें पराश्रित अबला बनाकर रख दिया। साथ ही मोक्ष प्राप्ति के अधिकार से भी वंचित कर दिया। बाद में भारत में विदेशी आक्रमण ने पर्दा प्रथा, बाल विवाह, सती प्रथा को स्थापित किया। जबकि वैदिक काल में स्त्रियों को सम्मान और समानता का दर्जा प्राप्त था। वो अध्ययन ही नहीं करतीं, सामाजिक नियम बनाने में योगदान भी करती थीं। ऋग्वेद के निर्माण में 32 महिलाओं ने योगदान किया था।

18वीं, 19वीं एवं 20वीं शताब्दी में स्त्रियों के शोषण के विरुद्ध राजा राममोहन रॉय, गोपाल कृष्ण गोखले, केशव चन्द्र सेन, स्वामी विवेकानन्द और अन्य सुधारक सामने आये। आज़ादी की लड़ाई में महात्मा गांधी सामने आये। उनके सत्य, अहिंसा और रचनात्मक आन्दोलन की वजह से महिलाओं को आगे आने का अवसर मिला। 1917 में भारत में महिलाओं के मताधिकार की माँग का समर्थन गांधी ने किया था।

1974 आन्दोलन एवं 1977 की विजय ने नये परिवर्तन के द्वार खोले हैं। छात्र आन्दोलन के दौरान सम्पूर्ण क्रान्ति ने उत्साह का वातावरण पैदा किया है। बिहार आन्दोलन ने स्वतन्त्रता संग्राम के बाद दूसरी बार व्यापक भागीदारी बढ़ायी है। महिलाओं में अभूतपूर्व जागरण हुआ है। 1974 आन्दोलन के दौरान सत्याग्रह में मुख्य शक्ति महिलाओं की ही थी। परिवर्तन की मशाल को जलाये रखना है। महिला मुक्ति आन्दोलन व्यवस्था परिवर्तन की लड़ाई कैसे बनेगी इस पर भी विचार करना होगा। दोहरे सामाजिक मानदण्ड, सामन्ती व्यवस्था और पूँजीवादी अर्थव्यवस्था कहाँ तक हमारे वर्तमान दोहरे मानदण्ड के लिए ज़िम्मेदार हैं।

उन्होंने राजनीतिक दलों में स्त्रियों के लिए नज़रियों को बदलने को कहा। नूतन ने पश्चिम के प्रभाव से चल रहे आन्दोलन से सावधान करते हुए कहा, पुरुषों की जगह हमें नहीं लेनी है। क्योंकि वे आज के जर्जर समाज में दग्ध और कुण्ठित है। उसका व्यक्तित्व कुण्ठित है। पुरुषों की जगह लेने का अर्थ है, निषेधात्मक परिणाम।

नूतन पत्रकार के रूप में

नूतन जी उस समय 'आज' दैनिक अख़बार की नियमित पत्रकार रहीं। उनके नियमित कॉलम प्रकशित होते थे। उनका विषय स्त्री समस्या, राजनीति, कृषि जैसे महत्त्वपूर्ण मुद्‌दे होते थे। जब वाहिनी की मासिक पत्रिका प्रक्रिया की टीम बनी तो वे उसकी मज़बूत टीम की सदस्या और व्यवस्थापक भी रहीं।

यह पत्रिका एक वर्ष चल पायी।

स्त्री-पुरुष मुक्त सम्बन्ध

बहुत बार परिवर्तन के शब्द का भ्रामक रूप स्थापित किया जाता है ताकि उसे रोका जा सके। मुक्त सम्बन्ध का अर्थ होता है स्त्री-पुरुष के स्वतन्त्र अस्तित्व और इन्सानियत की अवधारणा को स्थापित करना।

आपसी सम्बन्धों के मान को ऊँचा करना। मान ऊँचा करने का अर्थ है कि हर सम्बन्ध सभी अमानवीय, अन्यायपूर्ण, दासतापूर्ण और शोषक और साथ ही दायित्वहीनता से जुड़ी पारम्परिक मान्यताओं से मुक्त हो।

आज की संस्कृति में नारी को सेक्स का प्रतीक बना दिया गया है। जबकि स्त्री-पुरुष दोनों ही इसके पूरक हैं, बच्चों का जन्म दोनों से होता है। औरत को बच्चा जनने का साधन बना देना उसे वस्तु बना देता है।

मुक्त सम्बन्ध के लिए पुरुष समाज द्वारा बनायी गयी संकुचित मान्यताओं को समाप्त करना होगा। स्त्री-पुरुष का यौन या मधुर सम्बन्ध का अर्थ होगा परस्पर विश्वास, सहयोग 'समझदारी' परस्पर सहयोग के आधारित जीवन मूल्य।

आज की विवाह व्यवस्था शोषण पर आधारित होती जा रही है। इसके विकल्प की तलाश है। प्रेम विवाह, अन्तर्जातीय विवाह भी हो रहे हैं, परम्पराएँ टूट रही हैं। आज आवश्यकता है ऐसे सम्बन्ध को बल देने की। जाति, धर्म, वर्ग और राष्ट्र और अन्तरराष्ट्रीय स्तर पर मुक्त सम्बन्ध बनाने की आवश्यकता है।

नूतन की अहमियत

नूतन जी का क़द संगठन में हमेशा ऊँचा था। इस वजह से आन्दोलनकारी साथी के परिवार में आपसी झगड़ा होता, संगठन के अन्दर कोई ग़लतफ़हमी हो जाती तो वह पंचायती करातीं और सब को समझाने में सफल हो जाती थीं। ऐसी घटनाओं का मैं गवाह रहा। ग़लत विचारों के साथ वो कभी नहीं रही। उनका व्यक्तित्व ममत्व से भरा था। मैं उनसे छोटा था और उनका व्यवहार मेरे प्रति बेहद ममत्वपूर्ण होता था।

संघर्ष वाहिनी और नूतन

नूतन जी संघर्ष वाहिनी के राष्ट्रीय परिषद के प्रारूपण समिति की सदस्य बनीं। अमर हबीब इस समिति के सदस्य थे। नूतन जी भी सदस्य थीं। बोधगया के आन्दोलन का दौर था। ओडिशा के राष्ट्रीय परिषद में प्रारूप को रखना था। वाहिनी में अन्तर्विरोध चल रहे थे। नूतन जी और मैंने उत्तर प्रदेश, उड़ीसा, महाराष्ट्र, राजस्थान में वाहिनी के प्रान्तीय समिति और महत्त्वपूर्ण साथियों के साथ बैठकें कीं और महत्त्वपूर्ण

विषय पर विमर्श कर विचारों का संकलन किया। नूतन जी ने हर जगह साथियों से वैचारिक पहलुओं पर बहस की। शान्तिमयता 'निर्दलीयता' स्त्री मुक्ति, राष्ट्रीय राजनैतिक परिस्थिति अदि वैचारिक विषय थे। उस संकलन को राष्ट्रीय स्तर पर प्रसारित किया गया। उड़ीसा की परिषद में प्रस्ताव पारित हुए। परिषद उच्च इकाई थी जिसका निर्णय सभी मिलकर लागू करते थे। पर यह पहली बार हुआ कि एक धड़ा इसको मानने को तैयार नहीं हुआ। नूतन जी बैठक में पारित विचारों पर अडिग रहीं और अख़बारों में बयान भी जारी किया और उन्होंने कहा कि सम्पूर्ण क्रान्ति के मौलिक विचारों से पीछे नहीं हटा जा सकता। उनकी वैचारिक दृढ़ता देखकर मैं दंग रह गया था।

जब वाहिनी में हिंसा और अहिंसा को लेकर बहस चली तब सन्दर्भ जेपी के शान्तिमय वर्ग संघर्ष का था। नूतन का मानना था जेपी ने हिंसा की कभी वकालत नहीं की। वाहिनी को छिटपुट हिंसा या किसी नाम से हिंसा को स्वीकार करने की इजाज़त नहीं दी जा सकती। उनका यह भी मानना था कि महिलाओं की ज़्यादा से ज़्यादा भागेदारी अहिंसक मार्ग से ही सम्भव है। शान्तिमय प्रयासों से ही अहिंसक समाज का निर्माण सम्भव है।

जिस तरह राजीव को जाते-जाते यह चिन्ता थी कि सभी साथियों को कैसे लाया जाये वैसे ही नूतन समय-समय पर चिन्ता करती थी। इसके लिए लोगों से बात की। उनके अन्तर्विरोधों को कम करने की कोशिशें कीं। वे आन्दोलन की ताक़तों में बिखराव को देखकर चिन्तित थीं पर उन्होंने बदलाव समूह को एक साथ लाने का प्रयास मरते दम तक जारी रखा।

नूतन जी के लिए वाहिनी नायक यानी जयप्रकाश जी का द्वार हमेशा खुला रहता था। जेपी के निजी सचिव जेपी तक पहुँचने के लिए हमेशा मार्ग आसान कर देते थे। अक्सर वो जेपी निवास स्थित चरखा समिति जातीं और सभी से विमर्श भी करतीं। जनवरी 2009 में आन्दोलन में प्रताड़ित लोगों को पैसा देने का निर्णय तत्कालीन सरकार ने लिया था।

आचार्य राममूर्ति की अध्यक्षता में एक सलाहकार समिति बनी थी जिसमें नूतन को भी नामित किया गया। हालाँकि नूतन जी इसकी बैठकों में नहीं उपस्थित हुईं। कैंसर से पीड़ित नूतन 2 मई 2012 को रात्रि तक़रीबन 12 बजे हम सब से विदा ले गयीं। लेकिन उनके विचार और संघर्ष हमें हमेशा प्रेरणा देते रहेंगे। नूतन का सपना पूरा करने के लिए समतामूलक समाज की स्थापना करनी ही होगी।

आन्दोलन के साथी और प्रेरणास्त्रोत

मेंढा (लेखा) गाँव का कर्मयोगी मोहन

उल्हास जाजू

मोहन हीराबाई हीरालाल मूल रूप से विदर्भ के चन्द्रपुर ज़िले के निवासी थे। 1970 के दशक में जयप्रकाश नारायण के 'सम्पूर्ण क्रान्ति' आह्वान ने उन्हें गहराई से प्रभावित किया और वे सामाजिक कार्यों से जुड़ गये। वे जयप्रकाश नारायण की 'छात्र-युवा संघर्ष वाहिनी' के सक्रिय सदस्य बने। गांधी और विनोबा के विचारों से प्रेरित होकर उन्होंने गढ़चिरौली ज़िले के मेंढा (लेखा) गाँव में ग्राम स्वराज की अवधारणा को मूर्त रूप दिया। मोहन हीरालाल ने गढ़चिरौली ज़िले के मेंढा (लेखा) गाँव में 'मावा नाटे मावा राज' आन्दोलन की नींव रखी, जिसका उद्देश्य था–ग्राम सभा को अधिक समावेशी, सहभागितापूर्ण और सक्रिय बनाना। उनके प्रयासों से गाँव में महिला भागीदारी, शराबबन्दी, वन संरक्षण और अधिकार, भ्रष्टाचार के ख़िलाफ़ लड़ाई, सांस्कृतिक अधिकार, युवा सशक्तीकरण, स्थिरता, समानता और सुरक्षा पर ध्यान केन्द्रित किया गया। मोहनभाई ने ग्रामीणों में जंगल पर उनके क़ानूनी अधिकारों के बारे में जागरूकता पैदा की। इससे स्थानीय, राज्य और राष्ट्रीय स्तर पर सहभागी वन प्रबन्धन को लोकप्रिय बनाने में मदद मिली। (सम्पादक)

मोहन हीराभाई हीरालाल सामूहिक क्रान्ति का पथिक था। वह सगुण-निर्गुण समाज का उपासक था। सहयोगी, सहभागी अहिंसात्मक समाज के निर्माण में उसकी निष्ठा थी। निष्ठा वह होती है जिसके लिए व्यक्ति प्राणार्पण करने के लिए भी तैयार हो। ग्राम स्वराज्य मेंढा (लेखा) की स्वराज्य सेना का वह अघोषित सेनापति था। सेनापति ऐसा जो कृति में नहीं, दिशा-दर्शन में अगुआई करने वाला था। ग्राम

समाज में श्रेयस परिवर्तन के लिए तन्त्र की नींव रखनी होती है। इस समझ से उसने सच्चे ग्राम स्वराज्य की स्थापना की।

मोहन ने गांधी-विनोबा-जयप्रकाश को जिया है। मोहन की विशेषता रही कि उसकी प्रखर विचारनिष्ठा जो उसकी जीवननिष्ठा को समर्पित थी, को उसने आचरण में उतारा। इसलिए वह उसका स्वधर्म बन गया। वह विचारों में मनमौजी था लेकिन आचरण में संयत था। दरअसल विचार को आचरण में उतारने वाले ढोल नहीं पीटते। वे प्रसिद्धि से लजाते हैं। एक प्रकार से प्रसिद्धि पराङ्मुख होते हैं। उनका जीवन सौन्दर्य झलकता है। कहा जाता है कि जो भी चीज़ सुन्दर होती है वह बहुत सरल होती है। कृष्णमूर्ति के शब्दों में सुन्दरता एक प्रकार की मितव्ययिता है। दादा धर्माधिकारी के शब्दों में सौन्दर्य में शृंगार नहीं होता। मोहन शृंगार से कोसों दूर था लेकिन उसका सौन्दर्य महसूस होता था।

उसकी सघन क्षेत्र में पैर गड़ाकर हड्डी गलाने की मानसिकता थी। वह कर्मयोगी था और व्यापक चिन्तन की परिधि में विचार करने वाला ज्ञानमार्गी द्रष्टा था। वह सहभागी शिक्षण का आग्रही प्रवक्ता था। वह अभ्यास समुदाय में विचार बीज का निर्माण करता था, कृति का निर्णय ग्राम सभा में करता था और उसे लागू करता था ग्राम स्थानों में। वह जानता था कि केन्द्रित नेतृत्व लोकसहभाग के लिए घातक हो सकता है। इसलिए उसमें नेतृत्व नकारने की क्षमता थी। वह विनोबा के शब्दों में गणसेवकत्व का निष्ठापूर्वक आचरण करता था और लोकशक्ति का उपासक था।

1980 के दशक में मोहन, सतीश गोगुलवार और उल्हास चरित्रवान समाज की खोज में निकले थे। ग्रामदानी गाँव कैसा नहीं होना चाहिए, कैसा हो सकता है दोनों देखें। मेंढा गाँव (जहाँ ग्रामदान नहीं था) का अनुभव था ही। पहली समझ बनी कि जैसा व्यक्ति का चरित्र होता है वैसा गाँव-समाज का चरित्र होता है। कोई उच्चस्तरीय काम करने के लिए उपयुक्त ज़मीन होनी चाहिए। मोहन को गाँव समाज में चरित्र निर्माण की नींव नज़र आयी। वहाँ सर्वानुमति से ग्राम सभा में निर्णय करने की आचार संहिता थी, जिसे देखकर वह मेंढा गाँव समाज पर फ़िदा हो गया था।

मोहन ने यह भी जाना कि बृहद कुटुम्ब (यानी ग्राम सभा) के संगठन के लिए आर्थिक स्रोत संयुक्त होने चाहिए। यह व्यवस्था ग्रामदान के विचार में निहित थी। ग्रामदान की पहली शर्त थी कि व्यक्तिगत मालकियत ग्रामसभा में समर्पित कर दी जाये। मेंढा गाँव का 1800 हेक्टेयर का जंगल सामूहिक आर्थिक स्रोत बन सकता था। उस जंगल पर गाँव वालों का सामुदायिक हक़ यानी निस्तार हक़ था। लेकिन

उस हक़ को जंगल विभाग दबाये बैठा था। ऐसे में मोहन को लगा कि गाँव वालों के संगठन के लिए स्थिति बन सकती है। दरअसल जहाँ हम रामजी की बात करते हैं वहाँ रावण से जूझना ही पड़ता है। मोहन को शासकीय रावण से संघर्ष में उतरना ही था। साधन की शुचिता का संकल्प उसे सत्याग्रह के मार्ग पर ले गया। मेंढा गाँव ने अपने घर की आँगन-लड़ाई लड़ी।

मोहन इस लड़ाई का रणनीतिकार था लेकिन वह सहभागी लोकनीति में यक़ीन करने वाला था इसलिए नेतृत्व ग्रहण करने को तैयार नहीं था। वह निरन्तर शिक्षण की भूमिका का निर्वाह कर रहा था और अभ्यास समुदाय यानी कम्युनिटी ऑफ़ प्रैक्टिस के माध्यम से ग्राम जीवन में घुलमिल गया। ग्राम सभा सर्वानुमति से निर्णय लेती थी और इस काम में कोई दखलन्दाज़ी नहीं होती थी। इस काम में आत्म-अनुशासन अपनाया गया। मोहन दिशादर्शक बनकर रहा, इस तरह से लोकशक्ति विकसित हो सकी।

वास्तव में विनोबा जी ने सुलभ ग्रामदान का जो विचार बनाया था उसके तहत अगर 75 प्रतिशत लोग राजी हैं तो मान लिया जाता था कि लोगों का सहभाग पूरा हुआ। उसमें यह आशा रहती थी बाक़ी 25 प्रतिशत लोग समयानुसार जुड़ जायेंगे। लेकिन मोहन भाई की प्रखर दृष्टि ने यह आकलन किया कि इन 25 प्रतिशत लोगों के असहकार से गाँव समाज खण्डित होता है। ग्रामदान का विचार व्यवहार्य नहीं हो पाता। मेंढा गाँव में 100 प्रतिशत सहभागिता के स्तर तक पहुँचने के लिए मोहन ने पाँच साल तक धीरज रखा। जब सर्वमान्यता मिल गयी तब ग्रामदान की स्वीकृति दी।

इसका श्रेय मोहन की उस शिक्षण पद्धति को देना होगा जो उसने ग्रामदान को शुद्धता प्रदान करने के लिए अपनाया था। इस तरह मोहन ने पराक्रम दिखाते हुए ग्रामदान के विचार को एक क़दम आगे बढ़ाया और उसे व्यवहार्य करके दिखाया। मोहन ने साबित कर दिया कि ग्रामदान यूटोपिया यानी कल्पना ही नहीं बल्कि व्यवहार्य है। लेकिन राजनीतिक इच्छा शक्ति के अभाव में सिर्फ़ ग्रामदान क़ानून को लागू करवाने में न्यायालय की शरण लेनी पड़ी। हालाँकि शासन से सालों से पैरवी की जा रही थी। अदालत की इस लड़ाई में शासन की मक्कारी से जूझते हुए सात साल बर्बाद हो गये। मेंढा वासी घर-आँगन की लड़ाई तो लड़ रहे थे लेकिन यह तो उससे बाहर की लड़ाई थी जो उनके लिए कठिन थी। इसके लिए मोहन को बहुत मानसिक क्लेश उठाना पड़ा। न्यायालय से लड़ाई जीतने के बावजूद शासन का ढीला-ढाला रवैया यानी नौ दिन चले अढाई कोस वाली स्थिति बनी हुई है।

मेंढा गाँव के लोग सोच रहे थे कि वे स्वर्ग के द्वार तक तो पहुँच गये लेकिन द्वार नहीं खुल रहा है। उनकी यह पीड़ा मोहन को ललकार रही थी। हालाँकि उसके मन में रणछोड़दास बनने का विचार कभी-कभी कौंध रहा था। फिर उसने सोचा कि संघर्ष का मार्ग सातत्त्व से अपनाना होगा। लेकिन वह यह भी जानता था कि व्यक्तिगत पराक्रम से समाज जीवन को अंकुश लगाने की एक मर्यादा आ जाती है। इसलिए वह यह भी मानता था कि कुछ बातें प्रारब्ध की होती हैं और कुछ पुरुषार्थ की। समाज हमारा अच्छा उपयोग करे यह है ज़्यादातर पुरुषार्थ की बात। लेकिन जहाँ मनुष्य की पुरुषार्थ शक्ति कुण्ठित हो जाती है, ज्ञानशक्ति थक जाती है तब भक्ति आवश्यक हो जाती है। इस मुकाम तक पहुँचा था मोहन।

मोहन यह जानता था कि जो लोग समाज में नैतिकता क़ायम करना चाहते हैं उन्हें एक आध्यात्मिक नेतृत्व चाहिए। अन्यथा नैतिकता बिखर जाती है। शान्ति सेना को भी सेनापति की ज़रूरत होती है। इसलिए मोहन एकदम अनाशक्त भाव से मेंढा के समाजजीवन से सम्पर्क बनाये हुए था। मोहन के जीवन की प्रेरणास्रोत बन गयी थी वह मराठी कविता...थोडा उजेड ठेवा, अंधार फार झाला, पणती जपुन ठेवा। यानी–थोड़ा उजाला रखो, अन्धकार ज़्यादा हो गया है। दीप सँभाल कर रखो/ अन्धकार ज़्यादा हो गया है। आ गया चारों ओर से तूफ़ान मतिभ्रम का/ रिश्ते बनाये रखो, अन्धकार ज़्यादा हो गया है। कस्तूरी की तलाश में है पारधी/ हिरण सँभालकर रखो/अन्धकार ज़्यादा हो गया है। काले बादलों में बिजली है तानकर/घर सँभाल कर रखो, अँधेरा ज़्यादा हो गया है।

कुछ साल पहले मोहन मेरे घर आया। पराग चोलकर को भी लाया। पहले उसने जानना चाहा कि हम भविष्य में क्या करने वाले हैं। उसके बाद उसने अपना संकल्प जताया। उसने कहा कि वह स्वावलम्बन के लिए खेती करेगा और सामान्य ग्रामीण जीवन जीयेगा। किसी प्रकार के प्रोजेक्ट से धन नहीं लेगा। वह मेंढा के आदिवासी जीवन में डूबा तो है ही अब वहाँ शक्कर के समान घुल जायेगा। मेरे मन ने गवाही दी कि यहाँ ज्ञान का अहंकार नहीं है। आग्रही स्वभाव कभी महसूस हुआ तो वह ज्ञान मार्ग की प्रवृत्ति है। कर्म इससे चिपकता नहीं है। छोड़ना वह जानता है। अगर स्वनिष्ठा को और स्वधर्म को पूरक वातावरण नहीं मिलता तो वह 'एकला चलो रे' का मन्त्र जानता है। उसके भीतर गहरा अनासक्त भाव था। वह बाबा आमटे का वह मन्त्र अपने आचरण में लाता था कि...मी अजून जहाज सोडलेले नाही (मैंने जहाज़ अभी छोड़ा नहीं है)।

जनवरी 2010 को 'बाबा आमटे मानवता पुरस्कार' स्वीकारते हुए (तब 60 साल का था मोहन) कहा था कि अभी तक प्रमुखता से यह विचार किया कि कैसे जीना है। अब यह विचार मन में उठ रहे हैं कि कैसे मरें। बुद्धिमान व्यक्ति जितनी बुद्धिमत्ता से जीया है वह उतनी ही बुद्धिमत्ता से मरना चाहता है। अन्तिम पर्व में मोहन एकांगी जीवन साधना की ओर बढ़ रहा था। वह वासनामुक्ति के ध्येय की ओर जा रहा था। इसी वासनामुक्ति का अन्तिम पड़ाव है भयमुक्ति। कई वर्षों पूर्व नक्सलवादियों ने मोहन को ख़ून से लिखा पत्र भेजा था। लेकिन मोहन भयमुक्ति के मार्ग पर बहुत पहले बढ़ गया था।

पिछले दो साल मोहन के जीवन की पूर्णाहुति की ओर बढ़ रहे थे। उसके दोनों फेफड़ों में बीमारी आ गयी थी। उसे लगातार बाहरी आक्सीजन पर आश्रित होना पड़ा। घूमने-फिरने वाला मोहन चारदीवारी में क़ैद हो गया। सिर्फ़ संवाद की आधुनिक प्रौद्योगिकी के माध्यम से उसका सम्पर्क मित्र और परिवार से बना हुआ था। मोहन को 75 साल का जीवन मिला। 31 दिसम्बर 2024 को पूर्णता समारम्भ कार्यक्रम में शारीरिक अस्वस्थता के कारण वह बोल नहीं पाया था। लेकिन उसने मन्त्र दिया...'मतभिन्नता के बावजूद प्रेम सम्बन्ध बनाये रखनेवाले मित्र होते हैं।' ऐसा कहकर उसने मेरे प्रति कृतज्ञता प्रकट की थी।

मोहन ने अर्थाधार के लिए संस्था का आलम्बन लिया लेकिन संस्था बलवान न हो जाये इसका भान रखा था। संस्था और आन्दोलन दोनों की कल्पना विचार को मूर्तरूप देने के लिए की गयी है। आन्दोलन विचार को मूर्तरूप दे सकता है और संस्था विचार को मूर्तिरूप दे सकती है, इसलिए मोहन ने संस्था को हावी नहीं होने दिया। उसने अपने स्वधर्म के माध्यम से लोकाभिमुख अभ्यास के माध्यम से जीवन निर्वाह किया। वह किसी से भी उतना ही सहयोग लेता था जितनी आवश्यकता होती थी। वह समाज की अधिक से अधिक सेवा करता था और सिर्फ़ शरीर चलाने के लिए समाज से ग्रहण करता था और वह भी विवश होकर उपकृत भावना से। इसे भिक्षा कहते हैं। मोहन भिक्षा पर ही जिया। उसने जीवन में सुरक्षा नहीं ढूँढ़ी।

मोहन मानता था कि जैसे व्यक्ति का चरित्र होता है वैसा ही समाज का होता है। चरित्रवान समाज में मनुष्य का चरित्र खिलता है। अहिंसक क्रान्ति की अग्निपरीक्षा होती है लोकसहभाग। वह भी स्वत:स्फूर्त होनी चाहिए। लड़ाई अगर अपने घर आँगन से लड़ी जाये तो लोकसहभाग सातत्त्व के साथ जुट जाता है। उससे असहकार और सत्याग्रह का मार्ग प्रशस्त होता है। अगर विरोधी पक्ष के आँगन में लड़ाई लड़ी जाये तो सातत्त्व का टिकना कठिन होगा और हिंसा के मार्ग पर लड़ाई जा सकती है।

मोहन यह भी मानता था कि राजनीति का निराकरण ही उसका शुद्धिकरण है। राजनीति का शुद्धिकरण राजनीति से नहीं होगा। वह लोकनीति से होगा। अतः मोहन प्रतिनिधिक लोकतन्त्र नहीं सहभागी लोकतन्त्र का उपासक था। मोहन यह भी मानता था कि कार्यकर्ता को नेतृत्व अपने पर नहीं ओढ़ लेना चाहिए। ऐसा करना लोकसहभाग के लिए घातक होता है। मोहन का कहना था कि जनमत की सहज सहमति ही क़ानून की बुनियाद है। अगर क़ानून ऐसी प्रक्रिया से नहीं गुज़रा है तो वह न्यायिक होगा ऐसा ज़रूरी नहीं। क़ानून अन्यायी भी हो सकता है।

मानवीय विचारों का मूल्य सफलताओं से नहीं नापा जा सकता। आकांक्षाओं से नापा जा सकता है। सर्वोत्तम सफलताओं से भी श्रेष्ठ वे आकांक्षाएँ होती हैं जो सफल न हो सकीं और भावनाएँ ही रह गयीं। सदैव प्रयासरत रहने वाले मोहन का सौन्दर्य ऐसी अतृप्त आकांक्षाओं से निखरता है। मोहन की निष्ठा कहाँ से आयी, इसे खोजने का मैंने प्रयत्न किया। लेकिन मुझे पता नहीं चल पाया। हमारे मन में एक ही आक्रोश है कि ऐसे उदात्त जीवन को प्रारब्ध ने वेदनामुक्त मृत्यु का वरदान नहीं दिया।

❑❑

लेखक परिचय

श्रवण गर्ग : जेपी आन्दोलन को क़रीब से देखा। आन्दोलन पर सम्भवत: सबसे पहली किताब 'बिहार आन्दोलन : एक सिंहावलोकन' 1974 में लिखी। 'दैनिक भास्कर' के समूह सम्पादक, 'नई दुनिया' के प्रधान सम्पादक और 'फ्री प्रेस जर्नल' के प्रधान सम्पादक रहे। भास्कर समूह के गुजराती अख़बार 'दिव्य भास्कर' के संस्थापक सम्पादक रहे। पत्रकारिता की शुरुआत 1972 में सर्व सेवा संघ की पत्रिका सर्वोदय से की थी। बाद में वह एक्सप्रेस समूह की साप्ताहिक पत्रिका 'प्रजानीति' से जुड़े। वह 2011 से 2014 तक प्रेस परिषद के सदस्य भी रहे।

आनन्द कुमार : स्वतन्त्रता सेनानी समाजवादी परिवार में जन्मे और काशी विश्वविद्यालय, जवाहरलाल नेहरू विश्वविद्यालय व शिकागो विश्वविद्यालय में समाजशास्त्र का उच्च अध्ययन। समाजशास्त्र के शिक्षण से 1979 से 2014 तक जुड़ाव। विद्यार्थी जीवन से शिक्षक जीवन तक सरोकारी सक्रियता। सम्पूर्ण क्रान्ति आन्दोलन और इमरजेंसी विरोधी अभियान से सघन सम्बन्ध। सम्प्रति–भारत-तिब्बत मैत्री संघ, सोसायटी फॉर कम्यूनल हारमनी और लोकतान्त्रिक राष्ट्र निर्माण अभियान में सक्रिय। गोवा विश्वविद्यालय में विजिटिंग प्रोफ़ेसर।

चंचल : समाजवादी धारा के चित्रकार, पत्रकार, लेखक, कार्टूनिस्ट। बनारस हिन्दू विश्वविद्यालय छात्र संघ के जुझारू और चर्चित अध्यक्ष रहे। इमरजेंसी में लड़े-भिड़े और पूरा समय जेल में बिताया। बाद में जार्ज फर्नांडीज का दफ़्तर भी सँभाला और चुनावी राजनीति में आते-आते बच गये। टाइम्स समूह से जुड़े। विभिन्न प्रकाशन समूहों की पुस्तकों का आवरण बनाया। सोशल मीडिया पर मज़बूत उपस्थिति।

अशोक प्रियदर्शी : जनमुक्ति संघर्ष वाहिनी से विद्यार्थी जीवन से जुड़े। पटना कॉलेज में इकॉनामिक्स ऑनर्स की पढ़ाई की। विश्वविद्यालय में 1974 से 1981 तक रहे। बचपन से ही जेपी मूवमेंट से जुड़े। बोधगया आन्दोलन में सक्रिय भागीदारी। पिछले पाँच दशकों से सम्पूर्ण क्रान्ति को परिभाषित करने में लगे हुए हैं। गांधी और जेपी की वैचारिक परम्परा को आगे बढ़ाते हुए समाज की सम्पूर्ण मुक्ति के संघर्ष को निर्णायक मुकाम तक पहुँचाना लक्ष्य। मुख्य रूप से राजनीतिक अर्थशास्त्र के कॉलम लेखक।

कुमार कलानन्द मणि : चौहत्तर आन्दोलन से जुड़ने के साथ ही पटना में जेपी के दफ़्तर का कामकाज सँभाला। जेपी के निर्देश पर गोवा में छात्र-युवा संघर्ष वाहिनी का पहला शिविर लगाने की ज़िम्मेदारी के साथ ही गोवा में संगठन खड़ा किया। सर्वोदय, भूदान, गांधीवाद, सम्पूर्ण क्रान्ति के विचारों के प्रसार के साथ पश्चिमी घाट पर्यावरण आन्दोलन में महत्त्वपूर्ण भूमिका।

राजेन्द्र चौधरी : पश्चिमी उत्तर प्रदेश के चर्चित छात्र नेता। इमर्जेंसी के दौरान प्रतिरोध पत्रिका का भूमिगत प्रकाशन। बाद में गिरफ़्तारी और जेल। चौधरी चरण सिंह से राजनीति का ककहरा सीखा। यूपी के पूर्व कैबिनेट मन्त्री और इस समय समाजवादी पार्टी के मुख्य प्रवक्ता।

कुमुद : छात्र-युवा संघर्ष वाहिनी की जुझारू कार्यकर्ता जो विभिन्न सवालों पर संघर्ष करती रही है। बोधगया आन्दोलन में महिलाओं को संगठित करने में महत्त्वपूर्ण भूमिका निभाई थी।

भीमराव मस्के : छात्र-युवा संघर्ष वाहिनी के पूर्णकालिक कार्यकर्ता जिन्होंने धुलिया ज़िले में आदिवासियों के बीच सघन क्षेत्र बनाया। आदिवासियों को ज़मींदारों और वन विभाग के अधिकारियों के जुल्मों से बचाया।

प्रभात कुमार : 1974 के छात्र आन्दोलन में कार्य किया और आपातकाल में जेल में रहे। जयप्रकाश जी से प्रभावित होकर छात्र-युवा संघर्ष वाहिनी में शामिल हुए और सघन क्षेत्र बोधगया में महन्त के ख़िलाफ़ आन्दोलन में सक्रिय भूमिका निभाई। बोधगया आन्दोलन पर उनकी पुस्तक 'ज़मीन किसकी जोते उसकी' हिन्दी व इंग्लिश में प्रकाशित, वर्तमान में मानव अधिकार आन्दोलन और पर्यावरण आन्दोलन में सक्रिय।

अनिल प्रकाश : बिहार आन्दोलन में सक्रिय भागीदारी। छात्र-युवा संघर्ष वाहिनी में सक्रियता। जेपी के निकट रहने का सौभाग्य। बाद में बोधगया आन्दोलन और गंगा मुक्ति आन्दोलन में महत्त्वपूर्ण योगदान। नमक और गुड़ आन्दोलन के प्रणेता। युवा भारत के संस्थापक। वैश्वीकरण विरोधी आन्दोलन में भागीदारी। लेखन और व्याख्यान के माध्यम से जन जागृति में सक्रिय।

मीनाक्षी 'सखी' : वर्धा के गांधीवादी परिवार में जन्म, छात्र-युवा संघर्ष वाहिनी की महाराष्ट्र की संयोजक रहीं। युवा भारत की संगठक रहीं, वर्तमान में उत्तर प्रदेश के सघन क्षेत्र मुरादाबाद में महिलाओं व किसानों के बीच कार्यरत।

राकेश रफीक : उत्तर प्रदेश छात्र-युवा संघर्ष वाहिनी में पूर्णकालिक कार्यकर्ता रहते हुए सह संयोजक व संगठक पद पर कार्यरत रहे। मुरादाबाद में सघन क्षेत्र बनाकर राजशाही व पुलिस के जुल्मों से किसानों को राहत दिलाई।

कनक : छात्र-युवा संघर्ष वाहिनी में जिन महिलाओं ने महत्त्वपूर्ण भूमिका निभाई उनमें कनक शामिल रही हैं।

रणधीर कुमार गौतम : 'गांधियन सेंटर फॉर डेमोक्रेसी एंड सोशल इक्विटी, आईटीएम यूनिवर्सिटी, ग्वालियर' में सहायक प्रोफ़ेसर हैं। वे वर्ल्डनीडम सेंटर फॉर एशियन ब्लॉसमिंग (भारत में एक सार्वजनिक बौद्धिक ट्रस्ट) के कार्यकारी उपाध्यक्ष भी हैं। साथ ही, वे गांधीवादी सामाजिक आन्दोलनों में सक्रिय कार्यकर्ता एवं अध्येता भी हैं।

आलोक जोशी : 'सीएनबीसी आवाज़' और 'सीएनबीसी बाज़ार' के सम्पादक रहे हैं। इन दोनों चैनलों के अलावा 'आज तक' की स्थापना के समय उसकी भी शुरुआती टीम का हिस्सा रहे। 'बीबीसी वर्ल्ड सर्विस', 'दैनिक जागरण', 'नवभारत टाइम्स' और 'दैनिक जागरण' जैसे अख़बारों में काम किया। 'सत्य हिन्दी' के यू ट्यूब चैनल पर लाइव डिबेट की शुरुआत की। रेडियो, टेलिविज़न, वेबसाइट और डिजिटल वीडियो सभी माध्यमों में सीखा और सिखाया। फ़िलहाल 'एनडीटीवी' समूह के साथ हैं।

उल्हास जाजू : महात्मा गांधी मेडिकल कॉलेज वर्धा (महाराष्ट्र) में मेडिसिन के प्रोफ़ेसर हैं। उनका परिवार गांधी और विनोबा के विचारों से प्राणप्रण से जुड़ा रहा है। मोहन भाई के अन्तिम समय में डॉ. जाजू उनके पास ही थे।

रामशरण : बिहार के भागलपुर में पिछले पाँच दशक में हुई हर राजनीतिक गतिविधियों के केन्द्र में रामशरण ही रहे। छात्र-युवा संघर्ष वाहिनी की गतिविधियाँ हों या गंगा मुक्ति आन्दोलन या फिर बाद के आन्दोलन रामशरण ही उसके केन्द्र में रहे हैं। मानवाधिकार और लोकतन्त्र के मुद्दे पर निरन्तर सक्रियता।

विजय प्रताप : दिग्गज समाजवादी विजय प्रताप 1968 से ही समाजवादी कार्यकर्ता रहे हैं। छात्र युवजन सभा से अपना राजनीतिक सफ़र शुरू किया था। फिर जेपी की बनाई छात्र संघर्ष समिति के सचिव रहे। आपातकाल में बीस महीने जेल में रहे। लगातार आन्दोलन समूहों में काम करते रहे। रजनी कोठारी और डीएल सेठ और अन्य राजनीतिक वैज्ञानिकों के साथ मिलकर लोकायत संस्था का गठन किया था। 1985 में राइट लाइवलीहुड पुरस्कार से सम्मानित विजय प्रताप भारत में वर्ल्ड सोशल फोरम के संयोजक रहे हैं।

अमिताभ : पैदाइश-परवरिश और पढ़ाई-लिखाई लखनऊ में। सामाजिक कार्य से जुड़ाव के साथ-साथ 'अमृत प्रभात', लखनऊ से पत्रकारिता की शुरुआत के बाद टाइम्स ऑफ इंडिया समूह के मीडिया संस्थान से पत्रकारिता का प्रशिक्षण। प्रिंट में 'नवभारत टाइम्स', 'दैनिक जागरण', 'राष्ट्रीय सहारा' होते हुए इलेक्ट्रॉनिक मीडिया में 'आज तक' के साथ लम्बी पारी। 'इंडिया टीवी' में भी काम किया। प्रिंट, टीवी और डिजिटल पत्रकारिता में तीन दशक से ज़्यादा का अनुभव।

सुनीलम : दिल्ली विश्वविद्यालय से बायो मेडिकल इलेक्ट्रॉनिक्स में पीएच.डी। समाजवादी धारा के डॉ. सुनीलम 1976 से राजनीति में सक्रिय। 1990 के मध्य तक युवा जनता दल के महासचिव रहे। 2000 में सोशलिस्ट फ्रंट के गठन में लगे रहे। वर्ष 2008 तक समाजवादी पार्टी के राष्ट्रीय सचिव के रूप में काम किया। मध्य प्रदेश में समाजवादी पार्टी के विधायक रहे। मध्य प्रदेश में समाजवादी पार्टी विधायक दल के नेता रहे। किसानों के सवाल पर कई बार आन्दोलन किया और जेल गये। किसान संघर्ष समिति के राष्ट्रीय अध्यक्ष और कई किसान संगठनों में महत्त्वपूर्ण पद पर रहे हैं।

शुभ मूर्ति : जेपी आन्दोलन से गहराई से जुड़े शुभ मूर्ति छात्र-युवा संघर्ष वाहिनी के पहले राष्ट्रीय संयोजक रहे हैं। आन्दोलन से निकले मूल्यों को सहेजने के कार्य में वे निरन्तर लगे रहते हैं। उन्होंने बेरोज़गारी के सवाल पर सर्वेक्षण, विश्लेषण और चेतना जगाने का काम किया है।